AF190980

Religionsunterricht an berufsbildenden Schulen

Schulpastoral an beruflichen Schulen

Reihe: gott-leben-beruf
Schriften des Institutes für berufsorientierte Religionspädagogik Bd. 4
Herausgegeben von Albert Biesinger und Joachim Schmidt

Impressum

Herausgeber
Institut für berufsorientierte
Religionspädagogik
Liebermeisterstraße 12
72076 Tübingen

Albert Biesinger
Joachim Schmidt

© 2006,
Alle Rechte vorbehalten

Kontakt
Telefon: 0 70 71 - 29 - 7 40 49
Telefax: 0 70 71 - 29 - 51 81
E-Mail: info@ibor-tuebingen.de
Internet: www.ibor-tuebingen.de

Gestaltung und Satz
Andrea Braunberger
www.twob-gestaltung.de

Herstellung und Verlag
Books on Demand GmbH,
Norderstedt
Printed in Germany

ISBN 3-8334-5023-1

Die Deutsche Bibliothek –
CIP-Einheitsaufnahme

Professor Dr. Albert Biesinger
Vorwort

„Schulpastoral" ist kein Zauberwort, um die sich abzeichnenden Probleme in der Berufsbildung und der religiösen Kompetenz zu lösen. Schulpastoral ersetzt auch nicht einen kognitiven anspruchsvollen Religionsunterricht im ganz normalen Stundenplan.
Aber: Schulpastoral ist eine Komplexitätserweiterung religiösen Lehrens und Lernens in berufsbildenden Schulen.
Immerhin wird durch die andere Art von Kommunikationsformen, von existentiellen Zugängen, meditativen Elementen, projektorientieren Besinnungstagen in Jugendlichen eine Dimension angesprochen, die in den ganz normalen 45 Minuten im Stundenplan nicht erreichbar sind.

Indem es im Religionsunterricht eben auch um Beziehungsorientierung untereinander, aber eben auch um eine persönliche Gottesbeziehung geht – dies immer unter dem Vorbehalt, sich auch gegen die Gottesbeziehungen entscheiden zu können und zu dürfen –, wird für das, was mit „Schulpastoral" gemeint ist, eine interessante Perspektive eröffnet.

Von Seiten der Schülerinnen und Schüler gibt es für „Tage im Kloster", „Besinnungstage auf einer Hütte", Meditationsprojekte, Liturgie-Projekte, Sozialpraktikum u.a. in der Regel hohe Rückmeldewerte und ausgesprochen positive Evaluationsergebnisse.

Der Begriff „Pastoral" ist natürlich noch genauer zu definieren. Immerhin handelt es sich um einen katholischen Begriff aus der Gemeindetheologie. „Pastor" in der Bedeutung von „Hirte" ist eine Leitungsdefinition aus Gemeinden sowohl im katholischen als auch im evangelischen Bereich. Es ist also auch eine Frage der Präzision, was unter „Schulpastoral" gemeint ist. Eine gelingende Schulpastoral könnte sich auch dahingehend entwickeln, dass Schülerinnen und Schüler sowie Lehrerpersonen sich gegenseitig auf den Prozess der Gottesbeziehung einlassen, sich gegenseitig „Hirte" sind. Auch Kinder können für ihre Eltern „gute Hirten" sein und sind es auch oft. Eltern sind es oft für ihre Kinder.
Aber sollen es auch Religionslehrerinnen und –lehrer für ihre Schüler sein?

Das Institut für Religionspädagogik hat aufgrund vieler Dialoge mit Kolleginnen und Kollegen vor Ort in den berufsbildenden Schulen die Entscheidung für diesen Band deswegen getroffen, weil es zum einen einen großen Bedarf an einer, wie auch immer definierten „Schulpastoral" gibt und zum anderen die Frage nach der Fundierung und Kriteriologie dabei schließlich nicht einfach im Raum stehen bleiben kann, ohne im Blick auf die aktuellen Herausforderungen weiterentwickelt zu werden.

Die Autoren und Autorinnen dieses Bandes sind mit diesem Thema in verschiedensten Bereichen engagiert.
Auch die Regionen innerhalb Deutschlands sind differenziert abgedeckt.
Der Ansatz Paolo Freires kommt dabei ebenso zum Zuge wie das Weltethosprojekt, die innere Schulentwicklung, das Verhältnis von Kirche und Schule im Sinne einer Partnerschaft, interkulturelle Sensibilität, die immer dringlicher wird, Gewalt gegen sich und andere und nicht zuletzt auch die Idee einer Intervision an berufsbildenden Schulen.

Die Praxisbeispiele sind eine interessante Basis für die Weiterentwicklung. Es ist da geradezu das Interessante im Theorie-Praxiszirkel, das manche Entwicklungen in der Praxis auch Anlass zu veränderter Theoriebildung geben.
„SinnVollSinn", eine „Anleitung zum Fremdgehen" im Sinne der Wahrnehmung des anderen als Anderen, aber auch „Reif für die Insel" sind dabei interessant.
Die Artikel beziehen kontroverse Positionen.

Der Religionsunterricht in berufsbildenden Schulen begründet sich schulpädagogisch. Er ist nicht Katechese in der Schule. Die Debatte in den 70er Jahren im Blick auf die Unterscheidung von schulischem Religionsunterricht und Katechese in der Gemeinde hat insofern einen wichtigen Erklärungsprozess erbracht, dass der Religionsunterricht keine katechetische Situation ist.

Im Kontext von Religionsunterricht und Schulpastoral aber ist die Verletzung zwischen schulischem Religionsunterricht und katechetischen Situationen zusätzlich und außerhalb des Religionsunterrichtes in freiwillig akzeptierten Besinnungstagen, Projekten usw. eine sinnvolle Synergie. Für viele Jugendliche ist diese Möglichkeit, meditieren zu lernen, gemeinsam Nachtmeditationen zu realisieren, Liturgieprojekte zu entwickeln die einzige Möglichkeit, überhaupt auf diese Art die Gottesbeziehung entsprechend wahrzunehmen und zu „spüren".

Ein solcher Band, besonders, wenn er von Anfang bis Ende mit eigenen Kräften realisiert wird, ist selbstverständlich nicht zu denken, ohne den Beitrag vieler

fleißiger Köpfe und Hände. Insbesondere möchte ich an dieser Stelle unserem Institutsteam, Dr. Joachim Schmidt, Michael Boenke und Josef Jakobi danken. Alle Mitarbeiterinnen und Mitarbeiter dieses Bandes seien für ihren Beitrag, der ja nur die Spitze ihres Engagement-Eisbergs sichtbar macht, herzlich bedankt und beglückwünscht. In unermüdlicher Weise arbeiteten unsere wissenschaftlichen Hilfskräfte an diesem und an anderen Bänden: Herzlichen Dank vor allem an Matthias Frank, Christiane Winkler, Verena Roth, Anne-Kathrin Rädle sowie Annette Kuon. Unsere „Seelen" des Instituts, Frau Lieselotte Ego-Lauer und Frau Martina Fridrich haben uns auch bei diesem Band und seinen vielen Korrekturdurchgängen wie immer kompetent, zuverlässig und vor allem geduldig begleitet.

Unser Mitautor, Dietmar Steinbrede ist am 10. März 2006 verstorben. Umso mehr ist sein Beitrag das Vermächtnis eines im BVJ hoch engagierten Kollegen, der damit auch ein Zeugnis seiner Tätigkeit mit Jugendlichen hinterlässt, die es besonders schwer haben in unserer Gesellschaft.

Tübingen im Mai 2006
Professor Dr. Albert Biesinger

Inhalt

1.0

Ottmar Fuchs
Die Identität der Schulpastoral
im Spannungsfeld von staatlicher
Bildung, kirchlicher Mission und
solidarischer Gesellschaft

1. Bildungssoziologischer Kontext

Die Pisa-Studien von 2000 und 2003 haben dem deutschen Bildungssystem einen erschreckenden Mangel an Chancengleichheit insbesondere in den unteren schulischen Jahrgängen bescheinigt. Dass dies keine Bagatelle ist, zeigt sich schon darin, dass die UNO-Menschenrechtskommission Anfang Februar 2006 einen Bildungsinspektor als Sonderberichterstatter in die Bundesrepublik schickt, um das hiesige Bildungssystem daraufhin genauer zu prüfen. Der UNO-Bildungsinspektor ist mit gleichem Auftrag auch in anderen Ländern tätig, wie zum Beispiel in Malawi. Der Vorwurf lautet: Ärmere und ausländische Kinder haben im deutschen Bildungssystem vor allem in den Anfangsjahren der Schulzeit keine ausreichenden individuellen Förderungen, um mit denen mithalten zu können, die aus wohlhabenderen Elternhäusern kommen. In der Tat geht es um nicht weniger als um die Beachtung der Menschenrechte im Bereich der Bildung, und dies insbesondere hinsichtlich des Kindes- und frühen Jugendalters.[1]

Selbstverständlich ist nicht zu verhindern, dass das Schulsystem immer auch ein Selektionssystem ist. Die Dreigliedrigkeit des deutschen Schulsystems bringt dafür entsprechende Hürden ins Spiel, die von manchen als zu undurchlässig und (für bestimmte Schüler und Schülerinnen) zu unüberwindbar angesehen werden. Die Alternative sieht man in der Gesamtschule, in der eine zu frühe Übergangsauslese verhindert wird und in der die Ungleichheiten der Bildungsbeteiligung dadurch verringert werden, dass für alle eine fundierte Grundausbildung mit individuellen Abschlüssen und Anschlüssen angeboten wird.[2] Eine andere Lösungsstrategie besteht darin, die bestehenden Schulgliederungen zueinander durchlässiger zu gestalten, mit entsprechenden vorlaufenden Orientierungsstufen und auf soziale und persönliche Härten abgestimmten Übergängen.[3]

Die entscheidende Frage besteht darin: Geschieht die „Selektion" sozial oder intellektuell (wobei der Begriff des Intellektuellen hier als die gesamte reale und potentielle Kapazität von Kindern für das Lernen, das Gestalten und das Bewerten von Wissen zu verstehen ist)?[4] Wenn die soziale Herkunft die intellek-

[1] Vgl. Georg Auernheimer (Hg.), Schieflagen im Bildungssystem. Die Benachteiligung der Migrantenkinder (Interkulturelle Studien Band 16), Leverkusen 2003.

[2] Vgl. Gundo Lames, Schulseelsorge als soziales System. Ein Beitrag zu ihrer praktisch-theologischen Grundlegung, Stuttgart 2000, 198.

[3] Vgl. ebd. 196.

[4] Es geht also um die insgesamte Kapazität zu dem, was man jeweils unter Bildung versteht: das Lernen von Inhalten, aber auch das Lernen der Lernfähigkeit, das über die Bildungsinhalte hinausgeht, und die Fähigkeit zum Lernen auch von dem, was im Bildungskanon nicht angeboten wird, impliziert: Vgl. Lames, Schulseelsorge 116.

tuelle Auswahl dominiert, dann sind die Menschenrechte auf Gleichbehandlung im Bereich der Bildung verletzt. Dahinter steht nicht eine gleichmacherische Ideologie, als könnten alle Kinder in gleicher Weise Wissen empfangen und Wissen gestalten. Hier gibt es konstitutive Unterschiede, die unterschiedliche Bildungswege nötig machen, die allerdings untereinander als gleichwertige Bildungsinstitutionen anzuerkennen sind und sich auch als solche gegenseitig anerkennen sollten, so dass die Hauptschule und berufsbildenden Schulen genauso wichtig sind (hier für eine handgreiflichere Art von Bildung, Berufs- und Gesellschaftsgestaltung) wie die Universität, weil die beteiligten Menschen die gleiche Menschenwürde haben. Aus dieser Perspektive dürfte man weniger von Selektion als von angemessener Verteilung der Kinder sprechen, je nach ihren unterschiedlichen Begabungen und Kapazitäten.

Damit also das Schulsystem nicht die sozialen Ungleichheiten in der Gesellschaft selber noch einmal widerspiegelt, redupliziert und verstärkt, benötigt es in seinem eigenen System ein diesbezüglich ausgleichendes, wenn man will kompensatorisches Verhalten, das die unterschiedlichen Ausgangsbedingungen zum Lernen im eigenen System möglichst beseitigt. Bedingung dafür ist, dass von Anfang an nicht nur die Leistungen gezählt werden, sondern auch ein Blick dafür entwickelt wird, was an Potentialität vorhanden sein kann und entsprechend gefördert werden müsste. Am Beispiel der Nachhilfestunden: Für Eltern, die keine Nachhilfestunden bezahlen können, hat das Schulsystem selber den entsprechenden Ausgleich herzustellen.

Dass sich die Macht der Schulstrukturen als Ermächtigung für die darin von ihren Voraussetzungen her gesehen Ohnmächtigeren erweist, bedingt einen neueren Diskurs darüber, wofür denn das Schulsystem in einer Gesellschaft vorhanden ist und wie sich darin das Verhältnis von Wissen und Macht ereignet. Wird mit den Leistungen der Schüler und Schülerinnen ökonomistisch umgegangen, dann zählt eben nur die Leistung und ein möglichst geringer Input, diese Leistung zu erreichen. Die Folge ist die Strategie schärfster Leistungsselektion, bei gleichzeitigem Desinteresse an den Menschen selbst, vor allem hinsichtlich der Frage, was viele, die etwas jetzt noch nicht leisten können, vielleicht darüber hinaus bringen könnten, wenn man sie nur entsprechend förderte. Doch dies kostet zeitliche, strukturelle und personale Investitionen zusätzlicher Art. Eine ökonomistische Sicht des Bildungssystems hat dafür kaum Ressourcen übrig. Aus dieser Perspektive ist massiv gegen die Tendenz anzugehen, dass sich die Politik in verschiedenen Bereichen, vor allem hinsichtlich der ökonomischen Globalisierung, den ökonomischen Mächten und Herrschaften zu unterwerfen habe. Wenn dies, und die Anzeichen stehen dafür, auf die Bildungssysteme durchschlägt, wird auch dort der Wissensprofit wichtiger sein als die Menschenbeziehung.[5]

5 Vgl. dazu Jacques Testart, Der Glaube im Labor. Der Befreiung der Menschheit kann die Wissenschaft nur dienen, wenn sie sich auf ihre emanzipative Kraft besinnt, in: Le Monde diplomatique (Deutsche Ausgabe), 12 (2006) 2, 12-13: Obgleich der mythische Glaubensbegriff, wie er hinsichtlich des wissenschaftlichen Fortschritts in den Industrieländern feststellbar ist, in seiner Irrationalität und in seiner starren Haltung gerade nicht dem christlichen Glaubensbegriff entspricht (wie dies der Autor unterstellt), präzisiert er damit um so eindrücklicher das magische Verhältnis zum technokratischen und vermarktbaren Wissen, das demokratischen Entscheidungen genauso vorauseilt wie rationalen Argumenten und ethischen Prinzipien. Der starre und irrationale Glaube an die Technowissenschaft müsste nach Testart dem ethischen und rationalen Diskurs um das allgemeine Wohl in Gegenwart und Zukunft weichen. Zur Problematik der gegenwärtigen Wissensgesellschaft aus der Perspektive eines an der Verantwortung orientierten Bildungsbegriffs vgl. Ottmar Fuchs, Die theologisch-ethische Kompetenz in der Wissensgesellschaft, in: Thomas Laubach (Hg.), Angewandte Ethik und Religion, Tübingen 2003, 21-38.

Die Identität der Schulpastoral im Spannungsfeld von staatlicher Bildung,
kirchlicher Mission und solidarischer Gesellschaft

1.0

[6] Winfried Gebhardt, Wirtschaftlicher Erfolg beruht auf breiter akademischer Bildung, in: VDI-Nachrichten vom 8. März 2002 (Nr. 10), unter der Rubrik „Meinung", 1. Spalte.

[7] Ebd. 4. Spalte.

[8] Ebd.

[9] Vgl. ebd.

[10] Vgl. Pierre Bourdieu, Für eine engagierte Wissenschaft, in: Le Monde diplomatique, Deutsche Ausgabe 8 (2002) 2,3.

Der Koblenzer Soziologie Winfried Gebhardt beklagt, dass derart die Bildungspolitik „Schule und Universität dazu zwingen will, auf 'überflüssigen Bildungsluxus' zu verzichten und 'zielgenau' und 'anwendungsorientiert' auszubilden und zwar gemäß dem von ihm propagierten Karriereleitbild".[6] Jedes Wissensproblem kann letztlich quantitativ geregelt werden, nämlich in der Ansammlung jener Informationen, die für die entsprechende Effizienz notwendig sind. Eine allerdings über diese unmittelbare Verwertbarkeit hinausgehende Bildung „braucht sowohl Zeit und Muße als auch Anstrengung und Herausforderung".[7] Dabei übersieht man, wie Gebhard weiter folgert: Dass wir erkennen müssen, dass Leistung, Effizienz und Verwertbarkeit „auf Voraussetzungen beruhen, die sie selbst nicht schaffen können".[8] Gebhard nennt hier im Anschluss an den ehemaligen Spitzenmanager Daniel Goudevert die Eigenschaften Verantwortungsbewusstsein, Urteilsvermögen, Selbstvertrauen, Liebesfähigkeit, Flexibilität, Mut und kritische Distanz.[9] Wissensbildung und Verantwortungsbildung benötigen und vertiefen sich gegenseitig zu entsprechenden Orientierungen und Motivationen in den und zum Teil gegen die Machtkonstellationen der Wissensgesellschaft.

Der französische, vor wenigen Jahren verstorbene Kultursoziologie Pierre Bourdieu hat in seiner letzten Rede auf einer Konferenz mit griechischen Wissenschaftlern und Gewerkschaftsvertretern im Mai 2001 in Athen deutlich gemacht, wie gefährlich ein auf Leistung und Anwendung reduziertes Wissen ist, wenn es sich mit den Prozessen einer ökonomistischen Globalisierungspolitik verbindet. Der wissende Mensch wird dann zum Handlanger einer Entwicklung, gegen die er eigentlich auftreten müsste, würde er sein Wissen mit dem Engagement für mehr Gerechtigkeit verbinden. Von daher qualifiziert Bourdieu die Dichotomie in den wissenden Köpfen zwischen Wissen und Engagement (commitment) als sehr verhängnisvoll und fordert ein Wissen, das sich nicht für irgendetwas in den Dienst stellen lässt, sondern das bei aller Fachbezogenheit und in ihr den Horizont der Gerechtigkeit nie außer Acht lässt. Erst ein solches Wissen kann Bildung genannt werden.[10] Diese Engagementseite des Wissens kann aber nur dann entstehen und leben, wenn sie sich selber verankert in und vernetzt mit den entsprechenden sozialen Bewegungen und Organisationen. Was dies für das Verhältnis von gesellschaftlichen Bildungsinstitutionen und dem pastoralen Auftrag der Kirche bedeutet, ist vor allem im Feld der Schulpastoral entsprechend durchzubuchstabieren.

2. Wissen statt Weisheit?

Nimmt man die hier nur angedeutete Analyse für eine künftige Gestaltung der

Schule ernst, dann kann sie das, was sie leisten soll, nicht mehr nur im Unterricht gewährleisten. Zwar ist es empfehlenswert, dass Lehrer und Lehrerinnen wahrnehmen, wie sich ihre schlechten Noten auf die Schüler und Schülerinnen verteilen und ob es gerade die sozial Schwachen sind, die schlechte Noten haben. Doch haben sie im Unterricht selbst nur begrenzte Möglichkeiten (die allerdings immer auch ausbaubar ist), entsprechende Förderungsmaßnahmen zu ergreifen. Dies gilt auch für andere bestehende Teilsysteme der Schule, beispielsweise für Elternbeirat und Vertrauenspersonen.

Um Bourdieu hier ernst zu nehmen: Die Schule braucht in sich selber den Unterricht flankierende Förderungsbereiche, vor allem in Gruppen und Einzelförderung, wo das nachgeholt werden kann, was die entsprechenden Elternhäuser nicht den Unterricht vorbereitend und begleitend gewährleisten können. Dabei geht es nicht nur um Förderungsmaßnahmen im engeren Sinn des Wortes, sondern um Beziehungen, in denen junge Menschen dazu ermächtigt werden, eine eigene Motivation für ihr Leben und für ihr Lernen zu entwickeln.[11] Eine Motivation, die mit den Orientierungen (Gerechtigkeit und Solidarität) zu tun hat, wie sie Bourdieu geklärt hat. Obgleich sich beides gegenseitig benötigt, ist doch zu unterscheiden zwischen der leistungsbezogenen Förderung, die entsprechenden Kindern helfen will, ihre Chancen zu bekommen, und der Motivationsförderung, in der junge Menschen Orientierungen dafür erhalten, warum sie etwas wissen und wofür sie dieses Wissen einsetzen wollen. Beide Förderungsvorgänge konstituieren den integralen Bildungsbegriff, von dem her drohende oder auch schon vorhandene enggeführte Bildungsverständnisse (hinsichtlich intellektueller und ökonomischer Funktionsfähigkeit) auf eine umfassendere Bildungsperspektive hin kritisierbar sind.[12] Eine Bildung, die sich nur auf das Wissen und auf die Wissensverarbeitung konzentriert und nicht das im Blick behält, was man früher Persönlichkeitsbildung und heute Orientierungsfähigkeit genannt hat bzw. nennt, in der Statuswissen alles und Weisheit nichts ist, reicht nicht bis auf die Wurzeln der hier angesprochenen Problematik.

Wissen ist Macht in unserer Gesellschaft, allerdings nur ein gezieltes Wissen, das auch gebraucht wird und erst dann der Karriere dient und Macht einbringt. Doch zeigt sich zunehmend die Zerbrechlichkeit dieses Zusammenhangs gerade in der Wissensgesellschaft: Niemand kann letztlich wissen, ob sein Wissen tatsächlich einmal von einer geldzahlenden Institution gebraucht wird, ob es nicht überflüssig ist, ob nach fünf Jahren Studium gerade das, was vorher aussichtsreich erschien, jetzt schon nichts mehr einbringt. Wissen wird zum Lotterieeinsatz, wie bei Günther Jauchs „Wer wird Millionär": Ein Wissensquiz, wo nur wenige das Glück haben, mit ihrem Wissen durch- und vorwärts zu kommen. Wir müssen zunehmend mit Berufsbiographien rechnen, in denen man zwei, drei und vier Mal im Leben, was das remunerierbare Wissen anbelangt, umsatteln

[11] Mit diesem Anliegen kann man anknüpfen an die reformpädagogischen Überlegungen zur Arbeitsschule bzw. zum Arbeitsunterricht, wie sie als ganzheitliche Sozialerziehung in den zwanziger Jahren des letzten Jahrhunderts entwickelt wurden: Vgl. Lames, Schulseelsorge 69ff.

[12] Den Hinweis auf diese beiden Förderungsvorgänge verdanke ich Tom Schneider, Bamberg.

Ottmar Fuchs

Die Identität der Schulpastoral im Spannungsfeld von staatlicher Bildung,
kirchlicher Mission und solidarischer Gesellschaft

1.0

muss. So gibt es zwei gegensätzliche Phänomene: Einmal ein unglaubliches
Vertrauen auf Wissensanhäufung, und zugleich ein gesteigertes Misstrauen und
eine wachsende Unsicherheit bezüglich seiner Verwertbarkeit. Was liegt näher,
als jungen Menschen ermutigend zu sagen: Wenn ihr schon mit eurem Wissen
nicht kalkulieren könnt, was daraus beruflich entstehen kann, dann seid ihr auf
eine gewisse Weise frei, das zu wählen, was euch selbst interessiert, jene Berufsausbildung anzugehen, an der jemand Freude hat.
Genau hier ist der Übergang vom Wissen zur Bildung, vom berufsbezogenen
Design des Wissens zu seiner Integration in die ganze Biographie. Dafür braucht
es aber Vertrauen, Vertrauen in die Zukunft, Vertrauen in einen Bildungszusam-
menhang, der mehr trägt als das Einzelwissen. Damit sind wir im Wurzelbereich
des Bildungsbegriffs: nämlich dass junge Menschen Vertrauen in ihr Leben und
in ihre Zukunft aufbauen können, dass es verlässliche Begegnungen auch über
Leistungszusammenhänge hinaus gibt.
Es ist wichtig, dass die Personen einen inneren Halt haben, von dem her sie
selbst über ihr Wissen und damit über ihre Bildung entscheiden. Dieses Vertrau-
en entsteht vor allem dann, wenn junge Menschen erfahren: Da steht jemand
zu mir, auch dann, wenn ich Misserfolg habe, ja auch dann, wenn ich etwas
Dummes getan habe. Ich denke hier an das wunderschöne Lied „Zeugnistag"
von Reinhard Mey, mit der Geschichte aus seiner Schulzeit: Sinnlos fand er
es, irgend ein Wissen anzuhäufen. Er hat ein denkbar schlechtes Zeugnis und
fälscht die Unterschriften der Eltern. Der Rektor sieht dies sofort und zitiert
Eltern und Jungen in die Schule. Vater und Mutter bekennen sich vor dem Rektor
zu der Unter-schrift, und die Mutter begründet die Zittrigkeit ihrer Unterschrift
damit, dass sie gerade vom Einkauf noch die Taschen in der Hand hatte. Reinhard Mey erzählt im Lied, dass er von da an noch viele Jahre die Schulbank
gedrückt hat, offensichtlich mit einigem Erfolg. Schließlich wünscht er allen Kindern, Eltern zu haben, die aus diesem Holz geschnitzt sind.

3. Staatliche und kirchliche Verantwortung

Aus solchem Holz ist auch die Schulpastoral geschnitzt. Sie trägt dazu bei, die
Dialektik zwischen stufiger Wissensleistung und gleichstufiger Menschenwürde
konstitutiv auszuhalten und solidarisch zu gestalten. Sie anerkennt die Würde
des Menschen, die ihm von vornherein geschenkt ist und die er nicht leisten
muss. Sie hilft auf, wo junge Menschen nicht mehr mitkommen, und auch dann
noch, wenn sie sich in Schwierigkeiten bringen, weil sie ihre eigene Selbstach-
tung über die Leistung definieren und bei Misserfolg dann befürchten müssen,
dafür verachtet zu werden. Über seine Eltern erfährt Reinhard Mey: Seine Würde

liegt in keiner Bedingung begründet, sondern allein darin, dass sie ihn lieben, anerkennen und für ihn nur das Beste wollen. Wo junge Menschen in solchen Beziehungen einen Halt gewinnen, können sie dann auch mit ganz anderer Energie und Hoffnung die Schulbank drücken. Sie werden dann lernen, nicht weil sie lernen müssen, um jemand zu sein, sondern weil sie lernen können, weil sie längst erfahren haben, dass sie jemand sind.

Von diesem Zusammenhang strahlt nun auf den entsprechenden Umgang mit allen Schülern und Schülerinnen eine wichtige Botschaft aus: Nämlich dass es alle, auch die Wohlhabenderen und Gutsituierten nötig haben, in dieser Art von Bildung unterstützt und in dem ermächtigt zu werden, was solche Herkünfte leicht zu übersehen in Gefahr sind. Wenn der deutsche Außenminister bei seinem Besuch im israelischen Jad Waschem, im Gedächtnisort für die Holocaustopfer, in das Kondolenzbuch geschrieben hat, dass in der Verantwortung unsere Zukunft liege, dann bestätigt er als Politiker die Verantwortung, im Bildungsbereich diesem „Prinzip Verantwortung"[13] Geltung und Ermöglichung zu verschaffen: So dass junge Menschen nicht nur Wissen lernen, sondern auch lernen, verantwortungsvoll mit Wissen umzugehen bzw. aus entsprechender Verantwortung heraus die Motivation für das notwendige Wissen aufzubauen. In der Verhinderung der Gefahr, dass Wissen zur Ware verkommt und für alles mögliche instrumentalisiert werden kann, benötigen wir für die Zukunft einer (nach innen und nach außen) solidarischen Gesellschaft nicht nur die Schule des Wissens, sondern auch die Schule der Verantwortung und diese nicht nur für die Förderung des Wissens bei sozial Schwachen, sondern auch für die universale Förderung der Verantwortung bei allen Schülern und Schülerinnen. Die Förderungsmaßnahmen, an die Lehrer und Lehrerinnen (hinsichtlich Zusatzunterricht, Nachhilfe usw.) denken, reduzieren zwar die Ungerechtigkeit im Bereich der Wissensaneignung, beinhalten jedoch höchstens als kollateralen Nutzen den Perspektivenwechsel, den Bourdieu mit dem Bildungsvorgang vernetzt.[14]

So weit so gut. Und soweit befinden wir uns immer noch im autonomen Bereich des gesellschaftlichen Bildungsdiskurses. Was hat damit nun die Schulpastoral zu tun? Was sollte sie damit zu tun haben? Um diese Frage zu beantworten, ist erst einmal der Pastoralbegriff, der hier bemüht wird, zu klären. Folge ich der Pastoralkonzeption des Zweiten Vatikanums, dann ist unter der Pastoral der Kirche ihr gesamtes Handeln, Reagieren, auch ihr Nichthandeln und Schweigen in einer bestimmten Zeit und Situation zu verstehen. Subjekt dieser Pastoral sind alle Gläubigen: Die Eltern handeln pastoral, wenn sie entsprechend mit ihren Kindern umgehen; Verantwortliche in der Wirtschaft handeln pastoral, wenn sie Ökonomie und Gerechtigkeit zusammen buchstabieren. Nach der Pastoralkonstitution Gaudium et spes bezieht sich das pastorale Handeln also nicht nur auf die Innenseite von Kirche, sondern bestimmt auch ihre Außenbeziehung,

[13] Vgl. Hans Jonas, Das Prinzip Verantwortung. Versuch einer Ethik für die technologische Zivilisation, Frankfurt/M. 81988.

[14] Falls ein solches Bildungskonzept im Interesse des Staates liegt (und dies sollte es um seiner Humanisierung willen!), findet sich darin gewissermaßen eine Steilvorlage für die bildungspolitische Notwendigkeit von Schulpastoral und Jugendarbeit.

Die Identität der Schulpastoral im Spannungsfeld von staatlicher Bildung,
kirchlicher Mission und solidarischer Gesellschaft

1.0

[15] Zur theologischen Grundlegung der Schulpastoral vgl. auch Anton van Hooff, Zur theologischen Grundlegung der Schulpastoral, in Religionsunterricht-Kurier 28 (2006) 17-22: Hier vornehmlich als Auslegung der Anfang 1996 von der Kommission für Erziehung und Schule der Deutschen Bischofskonferenz publizierten Schrift „Schulpastoral - der Dienst der Kirche an den Menschen im Handlungsfeld Schule", Bonn 1996. Ich stimme in meinem Beitrag den Grundintensionen des Autors zu, mit leicht modifizierten Akzenten und einigen darüber hinausgehenden Überlegungen.

[16] Hier handelt es sich um Einstellungen, in denen Mitschüler und Mitschülerinnen anderer Kulturen und Religionen nicht nur „toleriert" werden, sondern die Toleranz erfahren, in der sie auch in ihrem Anderssein geschätzt und geschützt werden: Vgl. Ingrid Gogolin/Marianne Krüger-Potratz, Einführung in die Interkulturelle Pädagogik (Einführungstexte Erziehungswissenschaft Band 9), Stuttgart 2003.

[17] Zum Begriff „coevolutiv" vgl. aus systemtheoretischer Perspektive Lames, ebd. 229; zur systemtheoretischen Definition der Schulseelsorge vgl. 247.

ihre Verantwortung für die ganze Welt.

Inhaltlich nimmt pastorales Handeln an dem Maßstab, der sich selber als den Hirten bezeichnet hat, der das Verlorene sucht, der Gerechtigkeit will, zur Liebe ermutigt und Gott als Rettung der Menschen verkündet.[15] Die Kirche ist in dieser Welt der fortlebende „Pastor bonus", der inkarnierte gute Hirte, der so mit allen Menschen umgeht, wie Jesus dies getan hat. Die Pastoral umfängt damit nicht nur die Seelsorge, sondern auch die Diakonie, nicht nur die Verkündigung, sondern auch die soziale Solidarität. Aber auch umgekehrt gilt es: Es geht nicht nur um soziale Solidarität, sondern auch um die Verkündigung der Reich-Gottes-Botschaft, es geht nicht nur um die Diakonie, sondern um die Eröffnung einer ganz besonderen, die Liebe tragenden und insgesamt erlösenden Gottesbeziehung. Beide Bereiche öffnen sich zueinander, aber die jeweilige Öffnung zum anderen Bereich kann nicht befohlen, sondern nur ermöglicht bzw. prophetisch provoziert werden. Der Übergang zum jeweils anderen Bereich ist immer ein Ereignis der Gnade. Der Kirche bleibt die Aufgabe, beides in gegenseitiger Offenheit zu repräsentieren, zugleich mit dem Bewusstsein, nichts erzwingen zu können.

Von daher gehört es zur kirchlichen Identität, in einer ganz spezifischen Weise in die Gesellschaft hinein zu wirken, nämlich das Leben aus der Gnade Gottes heraus in Solidarität mit den anderen Menschen zu verantworten und die Solidarität mit den Menschen als einen theologischen Ort zu begreifen, wo sich Gottes Gnade im Bereich der Diakonie unter den Menschen ereignet. Der inhaltliche Kontakt zwischen dem oben angesprochenen Bildungsnotstand und der kirchlichen Verantwortung für die Gesellschaft konzentriert sich auf die Frage: Welche Ressourcen hat die Kirche, dass in den Schulen (aber auch in anderen Einrichtungen der Bildung, wie etwa an den Universitäten) junge Menschen auf Chancengerechtigkeit hin gefördert und alle Schüler und Schülerinnen in Richtung auf Rücksicht und Verantwortung, auf interkulturelle und interreligiöse gegenseitige Anerkennung,[16] gebildet werden können?

Die augenscheinlichste strukturelle Macht, welche die Kirchen in den Schulen haben, ist der Religionsunterricht. Aber was bereits oben allgemein vom Unterricht gesagt wurde, gilt auch hier: Selbst beste Religionslehrer und Religionslehrerinnen sind überfordert, jene Pastoral mit aufzubauen und mit zu gestalten, die sich mit den anderen (wenn sie überhaupt bestehen) flankierenden Maßnahmen in den Schulen solidarisch und coevolutiv[17] verbindet. Selbstverständlich sind sie bestens geeignet, in Personalunion beides zu tun, Religionsunterricht und Schulpastoral, aber nur dann, wenn sie dafür die Zeit haben, wenn sie auch mit entsprechenden Stunden für die Schulpastoral dotiert werden, was immer noch genug Spielraum dafür lässt, zusätzliche Zeit für diese wichtige Aufgabe ehrenamtlich zu investieren. Ein entsprechender Ausbau der Schulpastoral ist aus dieser Perspektive vor allem dann notwendig, wenn es an den betreffenden

Schulen jene flankierenden Maßnahmen noch gar nicht geben sollte.

Dann, aber auch schon in der Kooperation, stellt die Schulpastoral nicht nur einen entscheidenden Dienst der Kirche an der Gesellschaft dar, sondern dieser Dienst ist aus der Perspektive des Staates ein bitter notwendiger Dienst in Richtung auf ein Bildungskonzept, das die Verantwortung genauso wichtig nimmt wie das Wissen. Es muss von daher im Interesse des Staates liegen, dass die Kirchen in dieser Weise Schulseelsorge gestalten und organisieren, weil damit im Schulsystem wenigstens teilweise etwas geheilt wird, was nach internationaler Auskunft in Deutschland im Argen liegt, was aber nicht nur aus Prestigegründen zu verändern ist, sondern aus der Verantwortung einer künftigen humanisierten Gesellschaft gegenüber. Und es wäre zu fragen, ob der Staat nicht tatsächlich daran denken sollte, diese bestehenden Ressourcen für die Bildungsreform zu nutzen, entsprechende Aufgaben zu delegieren (wie dies bereits im Bereich der Wohlfahrtsverbände der Fall ist) und dafür auch, zumindest teilweise, gesteigerte finanzielle Verantwortung zu übernehmen.

In der Entwicklung der Schulseelsorge hat sich auch die Beziehungsgeschichte zwischen Schule und Kirche in der angedeuteten Weise weiterentwickelt, immer auch gegenüber Unterstellungen, dass letztere nur auf die Wahrung ihres eigenen Einflusses schauen wolle: „Wenn Kirche sich z.B. machtvoll um unterschiedliche Zugänge zur Schule und den Menschen in der Schule bemüht, kann ihr immer unterstellt werden, dass sie sich nur um ihren Selbsterhalt und die Wahrung ihres Einflusses sorgt. Die Kirche hat innerhalb dieser Beziehungsgeschichte selbst dafür zu sorgen, dass ihre Schulseelsorge als Sorge um die Menschen plausibel und verstehbar wird und sich von einer Sorge um den Selbsterhalt insofern unterscheiden lässt, als die Sorge um sich selbst immer auf ihren Zweck hin, die Sorge um die Menschen, ausgerichtet ist." Lames formuliert hier deutlich, dass der praktische Selbstvollzug des Wahrheitsanspruchs der Kirche gerade in dieser Sorge für alle Menschen liegt.[18]

[18] Lames, Schulseelsorge 97, vgl. auch 24ff. und 13, vgl. auch 92f.

4. Konvergenz der gegenseitigen Bedingungen

Die angesprochene Kooperation zwischen Staat und Kirche im Bereich der Schulpastoral kann sich der freiheitliche Rechtsstaat aber nur leisten, wenn die Kirchen in diesem Dienst nicht primär auf die Selbsterhaltung ihrer Institutionen aus sind, sondern diese ihrerseits für die Hoffnungsfähigkeit der jüngeren Generation zur Verfügung stellen. Die Kooperation steht und fällt mit der Unterscheidung zwischen sektiererischer Indoktrination (die die öffentliche Schule niemals zulassen darf, weder bezüglich der Kirchen, noch der Religionen, noch irgendwelcher Sekten) und eines Glaubens bzw. einer Glaubenspraxis, die in

Ottmar Fuchs

Die Identität der Schulpastoral im Spannungsfeld von staatlicher Bildung,
kirchlicher Mission und solidarischer Gesellschaft

1.0

[19] Vgl. dazu Ottmar Fuchs,
Praktische Hermeneutik
der Heiligen Schrift,
Stuttgart 2004, 303ff.

[20] Vgl. die Auseinander-
setzung zwischen
Andreas Wollbold und
Rainer Bucher, in:
Lebendige Seelsorge
57 (2006) Heft 2, 58-75.

[21] Zum Verhältnis von
Institution und der gesam-
ten Identität der Kirche
(in der Evangelisierung
durch Verkündigung und
Diakonie im Horizont
der beide ermöglichenden
Gnade Gottes) vgl. Ottmar
Fuchs, Evangelisierung
in ihrer prophetischen und
institutionellen Dimension,
in: Peter Hünermann/
Bernd Jochen Hilberath
(Hg.), Herders Theologi-
scher Kommentar zum
Zweiten Vatikanischen
Konzil, Band 5, Freiburg/
Br. 2005, 266-276.

Toleranz und Freiheit das ihrige für die Hoffnung und Solidarität **aller** zur Verfügung stellen[19] Das Bekenntnis zum Antifundamentalismus und zum gesprächsfähigen Wahrheitsanspruch, der sich an der Befreiungsfähigkeit des Glaubens wie an der Gerechtigkeit im sozialen Bereich orientiert, unterscheidet (wenn nicht sogar: spaltet) gegenwärtig Religionen und Kirchen in ihren eigenen Bereichen. Denn es ist nicht zu leugnen, dass sich in den beiden Kirchen und quer durch sie hindurch tendentiell fundamentalistisches und freiheitsbezogenes sowie dialogisches Selbstverständnis gegenüber stehen und mittlerweile miteinander in einen erheblichen Konkurrenzkampf geraten sind.

Dies beginnt schon damit, dass man, bis im Bereich der akademischen Pastoraltheologie hinein, das „Kerngeschäft" der Kirche in der Versammlung der Gläubigen und im Verkündigungsbereich sieht und demgegenüber die Diakonie allen Menschen gegenüber als etwas betrachtet, was die Kirche angesichts der finanziellen Probleme ohnehin überfordere und was sie deshalb nicht mit eigener Institution, sondern allein durch die Delegation an die Gläubigen verwirklichen könne.[20] Ein Kirchenverständnis, das nur die Versammlung der Gläubigen und nicht auch ihre Sendung institutionell realisieren will, ist selbstverständlich für die angesprochene Kooperation mit der öffentlichen Hand nicht sehr attraktiv, weil das primäre Ziel eines solchen Kirchenbildes, nämlich Gläubige zu rekrutieren, nicht der Bildungsverantwortung des Staates entspricht. Nur ein Kirchenbild, in dem der eigene Wahrheitsanspruch zwar nicht zurückgehalten, aber so realisiert wird, dass er sich zu Gunsten aller Menschen als helfend und befreiend ereignet, kann mit dem angesprochenen Anliegen der öffentlichen Schulen (sofern sie sich selbst für eine verantwortungsvolle Bildung einsetzen will) konvergieren.

Es geht um jene Außenverantwortung der Kirche, die in Gaudium et spes Nr. 1 so beeindruckend formuliert wird, nämlich dass die Freuden und Leiden der Menschen auch die Freuden und Leiden der Gläubigen sind und dass sie genau in dieser Solidarität mit den Menschen den Tatbereich ihres Glaubens verwirklichen.[21] Dahinter steht die Spiritualität, dass sich Kirche und Christen und Christinnen in ihrem Glauben und ihrem Handeln von der Gnade Gottes getragen glauben und von daher fähig sind, diese Gnade Gottes durch sich selbst hindurch in Barmherzigkeit, Gerechtigkeit und Solidarität sichtbar werden zu lassen. Wo immer Gläubige und kirchliche Repräsentanzen von den Menschen als „Gnade" erfahren werden, als Aufhilfe, als Ermächtigung in ihrem eigenen Leben und von daher als Ermöglichung für ein verantwortungsvolles Leben, verwirklicht sich die kirchliche Mission, nämlich ihre diesbezügliche Sendung.

Mit einer derart missionarischen Kirche kann und sollte der Staat in Kooperation gehen, weil er hier personale und institutionelle Ressourcen für die Solidarisierung der Gesellschaft findet. Dies war und ist bereits im Zusammenhang mit den christlichen Wohlfahrtsverbänden der Fall. Doch sollte diese Kooperation angesichts der angesprochenen Bildungsprobleme auch auf spezifische Bildungsbereiche ausgedehnt werden.[22] Gerade in den Umbruchsituationen der Gegenwart ist der Staat gut beraten, wenn er nicht in progressiver Weise auf Privatisierung setzt, sondern die Gestaltungshoheit für eine verantwortungsvolle Gesellschaft behält. Denn mit jeder Privatisierung (zum Beispiel im Bereich der Wohlfahrt) geht auch eine Kapitalisierung dieser Institutionen Hand in Hand und eine entsprechende Selektion des Klientels.

Es gehört zur Verantwortung der staatlichen und öffentlichen Organe, dass sie dem Prozess der gesteigerten Ausschließung von Menschen aus Chancen gebenden bzw. helfenden Institutionen eine kräftige Strategie entgegen stellen, in denen Chancengleichheit und Zugehörigkeit benachteiligter Menschen und Bevölkerungsanteile thematisiert und in der Zusammenarbeit mit in dieser Orientierung kooptierbaren Institutionen garantiert werden. Die Frage der dafür nötigen Finanzen müsste aus einer längerfristig-prospektiven Kalkulation heraus betrachtet werden: Denn die Chancengleichheit und von daher ermöglichte Solidarisierungsfähigkeit von jungen Menschen verhindern viel an später notwendigen, immens größeren finanziellen Investitionen, die auf Grund dieser Defizite nötig werden (zum Beispiel in der schwierigen Sozialarbeit mit gewaltbereiten Jugendlichen, die keine Chancen mehr für ihr Leben sehen).[23]

In Artikel 4 Grundgesetz wird die allgemeine Glaubens- und Religionsfreiheit anerkannt und die ungestörte Ausübung der Religion gewährleistet. Artikel 140 Grundgesetz regelt unter Berufung auf Artikel 136-139 und 141 der Weimarer Reichsverfassung von 1919 die Rechtsstellung der Religionsgemeinschaften innerhalb des staatlichen Gemeinwesens. Obgleich es danach keine Staatskirche und somit eine Trennung von Staat und Kirche gibt, wird dennoch den großen Religionsgemeinschaften die Rechtsform einer Körperschaft des öffentlichen Rechts verliehen. Als solchen kommt den Kirchen eine Sonderstellung zu, die eigentlich nur den mit Rechtsfähigkeit ausgestatteten Personenverbänden zusteht, die unter staatlicher Aufsicht Staatsaufgaben wahrnehmen. Doch dazu gehören die Kirchen nicht. Gleichwohl werden sie als Elemente der bewahrenswerten öffentlichen Ordnung anerkannt, ohne aber der Staatsaufsicht zu unterliegen und ohne eine hoheitliche Gewalt ausüben zu können. Zusätzlich zur Struktur der Einbehaltung der Kirchensteuer unterstützt der Staat die Kirche vor allem im Zusammenhang von Refinanzierungen für bestimmte Bereiche kirchlichen Handelns, in denen gleichzeitig Aufgaben des Staates wahrgenommen werden: So gibt es staatliche Zuschüsse für Leistungserbringungen im öffentlichen Bereich, zum Beispiel für die Erteilung von Religionsunterricht an öffentlichen Schulen bzw. für die Wahrnehmung von Aufgaben im Bereich der Wohlfahrtspflege. Es ist klar: Dieses System ist mit veränderten Herausforderungen

[22] Diese Kooperation könnte analog zum kirchlichen Erwachsenenbildungsbereich gestaltet werden, insofern auch dieser diesbezügliche Bildungsaufgaben des Staates wahrnimmt und dafür entsprechend refinanziert wird.

[23] Vgl. Otger, Autrata, Prävention von Jugendgewalt. Nicht Repression, sondern verallgemeinerte Partizipation, Leverkusen 2003.

Ottmar Fuchs

Die Identität der Schulpastoral im Spannungsfeld von staatlicher Bildung,
kirchlicher Mission und solidarischer Gesellschaft

1.0

flexibel, insofern zwischen Kirche und Staat die Aufgaben, die von Seiten des
Staates wichtig sind, immer wieder neu mit der Kirche vereinbart und an die
Kirche delegiert werden können. Dies gilt auch für die Schulseelsorge.

Im Moment ist die Schulseelsorge im Vergleich zum Religionsunterricht „ein
freies Angebot der Kirche an die Schule" und damit auch „rechtlich nicht abgesi-
chert".[24] Da sich nun zunehmend herausstellt, dass der Bildungsauftrag des
Staates nicht nur den Unterricht umfasst, sondern auch die soziale Gestaltung
der Schule, wäre zu überlegen, ob die bislang eher unbestimmte Gestaltung der
Kooperation der Schulpastoral mit der Schule nicht auch, analog zum Religionsunterricht, auf sicherere personale und finanzielle Füße gestellt wird. Der Staat
würde sich dadurch als flexibilisierungsfähig gegenüber den neuen Herausforderungen erweisen, wie die Kirche ihrerseits darin ihre Ressourcen anbietet,
nämlich ihren Identitätsanteil der Verantwortung für eine solidarische Gesellschaft.

5. Vollzüge der Schulpastoral

Die Einstellung zur Schulpastoral aktiviert nicht nur im staatlichen Bildungsbereich, sondern auch im kirchlichen Bereich ganz bestimmte Auseinandersetzungen, die zu klären und zu entscheiden sind. Lames formuliert zutreffend:
„Schulseelsorge symbolisiert durch ihr Auftreten also Unzufriedenheit mit
bestimmten Entwicklungen, die die Schule und die Kirche betreffen."[25] Diese
Unzufriedenheit trifft Schule und Kirche mit der doppelten Frage: Wollen die
staatlichen Verantwortlichen für die Schule die Bildung sozialverträglich buchstabieren und gewährleisten? Und hinsichtlich der Kirche: Will sich die Kirche mit
ihrer Identität für die Solidarisierung der Gesellschaft zur Verfügung stellen (wie
es nach der Theologie des Konzils ihre Aufgabe wäre)? Die bisherigen Konzep-
tionsbestimmungsversuche katholischer Schulseelsorge gehen alle in die
Richtung, dass sich die kirchlich getragene Schulpastoral für die „Menschwerdung in Solidarität", für die „Verbesserung der Kommunikation in der Schule", für
die Verbesserung der Schulkultur, für ihre Mitverantwortung für die Schulso-
zialarbeit[26], für den „Ausstieg aus binnenkirchlich fixierten Perspektiven in das
Engagement für die Erfordernisse, Möglichkeiten und Grenzen der Schule hinein" verausgaben.[27]

Was für die Subjektorientierung der Seelsorge insgesamt gilt, gilt auch für die
Schulseelsorge, mit den Orientierungspunkten: Kreativität, Freiheit und Verantwortung, Personalität, Sozialität, Wertschätzung, Befreiung, Solidarität,
Echtheit und Empathie.[28] Gundo Lames präzisiert bei alledem das unverwech-
selbare spezifische Profil der Schulpastoral in ihrem Identitätskern als „unbe-

[24] Lames, Schulseelsorge 224.

[25] Ebd. 225.

[26] Vgl. ebd. 201 und 205ff., bes. 207.

[27] Vgl. ebd. 232f.; Zur Kooperation und zum Anteil an der Schulsozial-arbeit vgl. auch 226.

[28] Vgl. Ebd. 240f. und 243f.

dingte Zuwendung", wodurch die Schulseelsorge „zum einen kritische Distanz zu internen wie externen Vereinnahmungsversuchen (gewinnt) und ... zum anderen Optionen zu ihrer sachlichen, zeitlichen und sozialen Ausrichtung (formuliert)."[29] Theologisch realisiert die Schulseelsorge damit die in der Proexistenz Jesu zum Vorschein kommende Menschenzugewandtheit Gottes, offen für diese mystagogische Dimension, aber diese nie aufdrängend und immer nur in der Begegnungskategorie der unbedingten Zuwendung. Jedenfalls zerstört es die Mystagogie, also die Gottesbeziehung, wenn sie als Bedingungsverhalten für Zuwendung aufgerufen wird.[30]

Schulseelsorge unterbricht und durchbricht damit schulische wie auch kirchliche Bedingungs-, also Wenn-Dann-Verhältnisse und schafft Räume, in denen diesbezüglich zweckfrei über die eigenen Erfahrungen, Leiden und Freuden, Vorstellungen und Hoffnungen gesprochen werden kann. Dabei darf die Diakonie nicht für die Mystagogie verzweckt werden: Sie hat ihre unbedingte Eigenwertigkeit und öffnet erst so für den Glauben an die unbedingte Gnade Gottes.[31] Aber auch die Mystagogie darf nicht für die Diakonie verzweckt werden:[32] Wo sich Fragen und Sehnsucht nach Gottesbeziehung eröffnen, sind diese erst einmal zu hören und zu besprechen und nicht sofort auf „die Moral von der Geschicht" zu reduzieren: Denn die Gnade Gottes geht weit über das hinaus, was Menschen **tun** können.

Aus dieser Perspektive hat der Verkündigungsanteil der Gottesanerkennung nicht nur christliche Bedeutung, sondern kann mit der allgemeinen Transzendenzfrage verbunden werden. Wenn nämlich Menschen an einen Gott glauben können bzw. wollen, dann verändert sich die Einstellung zum Leben, zu den Menschen und zu der Schöpfung insgesamt. Denn alle Schöpfung wird als Gottes Werk anerkannt, geschätzt und geschützt. Zugleich ist alles Gott gegenüber ein Vorletztes, nie das Letzte und Absolute. Die Differenz zwischen Gott und Mensch verhindert die Vergöttlichung des Selbst und der anderen, lehrt unterscheiden zwischen Götze und Gott und verkleinert die Gefahr, das Eigene, das eigene Land, das eigene Geld usw. für absolut zu setzen, was immer auf Kosten anderer Menschen und Länder geht. In dieser Weise hätte die Nennung des Gottesnamens in der Präambel der Europäischen Verfassung einen durch die Konfessionen und Religionen ermöglichten und zugleich auch über sie hinausgehenden Sinn gemacht, nämlich dass Menschen und Länder in der Anerkennung eines Gottes nicht selbst den Platz besetzen oder auf andere projizieren, der Gott allein gehört: Zu Gunsten einer Kultur der realistischen Wahrnehmung der eigenen Machtgrenzen und so zu Gunsten solidarischer Einstellungen.

Für beide Bereiche, für den des Glaubens und den der Diakonie, gilt die Dimension der unbedingten Zuwendung, allerdings so, dass die Zuwendung Gottes in ihrer Unendlichkeit und in ihrem nicht ergreifbaren Geheimnis nicht in der Zuwendung der Menschen aufgeht. Gerade junge Menschen spüren sehr schnell,

[29] Ebd. 296; vgl. auch 272.

[30] Vgl. dazu ebd. 270-291.

[31] Offensichtlich gibt es gerade in diesem Bereich eine aktuelle Konvergenz zwischen der Erfahrung von Ritualen und ihrer theologischen (verkündigungsbezogenen), gemeinschaftsstiftenden und zugleich innovativen Kraft: Vgl. Christoph Wulf/ Jörg Zirfas (Hg.), Innovation und Ritual. Jugend, Geschlecht, Schule (Zeitschrift für Erziehungswissenschaft. Beiheft 2), Leverkusen 2003; Ottmar Fuchs, Die Liturgie im Kontext der Jugendpastoral, in: George Augustin, u.a. (Hg.), Priester und Liturgie (FS Manfred Probst), Paderborn 2005, 393-413.

[32] Hier in Ergänzung zu Lames, Schulseelsorge 315, wo nur die erstere Verzweckung kritisiert wird; vgl. auch ebd. 238.

Ottmar Fuchs

Die Identität der Schulpastoral im Spannungsfeld von staatlicher Bildung,
kirchlicher Mission und solidarischer Gesellschaft

1.0

[33] Vgl. dazu Ottmar Fuchs, Die Pastoral im Horizont der „unverbrauchbaren Transzendenz Gottes" (Karl Rahner), in: Theologische Quartalschrift 185 (2005) 4, 268-285.

[34] Zum Verhältnis von gezielter Kontextualität und Vielgestaltigkeit vgl. Lames, Schulseelsorge 212.

[35] Einen diesbezüglich eindrucksvollen Einblick gab der Schulpastoralalltag „... weil Schule eine Seele hat" am 13. November 2004 in Bamberg insbesondere in den Vorstellungen schulpastoraler Arbeit in den Workshops; vgl. dazu auch Referat Schulpastoral Diözese Rottenburg-Stuttgart (Hg.), Huch, was machen die denn da! Projekt Schulpastoral an Hauptschulen und Beruflichen Schulen 2000/2003 - Dokumentation und Ergebnisse, Rottenburg 2004; Referat Schulpastoral Diözese Rottenburg-Stuttgart (Hg.), kirche + schule = zukunft. 15 Jahre Schulpastoral in der Diözese Rottenburg-Stuttgart – Bilanz und Perspektiven, Dokumentation, Rottenburg 2004.

[36] Dabei handelt es sich nicht nur um verschiedene Veranstaltungstitel, sondern auch um (in ihrer Methodik und in ihrem Vollzug) vielfältige Veranstaltungsarten.

in welcher Weise Erwachsene von Gott reden, ob sie ihn zugrifflich selbst nochmals als Wissensware vermitteln wollen oder ob durch das Wissbare hindurch jene Gottesehrfurcht durchscheint, die der Beziehung zu einem Gott, der Gott sein darf und nicht Götze werden muss, entspricht.[33]

Dass die Kirche in den Seelsorgepersonen diakonisch und/oder mystagogisch handelt, zeigt sich übrigens auch in der schulpastoralen Praxis, die in ihrer Kreativität und Adressatenbezogenheit so vielgestaltig[34] ist, dass man immer nur staunen kann.[35] Die verschiedenen Initiativen und Aktionen der Schulpastoral ereignen sich immer in beiden Bereichen bzw. in der Verbindung von persönlichkeitstragender Spiritualität und sozialer Verantwortung. Ich zähle, um eine Vorstellung zu gewinnen, nur einiges auf:[36]

Alltagsrituale als Beitrag zur Schulkultur, Kairos – vom Entdecken einer anderen Zeitkultur in der Schule, Schulgottesdienst – Ärgernis und Chance, Schulentwicklung und Schulpastoral – wir bleiben miteinander im Gespräch, Krisenseelsorge in der Schule, woher bekomme ich Kraft in Zeiten starker Belastung?, Raum der Stille, Tage der Orientierung, kollegiale Beratung, Spurensuche in meinem Glauben, Was motiviert mich?, Orientierungstage, lebenswerte Lebenswerte, Meditation, Sozialpraktikum, Projekt Compassion, soziales Lernen, Streitschlichtung, Planspiel Übergang Schule-Beruf, Meditative Übungen für unruhige Geister, Gebetswerkstatt, Bock auf Beten?, Mein Papa ist jetzt im Himmel! Umgang mit trauernden Kindern in der Schule, Entspannungsangebote, Kinderbibeltage, Spiele für die Gruppe, Besinnungszeiten im Schulalltag, So ein Theater! (Theatergruppe)

Weiter: Symbole der Adventszeit, Morgenbesinnungen im Advent, Im Mittelpunkt steht der Mensch, Meditation, Bewegung und Tanz, Tod und Trauerbegleitung, Kanuwallfahrt, Entlastungstage, Beratungstage, Aktionstag Thema Sucht und Drogen, Leben, Sterben, Tod und Trauer, Prüfungscafe – eine Rettungsstation während mündlichen Prüfungen, Tage der Orientierung, Ramadan und Advent im Vergleich, Schwierige Klassen – schwierige Schüler, Weihnachtsgrüße international, Projekt soziales Lernen, Entspannung vor Prüfungen, Tage für Toleranz und gegen rechte Gewalt, Trauerbuch bei Todes- und Unglücksfällen, Spiele als Seelenbalsam im Prüfungsstress, Lebenslabyrint – ein meditatives Element zur Betrachtung des eigenen Lebenswegs, Spirituelle Tankstelle vor den schriftlichen Prüfungen, Ferienkarte, Geist(er)stunde vor Pfingsten, Positiver Umgang mit meinen Gefühlen, Empfang der „Neuen", Aktion für Straßenkinder in Ecuador, Gehirnjogging... und mehr, Filmnachmittage, Ich bin wie ein Baum (Naturmeditation). Damit ist die Schulseelsorge Ausdruck und Triebkraft einer dynamischen Strukturveränderung in der gegenwärtigen Pastoral.

6. Ein exzellentes Erfahrungsfeld lebensraumorientierter Pastoral

Die Kirche ist zunehmend an vielen Orten in unterschiedlichen Gebilden von Gemeinschaft, von Institution und Angeboten gegenwärtig. Auch wenn man immer noch zuerst an die Pfarrgemeinde denkt, hat sich doch auf Grund der individuellen und damit pluralen Bedürfnisse, der angestiegenen Mobilität und der Differenzierung von Lebensräumen (die nicht mit Wohnräumen identisch sind, sondern die unterschiedlichen Wahl-, Kommunikations-, Arbeits- und Relevanzräume der Individuen im Blick hat) bereits in den Gemeinden und zwischen ihnen, aber auch weit über sie hinaus eine vielfältige kirchliche Landschaft gebildet, angefangen mit unterschiedlichen Gruppen in der Gemeinde bis hin zur lebensraumorientierten Seelsorge, in der die Kirche an besonderen Orten in Stadt und Land gegenwärtig ist: Wo immer sich Menschen in einer kulturellen und sozial pluralen Gesellschaft begegnen. Die Citypastoral ist eine solche lebensraumorientierte Kirchengestalt, insofern sich in ihr von verschiedenen Wohnbereichen her Menschen treffen, zu bestimmten Veranstaltungen oder auch nur, um ein Gespräch zu suchen. Je mehr sich die Gegenwart der Kirche in der Gesellschaft über die wohnraumorientierte Pfarrgemeinde in die lebensraumorientierten Präsenzformen hinein begibt, desto mehr gibt es für die einzelnen Menschen innerhalb der **einen** Kirche eine Wahlmöglichkeit zwischen **vielen** kirchlichen Vollzugsformen, je nachdem, in welchen Milieus, Situationen und Problemen sie sich befinden.

Lebensraumorientierte Seelsorge gibt es also nicht erst, seitdem es diesen geprägten Begriff gibt. Wo immer Seelsorger und Seelsorgerinnen an die Orte gegangen sind, wo die Menschen sind, leben, sich freuen und leiden, begeben sie sich in deren Lebenszusammenhänge hinein und lernen, wie dort gelebt und geglaubt wird oder auch nicht geglaubt werden kann. Jeder Besuch von Neuzugezogenen in einer Pfarrei oder von betagten Menschen anlässlich ihres Geburtstags ist bereits ein Vollzug lebensraumorientierter Pastoral. Vor allem die kategoriale Seelsorge (in Krankenhäusern, in Gefängnissen usw.) ist immer auch lebensraumorientierte Pastoral, wenn auch meist – abgesehen z.B. von der Tourismusseelsorge – in relativ geschlossenen sozialen Systemen.

Programmatisches Gewicht gewann der Begriff der lebensraumorientierten Seelsorge innerhalb der vergangenen Dekade als Beschreibung neuer und zusätzlicher pastoraler Räume, die nicht mit den bisherigen pastoralen Institutionalisierungen der Pfarrgemeinde auf der einen und der kategorialen Seelsorge auf der anderen Seite einfachhin identifiziert werden können, weil sie darüber hinaus neue Formen kirchlicher Pastoral darstellen, wie es sie in dieser Weise noch nicht gegeben hat, vor allem herausgefordert durch eine plurale Gesellschaft.[37] In ihr sind die Menschen nicht nur in ihren Wohnräumen zuhause, son-

[37] Anders als van Hooff (Schulpastoral 19) tendiere ich eher dazu, die Schuleseelsorge nicht nur als wenn auch auf den Lebensraum Schule hin erweiterte kategoriale Pastoral zu beschreiben, sondern eher der neuen Kategorie der lebensraumorientierten Pastoral zuordnen, wenngleich selbstverständlich zuzugeben ist, dass sich kategoriale und lebensraumorientierte Pastoral in unterschiedlichen Projekten auch unterschiedlich überlappen.

Ottmar Fuchs

Die Identität der Schulpastoral im Spannungsfeld von staatlicher Bildung,
kirchlicher Mission und solidarischer Gesellschaft

1.0

dern in vielen anderen Lebensräumen. So ist für die Schüler und Schülerinnen, aber auch für die Lehrer und Lehrerinnen die Schule nicht nur ein Arbeits-, sondern ein Lebensraum. Denn während dieser Arbeit vollzieht sich auch das Leben mit seiner Sehnsucht, mit seiner Hoffnung, mit seiner Enttäuschung und seinem Wunsch nach Anerkennung. Will die Kirche in dem oben beschriebenen Sinn missionarisch sein, dann wird sie auch die entsprechende Verantwortung für die Menschen in diesen über die Pfarrei und über die bisherigen kategorialen Bereiche hinausgehenden Lebensräumen und für die Menschen, die sich darin befinden, ernst nehmen.[38]

Die gesamte lebensraumorientierte Pastoral ist in ihren vielfältigen Manifestationen so kreativ, wie wir dies bereits **in** der Schulseelsorge selbst gesehen haben. Um nur einige Beispiele zu nennen: Interviewaktion unter Neuzugezogenen, Aufbau von Netzwerken, Happy birthday Jesus! (Weihnachtsgottesdienst für Menschen, die keinen Gottesdienst besuchen), Kunst – Kulinarisches und Kommunikation im Kontext (Museumsbesuch usw.),[39] Tabgha – Jugendkirche Oberhausen (Brückenschlag zwischen Evangelium und Jugendkultur), Ladenzeile besonderer Art (Rathauspassage Hamburg), alternativer Stadtrundgang,[40] 27. Januar Gedenktag an die Opfer des Nationalsozialismus,[41] Notfallseelsorge, Trauerraum (die Trauer braucht einen Ort), die stille Zeit usw.

Für die lebensraumorientierte Seelsorge sind folgende Merkmale charakteristisch: Genaue Wahrnehmung der Lebensräume, Aufbruch und Hingehen, Schenken, in der Hoffnung, beschenkt zu werden, Adressatenorientierung und Botschaftsorientierung (Vertrauen auf Gottes Beziehungswilligkeit, seine universale Gerechtigkeit und Barmherzigkeit).[42] Lebensraumorientierte Seelsorge geschieht immer im Kontext einer sensiblen Achtung der Freiheit der beteiligten Menschen und ihrer Lebensorte.[43] Es hat sich in den lebensraumorientierten Seelsorgebereichen gezeigt, dass sie, obgleich selbst durchaus als solche Räume begrenzt, in sich ein eigenes Universum der Pastoral entfalten, bezogen auf diesen Lebensraum, aber in ihm selbst noch einmal kreativ und offen für viel Neues.

Auch dafür ist die Schulseelsorge ein glänzendes Beispiel: Sie befindet sich nur in einem ganz bestimmten und begrenzten Lebensraum, entfaltet darin aber eine unglaubliche Kreativität, ein ganzes Universum möglicher Innen- und Außenbeziehungen, das so reichhaltig ist, wie das Leben der beteiligten Menschen selbst ist bzw. sein darf und sich entsprechend entfalten darf. Erst so wird Solidarisierungsfähigkeit nicht nur gefordert, sondern auch geschenkt. Maßgeblich ist auch hier, was man über jede lebensraumorientierte Seelsorge als ganz spezifisches Motto schreiben kann, nämlich das Wort von Bischof Klaus Hemmerle: „Lass mich dich lernen, dein Denken und Sprechen, dein Fragen und Dasein, damit ich daran die Botschaft neu lernen kann, die ich dir zu überliefern

---

[38] Vgl. Michael N. Ebertz/Peter-Otto Ullrich, „Lebensraumorientierte Seelsorge" – Prinzipien eines missionarischen Projekts, in: Michael N. Ebertz, Ottmar Fuchs, Dorothea Sattler (Hg.), Lernen, wo die Menschen sind. Wege lebensraumorientierter Seelsorge, Mainz 2005, 43-60, 46f.

[39] Vgl. ebd. 20f., 61f., 106f., 119f.

[40] Vgl. ebd. 186f., 190f., 221f.

[41] Ebd. 262f.

[42] Vgl. Ebertz/Ullrich 44ff.

[43] Vgl. Ottmar Fuchs, Theologisches Profil des LOS-Projekts in sich selbst und im Kontext der Gesamtpastoral, in: Ebertz u.a. (Hg.), Lernen, wo die Menschen sind 64-105, 82ff.

habe."[44]
Damit bewegt sich die Schulpastoral strukturpolitisch in einem entscheidenden Übergang der pastoralen Repräsentanz der Kirche in der Welt von heute: Denn die entsprechende pastoralstrukturelle Antwort auf die Pluralisierung der Lebenswelten und Milieus kann nicht die Fixierung der eigenen Institutionen auf bestimmte Milieus[45] sein, sondern nur, um der Universalität des Evangeliums willen, die Bemühung, mit allen Lebensbereichen der Gesellschaft, soweit dies jedenfalls **möglich** ist, in Kontakt zu geraten. **Prinzipielle** Ausschlüsse kann es nicht geben. Die Pfarrgemeinden werden (wenn sie nicht über die Seelsorgeeinheiten aufgelöst werden) ihre Wichtigkeit behalten, aber sie werden nur dann überleben, wenn sie sich in diese Gesamtpluralität pastoraler Institutionalisierungen hineinbegeben und sich selbst nach innen wie nach außen dafür verausgaben.[46]

7. Schulseelsorge lebt von passagenfähiger Pastoral

Je mehr es solche pluralen Formen der kirchlichen Pastoral in Arbeits-, Schul- und Lebensbereichen von Menschen gibt, desto mehr ist aber auch herauszustellen, dass sie zueinander passagenfähig sind bzw. werden und bleiben. So dass zum Beispiel die Gläubigen und vor allem die Hauptamtlichen einer Pfarrgemeinde sehr genau darüber Bescheid wissen, was wo zum Beispiel für einen jungen Menschen in der gleichen Stadt ein pastoraler Bereich sein könnte, der für ihn nun viel wichtiger sein kann als der eigene. Für den Bereich der Schulseelsorge bedeutet dies, dass sie einen besonders intensiven Kontakt mit jenen Präsenzformen der Pastoral hat, in denen die Schüler und Schülerinnen oder die Lehrer und Lehrerinnen oder auch die Eltern begegnen oder begegnen können: So begegnet man Schülern und Schülerinnen auch als Ministranten und Ministrantinnen im Gemeindegottesdienst. Entsprechende Vernetzungserfahrungen können zum Thema der schulpastoralen Aktivitäten werden (zum Beispiel im Besuch der Kirche bzw. im Besuch caritativer Einrichtungen in kirchlicher Trägerschaft). Dies bezieht sich nicht nur auf den katholischen, sondern auch auf den insgesamten ökumenischen und, je nach Begegnungszusammenhang, auch auf den interreligiösen Bereich z.B. mit muslimischen Menschen und Institutionen).[47]
Die Herausforderung zur Vernetzung betrifft aber nicht nur das Verhältnis von Schulseelsorge und Pfarrgemeinde, sondern fordert auch die Verbände heraus, vor allem im Zusammenhang mit der Jugendarbeit und Jugendpastoral. Wie sollen sie sich zu den angesprochenen Problemen im System der Schule verhalten, sollen sie sich raushalten oder sollten sie sich, nicht zuletzt um ihrer Verbands-

[44] Zit. bei Ebertz, u.a., Lernen, wo die Menschen sind 11.

[45] Zur Milieudifferenzierung vgl. ausführlicher Michael N. Ebertz/ Peter-Otto Ullrich, Milieus, Lebensstil und Religion. Sozialwissenschaftliche Grundlagen und Erfahrungen im LOS-Prozess, in: Ebertz, u.a. (Hg.), Lernen, wo die Menschen sind 146-185.

[46] Vgl. Fuchs, Theologisches Profil 100ff.

[47] Zur Passagennotwendigkeit vielfältiger pastoraler Angebote institutioneller Art vgl. Fuchs, Theologisches Profil 95ff.

Die Identität der Schulpastoral im Spannungsfeld von staatlicher Bildung,
kirchlicher Mission und solidarischer Gesellschaft

1.0

[48] Zur Perspektive, dass die moderne Kinder- und Jugendarbeit im Kern darauf zielt, über die Initiierung von Bildungsprozessen Kinder und Jugendliche zu befähigen, ihre Lebensaufgaben kompetenter zu bewältigen, vgl. Werner Lindner/ Werner Thole/Jochen Weber (Hg.), Kinder- und Jugendarbeit als Bildungsprojekt, Leverkusen 2003.

[49] Analog zur Transformationsnotwendigkeit der Gemeinden, vgl. Fuchs, Theologisches Profil 97ff.

ziele willen, in ein ganz bestimmtes proexistentes Verhältnis zu jungen Menschen nicht nur im geschützten Rahmen des eigenen Verbandes, sondern auch in ihrer Rolle als Schüler und Schülerinnen im System der Schule versetzen? Die Jugendverbände werden sich also daraufhin befragen, wie sie nicht nur für ihre eigene Sammlung nach innen tätig werden, sondern auch wie sie ihre Außenbeziehung, ihre Sendung in andere Lebensbereiche junger Menschen hinein gestalten.[48]

Wenn Jugendliche - insbesondere im Zusammenhang mit der massiven Zunahme an Druckverhältnissen durch G 8 - keine Zeit mehr für jene Sozialzeit haben, worin die Verbände ihren Bewegungsspielraum sehen, dann stellt sich für sie die Identitätsfrage: Sind sie nur noch für jene Jugendlichen da, die die Zeit aufbringen für diesen durchaus hochzuschätzenden Schutzraum jugendlicher Verbände und der Jugendarbeit insgesamt, oder bringen sie die inhaltlichen Anliegen, die ihnen in Bezug auf junge Menschen wichtig sind, auch in andere Bereiche hinein?[49] Solidarität ist nicht nur möglich im Jugendverband, sondern vor allem nötig im System Schule, damit Schüler und Schülerinnen nicht unter steigendem Leistungsdruck sich gegenseitig das Wasser abgraben, sondern gerade in dieser Struktur Solidarität lernen.

Dafür muss dann allerdings das personale Angebot der Jugendpastoral so modifiziert werden, dass es an verschiedenen Orten präsent sein kann, in schulnahen Gruppen und in der Thematisierung des Lebensraums Schule im eigenen Lebensraum des Verbands. Die Fähigkeit zum Ortswechsel, die für die kirchlichen Institutionen insgesamt gilt, gilt auch für die Jugendverbände: Der Ruf „Wir müssen in die Schule", darf schon, aber nicht nur um der eigenen Mitgliederwerbung geschehen, sondern in relativer Absichtsarmut für die jungen Menschen, auch dann, wenn sie sich nicht in die eigenen Bereiche integrieren.

Der emanzipatorische Anspruch von Jugendverbänden, von dem her sie das System Schule nicht gerade als eine ideale Institution anschauen, ist nicht aufzugeben, aber nicht so, dass man nur jene Bereiche sucht, wo dieser Ansatz am besten realisierbar ist. Je mehr sich kirchliche Jugendarbeit auch in jene Bereiche hinein begibt, wo es nicht einfach ist, den emanzipatorischen und solidarisierenden Ansatz zu verfolgen, desto mehr gewinnen sie ihr diesbezügliches Proprium dort, wo es auch tatsächlich etwas kostet, manchen Konflikt, manche Enttäuschung und vor allem die Spiritualität, das eigene Engagement nicht vom je besseren Erfolg abhängig zu machen, sondern von den Menschen, die es am nötigsten brauchen.

Theresia von Avila hatte sich entschieden, in einen möglichst schwierigen Orden einzutreten, um dort ihre Berufung zu leben, mit großem Widerstand rechnend und so die Institutionskritik nicht nur als Attitüde vor sich hertragend, sondern durch die eigene Existenz vollziehend. Michel de Certeau formuliert dies in Bezug auf Theresa von Avila folgendermaßen: „sie wollten in einen verdorbenen, **korrupten** Orden eintreten und erhofften sich davon weder Anerkennung noch ihre Identität zu erlangen, sondern einzig ein Anderswerden ihres notwendigen Wahns. So ließe sich in der Institution zugleich der Ernst eines Realen und die Lächerlichkeit der von ihr zur Schau gestellten Wahrheit entdecken."[50]

In Zukunft werden auch die kirchlichen Verbände, auch die Jugendverbände nicht umhin kommen, nicht nur sich selbst aufrecht zu erhalten, sondern die über sie hinausgehenden Lebensraumorientierungen wahrzunehmen und vor Ort zu entscheiden. Junge Menschen sind nicht nur im Moratorium zu halten, sondern auch dafür zu bewegen, sich für andere zu verausgaben. Vor allem im Jugendalter gibt es dafür gesteigerte Bereitschaften. Diese bei den Jugendlichen des eigenen Verbandes zu Gunsten der Mitschüler und Schülerinnen zu provozieren, wäre ein eigenes Thema.[51]

Wie lebensraumorientierte Pastoral insgesamt hat auch die Schulseelsorge Anteil an folgenden Möglichkeiten, aber auch Problemen: Unbedingte Adressatenorientierung in Lebensräumen „zwischen"[52] bestehenden Strukturen benötigt immer wieder die Gestaltung neuer Begegnungen. Die Schulseelsorge hat keine strukturelle Macht, jedenfalls im Vergleich zu der strukturellen Macht der Lehrenden im schulischen und der strukturellen Macht der bereits bestehenden Institutionen im kirchlichen Bereich. Die damit geschenkte Freiheit ist nicht nur eine kreative und hoffnungsvolle, sie erfährt auch, dass sie zurückgewiesen wird und scheitern kann. Feste Institutionen können leichter über den Tatbestand hinwegtäuschen, dass sie möglicherweise inhaltlich längst gescheitert sind, weil ihre strukturelle Realität gewissermaßen im Leerlauf aufrecht erhalten werden kann. Dies ist in lebensraumorientierten Pastoralbereichen selten möglich. So ist auch die Schulseelsorge immer darauf angewiesen, sich selbst im Zusammenhang mit ihren Adressaten und Adressatinnen neu zu „erfinden". Sie kann sich weniger als etwa die pastoralen Handlungen in Pfarrgemeinden auf durchaus gut verstandene Routine beziehen. Schulseelsorge begibt sich aus dieser Sicht in das freie und doch zu prägende Feld zwischenmenschlicher Begegnung in bzw. zwischen bestehenden Strukturen und in den sich darin eröffnenden Mobilitätsräumen.

Die Erfolgskategorie der Schulpastoral kann deshalb nicht zuerst im Kriterium der Dauerhaftigkeit liegen, vielmehr haben auch zeitlich begrenzte Initiativen und Aktivitäten ihren Eigenwert, wie Kohelet 3,14 formuliert: Nämlich dass Gott selbst das Flüchtige sucht und es nicht unter den Tisch fallen lässt. Wie man Eltern hoffnungsvoll sagen darf, dass nichts, was sie im Lauf ihrer Beziehung mit ihren Kindern an Liebe und Gerechtigkeit investiert haben, jemals verloren geht, auch wenn die Kindheit längst abgeschlossen ist und die Kinder das Elternhaus verlassen haben, so ist auch in der lebensraumorientierten Schulpastoral jenes

[50] Michel de Certeau, Theoretische Fiktionen. Geschichte und Psychoanalyse, Wien 1997, 159; vgl. dazu Ottmar Fuchs, Das Weiheamt im Horizont der Gnade, in: George Augustin/Johannes Kreidler (Hg.), Den Himmel offen halten. Priester sein heute, Freiburg/Br. 2003, 102-125, 106ff.

[51] Vgl. Zur Notwendigkeit einer „Tatpastoral" in der Jugendarbeit vgl. Ottmar Fuchs, „Täterpastoral" und "Tatpastoral" in der Jugendarbeit, in: Hans Amann/Gerhard Kruip/Martin Lechner (Hg.), Kundschafter des Volkes Gottes, München 1998, 238-261, 258ff.

[52] Vgl. Peter Hahnen, Spiritualität zwischen Klassenarbeit und Pausenhof, in: Diözese Rottenburg (Hg.), Kirche 6-22.

Ottmar Fuchs

Die Identität der Schulpastoral im Spannungsfeld von staatlicher Bildung, kirchlicher Mission und solidarischer Gesellschaft

1.0

pastorale Selbstbewusstsein zu stärken, dass alles seine Wirkung haben wird, auch wenn es nur kurz gedauert hat, auch wenn der Erfolg dieser Wirkung oft nicht wahrgenommen werden kann. Aus der Perspektive der Reich-Gottes-Botschaft jedenfalls gilt für die Spiritualität der Verantwortlichen in der Schulpastoral: Nichts, was aus Liebe und Solidarität mit Menschen geschieht, geht jemals verloren. Es wird das Einzige sein, was über den Tod und das Gericht hinaus Bestand haben wird!

8. Zusammenfassende Thesen

1. In den Umbrüchen der „gegenwärtigen Wissensgesellschaft" steht die Schulseelsorge für ein Bildungsverständnis, das Wissen mit Weisheit, Wissensverarbeitung mit Orientierungsfähigkeit und Wissensvermittlung mit Gerechtigkeit verbindet. Als Leitperspektive gilt: Ich muss nicht lernen, um jemand zu sein – ich kann lernen, weil ich erfahren habe, dass ich jemand bin!

2. Staat und Kirche haben von ihren unterschiedlichen Identitätsbestimmungen her gleichwohl eine gemeinsame Verantwortung für eine Bildung, die zur Weisheit führt, die in ihrem Vermittlungsvollzug gerecht gestaltet ist und die so Solidarisierung befördert, bis hin zu uneigennützigem Engagement. Der Staat kann auf die kirchlich gegebenen personalen und institutionellen Ressourcen für die Solidarisierung der Gesellschaft nicht verzichten

[53] Verlautbarungen des Apostolischen Stuhls Nr. 171, Bonn 2006.

(Benedikt XVI. in **Deus caritas est**:[53] Wir brauchen „den Staat, der entsprechend dem Subsidiaritätsprinzip großzügig die Initiativen anerkennt und unterstützt, die aus den verschiedenen gesellschaftlichen Kräften aufsteigen und Spontaneität mit Nähe zu hilfsbedürftigen Menschen verbinden. Die Kirche ist eine solche lebendige Kraft: In ihr lebt die Dynamik der vom Geist Christi entfachten Liebe, die den Menschen nicht nur materielle Hilfe, sondern auch die seelische Stärkung und Heilung bringt" (28b).)

3. Die Schulpastoral ist eine lebensraumorientierte Pastoral, in der die AdressatInnenorientierung und der Kontextbezug von gestaltgebender Bedeutung ist. In dieser sehr beweglichen Konstruktion kann sie nie insulär am Leben bleiben, sondern ist in einer ebenso besonderen Weise auf entsprechende Vernetzungen angewiesen: mit den Strukturen und Personen der Schule genauso wie mit denen der Kirche. Hinsichtlich des thematisch-christlichen Bereiches setzt die Schulpastoral auf eine lokal und von der Initiative abhängige Prioritätenbildung zwischen (hinsichtlich des Glaubens und der kirchlichen Institution) absichtsarmer Diakonie und christlicher Glaubenserfahrung.

Benedikt XVI. in **Deus caritas est**: „Außerdem darf praktizierte Nächstenliebe nicht Mittel für das sein, was man heute als Proselytismus bezeichnet. Die Liebe ist umsonst: Sie wird nicht getan, um damit andere Ziele zu erreichen. Das bedeutet aber nicht, dass das caritative Wirken sozusagen Gott und Christus beiseite lassen müsste. Es ist ja immer der ganze Mensch im Spiel. Oft ist gerade die Abwesenheit Gottes der tiefste Grund des Leidens. Wer im Namen der Kirche caritativ wirkt, wird niemals dem Anderen den Glauben der Kirche aufzudrängen versuchen. Er weiß, das die Liebe in ihrer Reinheit und Absichtslosigkeit das beste Zeugnis für den Gott ist, an den wir glauben und der uns zur Liebe treibt. Der Christ weiß, wann es Zeit ist, von Gott zu reden, und wann es Recht ist, von ihm zu schweigen und nur einfach die Liebe reden zu lassen" (31c).

4. Die kirchlichen Verbände, vor allem die Jugendverbände, werden sich von daher in eine Kooperation mit der Schulpastoral bringen, in der sich die jeweilige Verbandsidentität in der Solidarität für junge Menschen „nach außen" manifestiert.

Die „Nachhaltigkeit" der kirchlichen Verbände liegt nicht allein in ihrer institutionellen und mitgliederbezogenen Kontinuität, sondern auch darin, wie Schüler und Schülerinnen, die sich dem Verband nie angeschlossen haben, einmal davon erzählen können, wie sie gleichaltrige und ältere Mitschüler und Mitschülerinnen bzw. erwachsene Menschen aus dem Verband in der Schulseelsorge in bester Erinnerung haben. Nicht nur das dauerhaft kontinuierliche, sondern auch das von außen gesehen „Flüchtige" geht bei den Menschen nicht verloren, auch wenn man davon nichts mehr erfährt und darüber keine Kontrollmacht hat. Und bei Gott geht auch das nicht verloren, was scheinbar oder anscheinend als Erfolg-losigkeit erlebt wird. Dieser Glaube prägt in einem besonderen Maß die Spiritualität jeder lebensraumorientierten Seelsorge.

Gabriele Bußmann
Schulpastoral –
Kirche als Partner(in) der Schule im
Sinne kritischer Zeitgenossenschaft

Schule ist mehr als Unterricht. Sie ist ein wesentlicher Lebens- und Lernraum für Lernende und Lehrende, an dem die Verweildauer in den letzten Jahren sowohl für die Lernenden als auch für die Lehrenden deutlich zugenommen hat. Schule **„als Haus des Lernens <u>und</u> Zusammenlebens"** (Wolfgang Klafki) darf nicht ausschließlich von wirtschaftlichen Effizienz- und Nützlichkeitserwägungen, von bloßen ökonomischen Verwertbarkeitsüberlegungen dominiert werden, sondern muss sich orientieren an umfassenden und ganzheitlichen Bildungsansprüchen im Sinne von Persönlichkeitsbildung, als Hilfe zur Selbstwerdung in Mitmenschlichkeit und Solidarität. Wer einen geringeren Anspruch an Erziehung und Bildung stellt, verrät nicht nur das, worum es im Kern von Erziehung und Bildung geht, sondern untergräbt auch das Fundament jeder Gesellschaft und damit auch das Fundament jeder funktionierenden Ökonomie.

Gleichwohl bleibt dieses anspruchsvolle Projekt angewiesen auf das Zusammenwirken aller gesellschaftlichen Kräfte. Mit ihrem schulpastoralen Engagement bietet sich die Katholische Kirche als Bildungspartnerin der Schule an, um ihren Beitrag zu leisten, das **„richtige und gute Leben zu lernen"**. (Johan Amos Comenius). Sie definiert das Anliegen und den Zweck der Schulpastoral als **„Menschwerdung in Solidarität", damit „in einem ganzheitlichen Wachstumsprozess der junge Mensch in seiner unverfügbaren Würde und Freiheit gefördert wird und einen lebendigen Sinn für seine Verantwortung für gesellschaftliche und politische Prozesse entwickelt".** [1]

[1] Die deutschen Bischöfe – Kommission für Erziehung und Schule 1996, S.15.

Schule und Kirche - Menschen und Welten begegnen sich

Schulpastoral als ein Feld kategorialer Seelsorge spielt sich im Rahmen von vier Bezugsfeldern ab: der Aufgabe und Kultur der Institution Schule - der Situation der Menschen in der Schule - der Aufgabe der Kirche - der Person des Schulseelsorgers, der Schulseelsorgerin. Die Rolle des Schulseelsorgers innerhalb dieses Bedingungsgefüges „muss passend gemacht werden" und darf nicht überfordern.

Von der Schule, ihrer Kultur und ihren Erfordernissen ausgehen

Ich wage an dieser Stelle einen sicherlich nur holzschnittartigen Versuch, das berufsbildende Schulwesen zu skizzieren.

Es gibt in Deutschland keine Schulform, die ein so hohes Maß an Differenziertheit aufweist wie das Berufsbildende Schulsystem. Dies betrifft sowohl die einzelnen Fachrichtungen und fachlichen Schwerpunktbildungen (Fachschulen für Sozialwesen, gewerblich-technische Fachschulen, kaufmännische Fachschulen) als auch die interne Differenziertheit der Einzelschule durch schulspezifische Studien- bzw. Ausbildungsgänge, wobei die jeweiligen Bildungsgänge eine ganz unterschiedliche Durchlässigkeit haben.

Es gibt nicht mehr die Schule, die ausschließlich Erzieherinnen ausbildet, oder die Schule im gewerblich-technischen Bereich, die ausschließlich für die duale Ausbildung steht. Die interne Differenziertheit der Bildungsgänge führt zu unterschiedlichen Präsenzzeiten der Schüler und Schülerinnen in der Schule. Nicht jeder Schüler eines Berufskolleg ist ein „Vollzeitschüler", vielmehr wechseln sich Präsenzzeiten in der Schule, mit Blockunterricht, mit Praktikumszeiten außerhalb der Schule, mit Zeiten für ein Berufsanerkennungsjahr und mit betrieblichen Ausbildungszeiten ab. Viele Schüler und Schülerinnen sind also schulisch gesehen „Saisonarbeiter."

Mit der fachlichen und auch zeitlichen Differenzierung ist eine große Heterogenität der Schülerschaft gegeben. Diese betrifft das Alter, die schulische Laufbahn, die biographischen Hintergründe, die persönlichen Lebensverhältnisse und nicht zuletzt die beruflichen Karrierewünsche und beruflichen Karriere**möglichkeiten**.

Dieses Bedingungsgefüge führt dazu, dass Berufsbildende Schulen fast immer große Schulsysteme sind. Darüber hinaus prägt es aber nicht nur die Außenseite der Schule, sondern führt auch zu einer spezifischen Wahrnehmung von Schule durch die Schüler und Schülerinnen.

Diese Rahmenbedingungen gilt es im Blick zu haben und zu beachten, wenn es um die Etablierung von Schulpastoral an einer beruflichen Schule geht.

Die Situation der Menschen dort: Schüler und Schülerinnen: Zwischen Aufbruch und Abbruch

Das Berufsbildende Schulsystem hat den Anspruch und die Aufgabe, die Schüler und Schülerinnen für eine neue Lebensphase, den Übergang in den Beruf (bzw. durch die Möglichkeit zum Erwerb der AHR auch zum Studium) auszubilden. Gleichzeitig steht sie vor dem Dilemma, dass das Versprechen des Berufseinstiegs für viele Schüler und Schülerinnen gegenwärtig gesellschaftlich nicht (mehr) eingelöst wird. Für viele Schüler ist die Berufsschule lediglich ein Auffangbecken, damit sie in der Arbeitslosenstatistik nicht störend auffallen: „Parkplatz Schule".

Die Perspektiven auf dem Arbeitsmarkt sind gegenwärtig für viele Schüler und Schülerinnen so bescheiden, dass bei manchen eine eher pessimistische Haltung festzustellen ist. Diese ist Ausdruck des Gefühls, in dieser Gesellschaft nicht gebraucht zu werden und beruflich möglicherweise keinen Platz zu finden. Diese pessimistischen Zukunftsaussichten wirken in die Gegenwart des Lernens und der Lernmotivation hinein. Wer das Wofür und Woraufhin des eigenen Lernens nicht erkennen kann, für den kann sich das in Lustlosigkeit und mangelnder schulischer Leistungsbereitschaft niederschlagen.

Viele SchülerInnen kommen aus der Situation des Schulversagens (kein Schulabschluss), werden für Berufe ausgebildet, für die es (noch) kaum eine gesellschaftliche Verortung gibt (z.B. der Beruf des Sozialhelfers) und haben somit ein erneutes Scheitern als belastende Möglichkeit vor Augen.

Die persönlichen Herausforderungen für den Einzelnen verschärfen sich entsprechend: Wie und nach welchen Kriterien kann/ will/ soll ich mich entscheiden, wenn das Wofür nicht im Blick ist und es absehbar wenig gesellschaftliche Chancen und Perspektiven gibt.

Hier sind das Berufsbildende Schulsystem die Schüler und Schülerinnen und die darin engagierten Lehrer und Lehrerinnen also mit einem gesellschaftlichen Problem konfrontiert, das massiv in die Schule hineinwirkt - und damit natürlich pädagogisch relevant ist - pädagogisch aber nicht einmal in Ansätzen aufzulösen ist, sondern nach einer anderen politischen Weichenstellung verlangt.

Die Situation der Menschen dort: Die Lehrer und Lehrerinnen

Ich wage an dieser Stelle eine persönlich und subjektiv angehauchte Beschreibung von Lehrenden an Berufsschulen unterschiedlicher Fachrichtungen, wie ich sie aus persönlichen Kontakten gewonnen habe: Sie sind beruflich hoch identifiziert und engagiert, an Kommunikation „auf Augenhöhe" mit den SchülerInnen interessiert, nicht „verstiegen" oder kompliziert und erfahren das pädagogisch – politische Dilemma ihres Berufes oft in bedrängender Weise. (Ausbilden für einen nicht-vorhandenen Arbeitsmarkt) Die Verschiedenheit der Schülerschaft erfordert ein hohes Maß an differenzierter Wahrnehmung und Verantwortungsbewusstsein im Hinblick auf eine, dem einzelnen angemessene, Leistungsbewertung. Denn nicht selten unterscheiden sich die schulischen Leistungen der Schüler deutlich von ihren Leistungen und ihrem Engagement in den verschiedenen Praxisfeldern. Dies erfordert eine Wahrnehmung der einzelnen Schüler, eine Kultur des hilfreichen feed-back und eine angemessene Begleitung und Unterstützung der individuellen Lerngeschichte.

Aus diesen besonderen Anforderungen folgt, dass das Selbstverständnis der Lehrenden nicht ausschließlich das des Fachlehrers ist, sondern auch des Beraters (in schulischen bzw. beruflichen, in persönlichen und familiären Problemlagen) und bei vielen (Religions-)LehrerInnen sicher auch die des Seelsorgers und Begleiters in diesem wesentlichen Lebensabschnitt.

Die Lehrenden müssen über ein hohes Maß an zeitlicher, inhaltlicher, organisatorischer und methodisch-didaktischer Flexibilität verfügen. Denn das Berufsbildende Schulsystem steht unter permanenten administrativen Innovationsvorgaben, so dass die Bereitschaft und die Fähigkeit sich in relativ kurzen Zeiträumen immer wieder umzustellen zum Alltag der Lehrenden gehört (z. B. seit Neuestem die Erarbeitung und Einführung einer Lernfelddidaktik).

Die Aufgabe der Kirche

Die Katholische Kirche versteht Schulpastoral als **„kirchliche Diakonie im Lebensraum Schule"**[2,] die sich für die Menschen im Lebensraum Schule als helfende und heilende Zuwendung aus dem Glauben realisieren soll. Schulpastoral soll so zur **„Humanisierung der Schule"**[3] beitragen und weiß sich eingebunden in den Erziehungs- und Bildungsauftrag der Schule. Das bedeutet zunächst, dass sich die Kirche mit ihrer Option für die Schulpastoral die Sache der Schule zur eigenen Sache macht und sie in ihrem Anliegen unterstützt.

Damit realisiert Kirche sich im Raum der Schule auf vorzügliche und besondere Weise als **lernende und dienende**[4] Kirche. Denn die Schule ist mit ihren verschiedenen Menschen und deren Lebensentwürfen, Träumen, Hoffnungen und Ängsten ein hervorragender Ort echter Interkommunikation: Als hörende und wahrnehmende Kirche erfährt sie, was die Menschen (Schüler, Lehrer und Eltern) in der Schule bedrückt, was sie erfreut, worauf sie ihr Vertrauen setzen, woran sie zweifeln, (manchmal auch) verzweifeln und wo sie Hilfe brauchen. Diese ganz unterschiedlichen Lebensäußerungen wahrzunehmen und da zu sein im Sinne qualifizierter **„kritischer Zeitgenossenschaft"** (Franz Xaver Kaufmann) ist das Anliegen von Schulpastoral als „Kirche in der Schule".

Dabei ist die Katholische Kirche sich mit dieser Art der Präsenz auch bewusst, dass sie nicht versucht, verloren gegangene kirchliche Einflussnahme in anderen Bereichen zu kompensieren.[5]

Diakonisches Handeln in der Schule bedeutet dann auch, um der Menschen willen und des Evangeliums willen auf eine umfassende Selbstdarstellung zu verzichten.

[2] Die deutschen Bischöfe – Kommission für Erziehung und Schule 1996, S.10.

[3] Die deutschen Bischöfe – Kommission für Erziehung und Schule 1996, S.7.

[4] Vgl. Konzilsdokument „Gaudium et spes".

[5] Vgl. Die deutschen Bischöfe – Kommission für Erziehung und Schule 1996, S.10.

1.1

Die Person des Schulseelsorgers, der Schulseelsorgerin mit ihrer Eigenart, ihrer Ausbildung und ihrem Charisma

Die Präsenz der Kirche in der Schule wird zu allererst über **die Person** des Schulseelsorgers, der Schulseelsorgerin wahrgenommen. Schulseelsorger in einer Schule zu sein bedeutet, im vielschichtigen und auch oft komplexen System Schule qualifizierte Orientierungshilfe anzubieten, Angebote begleiteten Lernens in der Schnittstelle von Person und Beruf, die Menschen dort unterstützen, wo sie Unterstützung anfragen: in Sinn- und Orientierungsfragen, in Werte vermittelnder Kommunikation, in Beratung und seelsorglicher Begleitung im Umgang mit Konflikten, im Eröffnen von Räumen und Zeiten der Stille und Achtsamkeit, in Angeboten, die die persönliche Spiritualität und den persönlichen Glauben stärken, in der Feier von Gottesdiensten.

Das **Wie** schulpastoraler Präsenz richtet sich nach den Möglichkeiten und Fähigkeiten des einzelnen Schulseelsorgers und nach den Erfordernissen und Bedürfnissen der jeweiligen konkreten Schule. Nicht jeder kann alles – nicht jeder kann alles können; so dass es in erster Linie darauf ankommt, sich mit den eigenen Fähigkeiten und Begabungen, mit dem eigenen Charisma in der Schule in's Spiel zu bringen.

Schulpastoral erschöpft sich nicht in außerunterrichtlichen Angeboten, ist aber auch mehr als Religionsunterricht (auch wenn Religionsunterricht sicherlich oft Ort von Seelsorge ist). Häufig ist die Erteilung von Religionsunterricht ein wesentlicher „Türöffner" in das System Schule: Zu Schülern und Schülerinnen, zu den Kollegen und Kolleginnen. Schulpastoral ist:

· **diakonisch** im Sinne von **lebensdienlich** („Was willst du, das ich dir tun soll!") (Lk 18,41)

· **mystagogisch**, indem sie für die Spuren Gottes im alltäglichen Leben sensibilisiert (Der Mensch ist eine Sprache, in die Gott übersetzt werden kann!). Es geht um Erfahrungen und das Angebot einer Deutung von Erfahrungen – es geht nicht um Belehrung! **„Der Mensch unserer Zeit glaubt ... mehr der Erfahrung als der Lehre, mehr dem Leben und den Taten als den Theorien. Das Zeugnis des christlichen Lebens ist die erste und unersetzbare Form der Mission."**[6]

· **ganzheitlich** in der Eröffnung unterschiedlicher Erfahrungswege (Erfahrung von Stille und Meditation[7], von künstlerischem Lebensausdruck, in Feier und Gottesdienst)

· **ökumenisch** (Sie sucht sich Verbündete, Wegbegleiter und Mitstreiter). Dabei wird es einen Unterschied machen, ob jemand eine schulseelsorgliche Beauftragung hat, der auch als Lehrender an der jeweiligen Schule tätig ist oder ob jemand von außen (beispielsweise als Seelsorger, als Seelsorgerin) in die Schule kommt.

[6] Redemptoris Missio, Nr. 42.

[7] Vgl. Rosenzweig 2002.

Im Bistum Münster gibt es an allen Bischöflichen Berufskollegs und Berufskollegs in Ordenträgerschaft einen Beauftragten/eine Beauftragte für Schulpastoral. Diese sind Lehrer und Lehrerinnen; alle haben an einem mehrteiligen
Fortbildungskurs „Schulseelsorge" teilgenommen. Aus ihrer Tätigkeit als Lehrende ergibt sich eine bestimmte Schwerpunktsetzung.

Hierzu der O-Ton einer Lehrerin für Englisch, Recht und Verwaltung an einem
Berufskolleg (mit dem Schwerpunkt Sozialwesen) in Bischöflicher Trägerschaft:
**„Ich entschied mich dafür [...] mir die Freiheit zu nehmen, schulseelsorgerisch auf
verschiedenen Ebenen des Schullebens (Diakonia, Martyria, Liturgia, Koinonia)
wirken zu wollen [...].** Ich habe eine Antwort auf die Frage gefunden, ob **„es möglich [ist], die Doppelrolle als Lehrerin und Schulseelsorgerin auszufüllen oder ob
sie sich diese beiden Aufgaben widersprechen? Im Gegenteil: gerade weil ich als
Lehrerin auch ein Teil des Systems Schule bin, erschließt sich mir die Dualität von
Leistungsdruck/Konkurrenz einerseits und dem Ermöglichen von persönlichem
Wachstum im Hinblick auf die Lebensfähigkeit in unserer Gesellschaft [...]. Ich
lerne mit dem Widersprüchlichkeiten zu leben, sie auszuhalten, Spielräume zu
erkennen und zu nutzen. Dazu gehört auch eigene Begrenztheiten und Grenzen
wahrzunehmen, zu akzeptieren und nach außen deutlich zu machen. Ich finde, das
Leben in der Schule ist spannender geworden für mich, aber auch entspannter...
Insofern wird ein Satz für mich von Tag zu Tag Wirklichkeit, den ich in meinem
„Konzept zur Schulseesorge" geschrieben habe: heilsamer Umgang mit Menschen
heilt auch mich und tut auch mir gut."**

Es gibt viel zu tun – Mögliches und Wünschenswertes

Schulseelsorge erfordert eine kontinuierliche Präsenz in der Schule und nach
Möglichkeit, einen kenntlichen Ort, an dem der Schulseelsorger, die Schulseelsorgerin zu bestimmten Zeiten „auffindbar" ist. Dies gilt auch für die Anwesenheit im Kollegium: Dasein – Zeit haben – aufmerksam sein – zuhören können,
sind wesentliche Haltungen. Schulseelsorge sollte für die Lehrer und Lehrerinnen einer Schule Entlastung darstellen und nicht eine zusätzliche Belastung
oder Anforderung.

Neben eher klassischen Angeboten der Schulseelsorge (wie Beratung und seelsorgliche Begleitung in persönlichen Fragen) können im Berufskolleg Angebote
für Schüler und Schülerinnen an der Schnittstelle von Person und Beruf sein.
Dies kann geschehen durch ein spezielles Angebot von Tagen religiöser Orientierung, Inseltagen oder Tagen „kreativer Unterbrechung". Sie bieten die Möglichkeit, außerhalb des Unterrichts (oder im Religionsunterricht als Blockunterricht,
außerhalb der Schule als gemeinsames Projekt zwischen Religionslehrer und

1.1

Schulseelsorger) Fragen der persönlichen und beruflichen Lebensorientierung zur Sprache zu bringen (woran orientiere ich mich – welche Stärken und Möglichkeiten habe ich, wie gehe ich mit Grenzen um, welche Vertrauensbasis habe ich, wie kann/möchte ich mich weiter entwickeln). Hier würde es sich möglicherweise sogar anbieten an die vier Entwicklungsaufgaben anzuknüpfen, mit denen in den Fachschulen für Sozialwesen gearbeitet wird (wurde).[8]

Schule hat ihre eigenen Markierungen im Jahreszyklus (sozusagen einen eigenen schulspezifischen Jahresfestkreis): Aufnahme neuer Schüler und Schülerinnen, anstrengende Prüfungsvorbereitungszeiten, Schulentlassung [...]. Diese markanten Zeiten rufen förmlich nach einer Begleitung und/oder Gestaltung. An diesen „Knotenpunkten eines Schülerlebens" kann Schulseelsorge **Schulleben** und **Schulkultur** mitgestalten.

Wünschenswert wäre es, wenn es an allen Berufsbildenden Schulen einen Ansprechpartner im Kollegium für die Schulseelsorge gäbe (das muss nicht der Religionslehrer sein) und wenn ein Seelsorger, eine Seelsorgerin (Priester, PastoralreferentIn) da wäre (mit einer Beauftragung für eine bestimmte Stundenzahl) als unterstützendes personales und pastorales Angebot für die Schule – die Schüler und Schülerinnen, die Lehrer und Lehrerinnen.

Als Abschluss – Poetische Gedanken zur Schulseelsorge[9]

Wir brauchen Menschen:
• die zuhören, verstehen, ermutigen,
• die behutsam neue Blickwinkel eröffnen,
• authentisch sind und nicht nur „nachplappern",
• die Feuer weitergeben und nicht die Asche anbieten,
• die Neues wachsen lassen und nicht im Keim ersticken,
• die ins Innere und nicht auf das Äußere schauen,
• die dann reden, wenn sie gefragt werden,
• die selber Fragen haben und nicht nur Antworten geben....

Dabei ist es nicht wichtig, wer wie oft in die Kirche geht, ob jemand Christ ist oder sogar, ob er ein guter Christ ist...

Ist er ein Suchender – so wie du – dann begleite ihn ein Stück des Weges und lass ihn die Sehnsucht spüren nach dem ganz Anderen!

Seelsorge – und damit auch Schulseelsorge – heißt: die Sehnsucht wach halten!

[8] 1) Entwurf eines Konzeptes der zukünftigen Berufsrolle: „Sich orientieren" 2) Aufbau eines Konzeptes der pädagogischen Fremdwahrnehmung: „koordinieren" 3) Erarbeitung eines Konzeptes pädagogischen Handelns: „konzipieren" 4) Entwurf eines eigenen Modells der Professionalität: „sich weiter entwickeln".

[9] Text einer Lehrerin zum Thema Schulseelsorge.

Literatur

DIE DEUTSCHEN BISCHÖFE: Kommission für Erziehung und Schule, Nr. 16: Schulpastoral – Der Dienst der Kirche an den Menschen im Handlungsfeld Schule, Januar 1996. (Zitiert als: Die deutschen Bischöfe – Kommission für Erziehung und Schule 1996)

Redemptoris Missio von Papst Johannes Paul II, Nr. 42. (Zitiert als: Redemptoris Missio)

ROSENZWEIG, BURKHARD: Räume der Stille eröffnen. Meditieren mit Schülerinnen und Schülern an beruflichen Schulen, in: Putz, Günter (Hrsg): Pausenzeichen. Reflexionen über den Dienst der Kirche in der Schule, Würzburg 2002. (Zitiert als: Rosenzweig 2002)

Markus Seibt
Grundsätzliches zur Schulpastoral an beruflichen Schulen

1. Schulpastoral als spezifische Form helfend – heilender Seelsorge

In einer Zeit, die durch gesellschaftlichen und sozialen Wandel geprägt ist und die Situation in der Arbeitswelt zunehmend härter wird, müssen Schulen und besonders Berufsschulen die schwierige Lage der Auszubildenden mittragen. Von den Lehrern und speziell von uns Religionslehrern werden Antworten und Hilfestellungen auf geänderte gesellschaftliche Bedingungen erwartet. Damit die Berufsschule nicht nur Aufenthaltsraum, sondern Lebensraum sein kann, braucht es christliches Engagement für Schulleben und Schulkultur. Schulpastoral leistet einen Beitrag zur Mitgestaltung eines humanen Schullebens und wendet sich an alle Menschen in der Schule. Schulpastoral an beruflichen Schulen ist besonders wichtig, weil wir es hier mit einer Vielzahl von Schülerinnen und Schülern zu tun haben, die sich in unterschiedlichen Notlagen befinden. Im Kontakt zu Mitarbeitern in der Schulpastoral besteht für einen großen Teil der Schülerinnen und Schüler der einzige verbleibende Berührungspunkt zur institutionellen Kirche und ihrer Vertreter. Da die Schulpastoral vom Engagement einzelner Menschen lebt, setze ich mich aus meinem christlichen Glauben heraus für die schulpastorale Arbeit an der Berufsschule 2 in Passau ein. Seit zwei Jahren biete ich täglich eine Sprechstunde für Schülerinnen und Schüler an. Diese Stunde muss täglich angeboten werden, da die Schülerinnen und Schüler in der Regel nur einen Tag in der Woche an der Berufsschule sind. Sie haben von 7.55 Uhr bis 15.45 Uhr Unterricht. Hier werden bereits die Unterschiede zu einer Vollzeitschule deutlich. Da ich selbst täglich zwischen 5-6 Stunden in 22 verschiedenen Klassen unterrichte, bin ich dadurch bereits einem Teil der insgesamt ca. 2.250 Schülerinnen und Schüler bekannt. Gelegentlich sprechen mich Hilfesuchende unmittelbar nach der Religionsstunde an. Das kann einerseits daran liegen, weil ich ihnen durch den Religionsunterricht als Person vertrauter bin und/oder weil ich versuche, meinen Unterricht an den Problemen und der tatsächlichen Lebenssituation der Auszubildenden zu orientieren. Mit dieser Schülersprechstunde biete ich eine Beratung im Rahmen von Schulpastoral an. In einem weiteren Sinn ist das beratende Gespräch selbst bereits ein Problemlösungsprozess, der durch den gemeinsamen Kontakt des Beraters mit den Hilfesuchenden gekennzeichnet ist. Diese Art von Beratung darf nicht mit Therapie verwechselt werden. Bei manchen Schwierigkeiten vermittle ich die Schülerin bzw. den Schüler an professionelle, externe Beratungsstellen. Wichtigste Bedingung für das Herstellen einer positiven Gesprächskultur ist die Grundhaltung des Beraters im Sinne der Variablen nach Carl Rogers: Akzeptanz, Empathie und Kongruenz. Damit habe ich bis jetzt gute Erfahrungen gemacht. Das heißt, diese Art von Hilfe wird von den Schülerinnen und Schülern zunehmend angenommen. Bei einem Drittel der Gespräche geht es um persönliche Probleme (Trauer, Sucht, Gewalt, und Suizidgedanken), bei einem Drittel um Beziehungsprobleme (Familie, Freundin, oder Freund) und bei einem Drittel um Entlastung bei momentanen Belastungen (Mobbing während der Ausbildungszeit, Geldsorgen, Arbeitsplatzsuche, Wohnung). Da sich die Berufsschüler in einem Alter zwischen 16 und 22 Jahren befinden, tauchen eine Vielzahl von Problemen auf. In jüngster Zeit mehren sich die ernsthaften Anliegen der Schülerinnen und Schüler. Meine Erfahrung zeigt, dass es manchen Schülerinnen und Schülern nicht leicht fällt, die Sprechstunde von sich aus zu nutzen. Häufig werde ich während dem Stundenwechsel oder der Pausenaufsicht angesprochen. Nicht selten finden somit erste Gesprächskontakte auf dem Gang oder in der Pausenhalle statt. Es kommt auch vor, dass sich die oder der Hilfesuchende zunächst an die Klassenleitung wendet und anschließend an mich weitervermittelt wird. Natürlich kommen auch Schülerinnen und Schüler, die sich von einer Lehrkraft ungerecht behandelt fühlen. In der Regel sind dann drei Gespräche notwendig: Schüler/-in – Lehrer/-in – Schüler/-in. Hin und wieder scheinen manche Anliegen der Schüler etwas banal (z.B. Stundenplanänderung, Parkplatzproblem, Strafzettel, Auto springt nicht an, Handy verloren usw.). Auch für diese den Schülern wichtigen „Probleme" bemühe ich mich ein offenes Ohr zu haben und zu helfen, wo es mir möglich ist.

Grundsätzlich versuche ich mich am Emmausgang Jesu als Idealweg helfend – heilender Seelsorge zu orientieren. Im Folgenden gehe ich näher darauf ein und bezeichne mit Schulseelsorger den jeweiligen Verantwortlichen bzw. Mitarbeiter in der Schulpastoral.

1.1 Der Emmausgang Jesu als Idealweg

Die Emmausgeschichte (Lk 24,13-35) zeigt den Weg einer idealen seelsorglichen Begleitung. Sie ist Beispiel für heilende Seelsorge in Lebenskrisen. Außerdem greift sie eine für uns Menschen sehr wichtige Frage auf: „Wie kann ich in den Krisen und Ausweglosigkeiten des Lebens den Weg des Heils finden?"[1] Auch Menschen, die in der Familie, in der Schule oder in der Arbeitswelt seelisch leiden, stellen sich diese Frage.

[1] Baumgartner 1990, S. 93.

1.2

Die folgende Abbildung veranschaulicht die einzelnen Schritte auf dem Emmaus-weg und verdeutlicht Begleitungs- und Heilungsmethoden Jesu. Besonderes Augenmerk soll dabei auf die „typischen Charakteristiken der Heilungspraxis Jesu"[2] gerichtet werden.

[2] Baumgartner 1999, S. 355-363.

Jünger	Jesus
0. Ausgangssituation: • durch den Tod Jesu Zusammenbruch aller Hoffnungen, deren Leben scheint zerstört, suchen Flucht als Ausweg • „sprachen über all das, was sich ereignet hatte" (V14)	**1. Schritt:** • Jesus nimmt die Not der Jünger wahr. • „Jesus kam hinzu und ging mit Ihnen" (V15) • Jesus wird zum Wegbegleiter, der sich den Jüngern nicht „aufzwingt" • Beziehung (**Koinonia**) als 1. Schritt zur Heilung • Jesus sieht die Menschen in den Stunden der Not, er nimmt sich ihrer Lebenskrisen an und begleitet sie
2. Schritt: Jesus beginnt ein Gespräch mit den Jüngern und fragt sie: „Was sind das für Dinge, über die ihr auf eurem Weg miteinander redet?" (V17) **3. Schritt:** • „… da blieben sie traurig stehen" (V17) • Jünger sind zum Stehenbleiben/Innehalten angehalten • Jünger werden gezwungen, stehen zu bleiben und den eigenen Stand/Zustand zu überden-ken. Dies tun sie, obwohl sie eigentlich fliehen möchten.	**4. Schritt:** • Jesus ermutigt also zum Erinnern, Über-denken, Reflektieren der Situation (**Diakonia**) (V19) • Nur über ein oft schmerzliches Zurückblicken zur Ursache der Enttäuschung/Lebenskrise ist ein Schritt nach vorn in Richtung Krisenbewältigung möglich • Art der Fragestellung sehr wichtig, ungezwun gen, einfühlsam, verständnisvoll
5. Schritt: • Ansprechen der Probleme/Offenlegen der Problemsituation (V19-24) • Darlegung oft schwierig, großes Vertrauen wird verlangt	**6. Schritt:** Jesus spricht mit Ihnen über Probleme, beginnt eine „Trauerarbeit" (V25f.) Trauerarbeit mit Hilfe der Schrift führt Jünger zum Erkennen der „Herrlichkeit Gottes" Schriftauslegung (**Martyria**) (V27)
7. Schritt: Jünger lernen, in der Heiligen Schrift ihres eigenen Lebens, die Gott als Verfasser hat, zu lesen.	**8. Schritt:** In der Eucharistiefeier mit Jesus als Höhepunkt der Begegnung erfahren die Jünger die Nähe Gottes (**Leiturgia**).
9. Schritt: Jünger werden die Augen geöffnet, sie erkennen den Herrn, der Ihnen Heilung geschenkt hat. (V31)	**10. Schritt:** Jesus verlässt die Jünger in dem Moment, in dem ihnen „die Augen geöffnet wurden" (V31)
11. Schritt: Jünger, die von der Lebenskrise geheilt wurden, machen sich auf den Weg „in ein neues Leben" (V32) (Gemeinschaft)	

[3] Vgl. Baumgartner 1990, S. 93-142.

Abb: Der Emmausgang als Idealweg heilender Seelsorge in Lebenskrisen.[3]

Auf der Abbildung und somit in der Emmausgeschichte kommt „ein pastorales Weg-Schema seelsorglich–heilender Begleitungspraxis"[4] zum Vorschein, „das dem inneren Heilwerden in Christus entspricht. Mit anderen Worten: Auf die Krise und Enttäuschung der Jünger antwortet der Auferstandene mit Koinonia (Hinzukommen) – Diakonia (Fragen) – Martyria (Schrift auslegen) – Liturgia (Brot brechen)."[5] Wenn die von der historisch-kritischen Exegese erhobenen Erzählmotive entschlüsselt werden, wird ein zusammenhängender Sinn deutlich. Die Emmauserzählung wird durch eine pastorale Interpretation zum Maßstab für heutige seelsorglich-heilende Begleitung. Die prozesshafte Aneinanderreihung der kirchlichen Grunddienste (Koinonia, Diakonia, Martyria, Liturgia) muss nicht zwingend eingehalten werden.[6] „Der Akzent bei der Seelsorgsgeschichte des Lukas liegt vielmehr darauf, dass keines der genannten Elemente in kirchlich-gemeindlicher Begleitungspraxis fehlen darf. Eines herauszubrechen oder zu verabsolutieren hieße, das Ganze seelsorglich-heilender Begleitung zu gefährden und den inneren Weg, der zum Sehen des Auferstandenen und zum Heilwerden führt, als Begleiter zu blockieren. Koinonia ist dabei die grundlegende „Methode" aller Begleitung, da sie in allen anderen Begleitungsmethoden enthalten ist. Laut Emmauslegende sind Koinonia, Diakonia, Martyria, Liturgia das Koordinatensystem seelsorglich-heilender Begleitung.

Die im vorangegangenen Schema dargestellten Kriterien geben „Impulse für das Profil einer heilenden Seelsorge heute".[7] Außerdem beugen sie einer Banalisierung und Ideologisierung des Heilens, wie man sie häufig im heutigen Gesundheitswesen und der Esoterikszene beobachten kann, vor. „Jesu Heilen zielt nicht auf eindimensionale Beseitigung gesundheitlicher Defizite, auf blanke Wirklichkeitsertüchtigung, sondern opponiert gegen billiges Arrangement mit der Alltagsroutine, scheucht aus der Beruhigung in der Normalität des Alltags auf, legt verfehltes Leben offen und lädt ein, die Chancen zu einem neuen, besseren Leben zu ergreifen. Er knüpft dabei an den immer noch vorhandenen Hoffnungsfunken auf ein besseres Leben an."[8]

1.2 Schulpastoral als Programm seelsorglich-heilender Begleitung

„Die Kriterien jesuanischer Heilungspraxis zeigen einen ganz menschlichen Heiler."[9] Deshalb können sie einem Seelsorger bzw. Schulseelsorger Orientierung geben. „Will der Seelsorger seinen Gesprächspartner in dessen [...] Wahrnehmungen, Ängsten, Aggressionen, Wunschvorstellungen, Symptomen und Reaktionen im Zusammenhang einer seelischen Krise verstehen, kann ihm dieses äußerst schwierige Unternehmen leichter gelingen",[10] wenn er die Kriterien jesuanischer Heilungspraxis kennt und sich an den Begleitungsmethoden

[4] Baumgartner 1990, S. 122.

[5] Baumgartner 1990, S. 122.

[6] Vgl. Baumgartner 1990, S. 122.

[7] Baumgartner 1999, S. 363.

[8] Baumgartner 1999, S. 363.

[9] Baumgartner 1999, S. 363.

[10] Baumgartner 1990, S. 188.

1.2

bzw. Grunddiensten der Kirche (Koinonia, Diakonia, Martyria und Liturgia) orientieren kann.

1.2.1 Koinonia – Hinzukommen

„Jesu Heilen beginnt mit dem Wahrnehmen von Not."[11]
Der Verantwortliche für Schulpastoral bzw. der Schulseelsorger muss zunächst die Sorgen und Nöte der Menschen in der Schul- und Arbeitswelt sehen und wahrnehmen. Dazu braucht er die Gabe des Sehens, Wahrnehmens und Erkennens. Er muss sensibel sein für die Hilferufe der Menschen.
„Wenn Jesus heilt, geschieht dies nicht nach Art einer Fernheilung. Vielmehr ist es ein personales, beziehungsdichtes Geschehen. Es gibt bei ihm keine Gesundung an Leib und Seele ohne wirkliche Begegnung."[12] Jesus hatte bei seinen Begegnungen keinerlei Berührungsängste.[13]
Die Kirche hatte lange Zeit Berührungsängste und Schwierigkeiten, die Welt als autonomen Bereich zu akzeptieren. Seelsorger heutiger Zeit müssen sich jedoch unter das Volk, d.h. die Menschen in der Schule, mischen. Sie dürfen keine Berührungsängste haben. Der Seelsorger darf nicht in seinem Büro sitzen und warten bis die Leute zu ihm kommen, sondern er muss auf die Menschen zugehen und sich für sie interessieren.
Damit man auf Menschen so offen und herzlich zugehen kann, muss man über gewisse Persönlichkeitsmerkmale verfügen. Das trägt innerkirchlich den Verantwortlichen oft den Vorwurf ein, alles hinge an seiner Person. Dem ist nicht allzu viel entgegenzuhalten als: Dann zeigt doch, wie Schulpastoral anders möglich sein soll.[14]
Einen guten Kontakt sollte der Schulseelsorger zur Schulleitung, zum Kollegium, zu den Betrieben und zu externen Beratungsstellen suchen.[15] Wenn die Berührungsangst zwischen diesen Kooperationsstellen abgebaut ist, dann wird der Verantwortliche für Schulpastoral eine Mittlerrolle einnehmen. Bei den einzelnen Begegnungen und Gesprächen zwischen dem Schulseelsorger und seinen Klienten ist es nicht so, dass nur die Kirche durch den Seelsorger etwas zum Menschen bringt, sondern sie bekommt auch etwas von ihm bzw. aus der Schul- und Arbeitswelt. Der für Schulpastoral verantwortliche Religionslehrer versteht sich nicht als eine allmächtige und allwissende Person. Vielmehr als jemand, der offen, interessiert und aufnahmebereit für Neues, ihm noch Fremdes aus der Schul- und Arbeitswelt ist. So können beide voneinander lernen. Diese so gesammelten Erfahrungen sind für den Seelsorger überaus wertvoll. Kann er so doch seine Kenntnisse ausbauen und weiterverwenden.

[11] Baumgartner 1999, S. 362.

[12] Baumgartner 1999, S. 362.

[13] Vgl. Baumgartner 1999, S. 362.

[14] Vgl. Ludwig/Segbers 1984, S. 92.

[15] Vgl. Lindermüller 1994, S. 23f.

1.2.2 Diakonia – Diakonisches-emphatisches Fragen

„Jesu heilende Praxis führt ohne Umwege an den wunden Punkt [...], indem Jesus emphatisch-anfragend einlädt, sich den Verweigerungen, Enttäuschungen und Hoffnungspotentialen der eigenen Geschichte zu stellen, provoziert er zum wahren Leben. Er ist ein Meister der ‚Fokal-Therapie'. [16]

Gespräche mit Schülerinnen und Schüler, Kollegen oder anderen hilfesuchenden Menschen im Schulalltag fordern von dem Seelsorger ein hohes Maß an Geduld. Würde er aber mit Ungeduld darauf eingehen, stände er bei den Betroffenen bald als hochmütig oder als „Besserwisser" da, und der Zugang zu ihnen wäre versperrt.[17]

Jedoch reicht Geduld allein nicht völlig aus. In einem großen Maße hängt es auch vom Geschick der pastoralen Gesprächsführung ab, ob ein seelsorgerliches Gespräch gelingt oder überhaupt zustande kommt. Durch aktives Zuhören, Einfühlung und Annahme muss der Seelsorger den Menschen stets das Gefühl geben, gebraucht zu werden. Außerdem sollte er sie stets dazu ermutigen, über ihre Lebens- bzw. Berufssituation zu sprechen. Seine Echtheit bzw. Natürlichkeit ist dabei von entscheidender Bedeutung. „[Carl] Rogers sieht gerade in der Echtheit eine Grundlage mitmenschlicher Begegnungen, die weit über die therapeutische Situation hinaus Gültigkeit hat."[18] Von großer Bedeutung „für die therapeutische Fähigkeit, sich auf Nähe einzulassen und sie zuzulassen, ist, dass der Helfer selbst mit furchtlosen Augen auf die Empfindungen und Bedeutungen blicken kann, die dem anderen Angst machen und vor denen er den Blick abwenden möchte. Je weniger der Therapeut und Seelsorger sich beunruhigen lassen muss, psychoanalytisch gesprochen: zur Gegenübertragung herausgefordert wird, um so mehr vermag er dem anderen ein Wegweiser sein, der im Dunkeln vorangeht."[19]

Der Schulseelsorger muss auch Achtung und Respekt vor dem hilfesuchenden Individuum mit personaler Würde haben,[20] damit sich der Andere angenommen und ernst genommen fühlen kann. „Rogers vertritt die Auffassung, dass die helfende Person umso effektiver sein wird, je höher sie die andere schätzt. Das heißt, die andere Person mit ihren Meinungen und Gefühlen achten. Außerdem bedeutet es ein Akzeptieren des anderen Individuums als eine eigenständige Person, eine Hochachtung vor ihm, dem Wert aus eigenem Recht zukommt."[21]

Dem Klienten zuzutrauen, seinen Weg selbst zu finden und zu gehen, stellt eine hohe Anforderung für den Seelsorger dar. Er ist immer versucht, ihn zu manipulieren, ihm seinen Weg aufzudrängen und ihn vor allem bewahren zu wollen. Der Seelsorger wird ihm helfen seinen Weg zu finden, doch muss sich der Hilfesuchende selbst entscheiden, ob er ihn gehen will oder nicht. Und selbst wenn der Weg für den Helfenden als falscher Weg vorprogrammiert zu sein scheint,

[16] Baumgartner 1999, S. 362.

[17] Vgl. Baumgartner 1999, S. 362.

[18] Baumgartner 1990, S. 452.

[19] Baumgartner 1992, S. 93.

[20] Vgl. Baumgartner 1992, S. 454.

[21] Baumgartner 1992, S. 452.

dann muss er dem Hilfesuchenden die Möglichkeit und Freiheit geben, daraus zu lernen. Das gilt sowohl in weltlichen wie auch in Glaubensfragen.

Diakonisches Fragen ist somit der zweite Schritt auf dem Weg einer heilenden Begleitung nach Anleitung der Emmausgeschichte.

1.2.3 Martyria - Verkündigung

Das Handeln Jesu ist ein Akt der Barmherzigkeit. Er hilft „aus dem Bauch heraus", weil ihn die Not des Anderen zutiefst berührt. Jesus redet nicht nur vom Heil, es folgen auch Taten.[22] Somit kann die Tatsprache des Seelsorgers am besten vom Rettungshandeln Gottes in der Welt verkünden. Der seelsorgliche Begleiter rechnet mit einem unerkannt mitgehenden Gott. Das ist auch in der Emmauslegende der Fall. Unbewusst soll dem Begleiteten aber das Vertrauen des Seelsorgers in Gott und dessen Hilfsbereitschaft deutlich werden: „Gott geht mit dem Seelsorger und dem Menschen in der Krise mit". Durch die lebensfrohe Verkündigung des Begleiters, kommt wieder Licht in das Leben der leidenden Menschen.[23]

Wichtig dabei ist, dass der Seelsorger auch seinen eigenen Glauben, seine Lebenserfahrung, Einstellung und Sicht der Dinge in die verschiedenen Seelsorgegespräche mit einbringt. Damit verbunden ist die Anforderung an seine theologische Kompetenz. Dabei ist wichtig, „dass ‚der Glaube' im helfenden Dialog immer nur als Glaube des Helfers oder Seelsorgers, also persönlich, authentisch, in der ‚Ich-Form' verkündet werden kann. Er kann zudem immer nur als wirkliche Antwort des Seelsorgers auf die verbale und nonverbale Mitteilung des Gesprächspartners gegeben werden, nicht monologisierend, nicht indoktrinierend oder direktiv-lenkend, sondern person- und situationsbezogen."[24]

Eine weitere hohe Anforderung an den Schulseelsorger ist, dem Menschen zu ermöglichen, seine Arbeit und sein Leben im Licht des Glaubens zu deuten. Der Seelsorger wird versuchen, Jesus als den zu verkünden, der mit in die Schule oder die Arbeit geht, der auch den Ärger mit Vorgesetzten oder Kollegen sieht und den das nicht kalt lässt. Nur wenn dies der Seelsorger selbst in seinem Leben erfahren hat, kann er Jesus als den „mitgehenden" Christus verkündigen. So erscheint Jesus als der Solidarische, der das Schicksal und die Arbeit der Berufstätigen teilt.

Eine Hilfe für diesen Dienst kann die Predigt im Gottesdienst darstellen.

Die Predigt sollte dem berufstätigen Menschen das bieten, was er braucht, und es ihm in einer Sprache darbieten, die er versteht. Je besser der Prediger durch seine Ausbildung und durch ständigen Kontakt mit den Menschen seiner Gemeinde deren Lebensverhältnisse und Bedürfnisse kennt, um so mehr wird er in

[22] Baumgartner 1999, S. 362.

[23] Baumgartner 1990, S. 121.

[24] Baumgartner 1990, S. 459.

der Lage sein, dieser Anforderung zu genügen.[25] Die zentrale Frage, die in der Predigt behandelt werden soll lautet: Was hat dies bzw. diese Bibelstelle mit meinem konkreten Leben zu tun?

Martyria (Verkündigung, Schriftauslegung) ist also eine weitere „Methode" des (Schul-) Seelsorgers, Menschen aus ihrer Lebenskrise zu führen.[26]

[25] Vgl. Gemeinsame Synode der Bistümer 1976, S. 357.

[26] Baumgartner 1990, S. 121.

1.2.4 Leiturgia – Brot brechen

Beim Essen des eucharistischen Brotes, beim Eintauchen der Hand in Weihwasser, beim Bezeichnen mit dem Kreuz, beim Niederknien und anderen religiösen Handlungen wird das Vertrauen auf die Macht und Heilszusage Gottes deutlich. Der Glaube an die Heilstat und die Krisenhaftigkeit des Menschen stehen in einem engen Zusammenhang.

Jesus hat als Mensch, unterschiedliche Krisenzeiten durch die Hilfe Gottes überstanden und schließlich sogar den Tod überwunden.

Aufgabe des Seelsorgers ist es, den Leidenden die Augen zu öffnen, sie aus ihrer Blindheit herauszuholen, damit sie sehen können, dass Gott in den Lebenskrisen an ihrer Seite steht. Jesus öffnet durch das Brotbrechen den Jüngern die Augen, sie werden von Blindheit und Traurigkeit befreit.

Leiturgia (Brot brechen) kann daher als vierte Methode heilender Begleitung bezeichnet werden.

Das (Ideal-)Ziel heilender Begleitung, durch den Seelsorger ist es, dass den zunächst leidenden, „blinden", trauernden Menschen am Ende des Begleitungsweges drei Dinge widerfahren: Selbstfindung, Gotteserfahrung und Gemeinschaft mit den Mitmenschen.

Hier wird deutlich, dass die Umsetzung der genannten Begleitungsmethoden in die Praxis im großen Maße von der Persönlichkeit und Kompetenz des Seelsorgers abhängt. Der Seelsorger muss sowohl über theologische als auch über pastoralpsychologische (Gesprächspsychotherapie, Gesprächsführung) Kenntnisse verfügen. Interkulturelle und interreligiöse Kompetenzen, etwa in Form einer Ausbildung zum interkulturellen Trainer, werden immer notwendiger.

Neben diesen Anforderungen sollte sich ein für Schulpastoral zuständiger Religionslehrer auch in volks- und betriebswirtschaftlichen Dingen und sozialen Zusammenhängen auskennen. Das erfordert ein Einarbeiten in die entsprechende Materie durch Lektüre und ständige Fort- und Weiterbildung.[27]

Ferner braucht er auch in Rechtsfragen ein gewisses Maß an Kompetenz.

Da das Arbeitsfeld des Schulseelsorgers breit gefächert ist, sind auch die Anforderungen an ihn sehr vielfältig. Der Seelsorger selbst kann daher als Programm

[27] Gasteiger 1993, S. 263.

1.2

in der Schulpastoral verstanden werden. Er ist vor allem als Mensch und Standesperson gefordert.[28]

Diese genannten Anforderungen könnten auf den ersten Blick etwas abschrecken. Dabei sollte jedoch nicht übersehen werden, dass kein Mensch perfekt sein kann und muss, und auch der Seelsorger nur ein Mensch und keine Maschine ist, die ständig funktioniert.

Wichtig aber ist, dass er zu seinen Schwachstellen steht und nicht versucht, diese zu überspielen, um anders zu wirken. Denn dann wäre Schulpastoral unglaubwürdig und würde die Menschen nicht erreichen.

Literatur

BAUMGARTNER, I.: Heilung – ein Leitwort für die Pastoral?, in: Pastoralblatt 51 (12/1999), S. 355 - 363. (Zitiert als: Baumgartner 1999)

BAUMGARTNERr, I.: Heilende Seelsorge in Lebenskrisen, Düsseldorf 1992. (Zitiert als: Baumgartner 1992)

BAUMGARTNER, I.: Pastoralpsychologie, Einführung in die Praxis heilender Seelsorge, Düsseldorf 1990. (Zitiert als: Baumgartner 1990)

GASTEIGER F.: Weltlose Seelsorge?, Das Verhältnis der Seelsorge zur Industriewelt Ostbayerns von der Gründung des ersten Arbeitervereins (1849) bis zum Ende des Gewerkschaftsstreits (1912), Bornheim 1993. (Zitiert als: Gasteiger 1993)

GEMEINSAME SYNODE DER BISTÜMER IN DER BUNDESREPUBLIK DEUTSCHLAND: Beschlüsse der Vollversammlung, Offizielle Gesamtausgabe I., Freiburg 1976. (Zitiert als: Gemeinsame Synode der Bistümer 1976)

LINDERMÜLLER, T.: Ein hartes Stück Arbeit, in: die lebendige Zelle 37 (1/1994), S. 23 - 24. (Zitiert als: Lindermüller 1994)

LUDWIG, H./SEGBERS, F.: Handbuch der Arbeiterpastoral, Mainz 1984. (Zitiert als: Ludwig/Segbers 1984)

PRINZ, F.: Theologische Fortbildung im Bistum Regensburg, München 1967. (Zitiert als: Prinz 1967)

Albert Ridder
Der Ansatz Paolo Freires
und die Schulpastoral

1 „Meine" Berufsbildende Schule im Kontext schulpastoraler Überlegungen

Vom Typ her ist die BS III eine Ganztagsschule, denn auch die BFS-Schüler haben in der Regel nur an einem Nachmittag in der Woche keinen Unterricht.

Das alles ergibt unter dem Dach unserer Schule eine bunte Vielfalt, die differenziert wahrgenommen werden will und immer wieder den vollen Einsatz fordert, um eben dieser Vielschichtigkeit gerecht zu werden.

Mein Zugang ist seit 20 Jahren in erster Linie die BFS für Kinderpflege, eben weil ich dort fast jedes Schuljahr mit der Hälfte meiner Stunden eingesetzt bin. Dort fühle ich mich auch zu Haus, habe mir Detailkenntnisse erworben, bin mit dem Berufsbild und den beruflichen Anforderungen in besonderem Maße vertraut. Hier finde ich meine bevorzugte Zielgruppe – eben die auszubildenden Kinderpfleger und Kinderpflegerinnen-, die schwerpunktmäßig für die pädagogische verantwortlich geleistete Arbeit mit Kindern im vorschulischen Bereich ausgebildet werden. Zugleich ist mir bewusst, dass nur ein Drittel „meiner" Schüler als Kinderpfleger arbeiten wird. Viele qualifizieren sich weiter als Krankenschwester, Kinderkrankenschwester, Hebamme, Logopädin oder in einem anderen Beruf des sozialen Bereiches. Hier wird die Kinderpflegeausbildung als Startkapital und als Grundqualifikation genutzt.

Im Kontext der Schulpastoral sind nach meiner Einschätzung hier sehr viele Einwirkungsmöglichkeiten; für diese Zielgruppe kann und muss ein breites Angebot an Möglichkeiten der religiösen, spirituellen und seelsorglichen Begleitung bereit gestellt werden.

Zusammenarbeit geschieht jetzt schon über die Grenzen der katholischen Konfession hinweg mit den Kolleginnen der evangelischen Religion; vorstellbar wäre weiter eine Zusammenarbeit mit dem Kollegen des Faches Ethik. Gut funktioniert die Einbeziehung der Fachkollegen aus der praktischen Ausbildung (Gestaltung, Musik, SPP, Sport, Bewegungserziehung).

Die wohlwollende Begleitung war uns/ist uns von Seiten der Schulleitung sicher: Im weitesten Sinne „religiöse Aktivitäten" werden nicht nur geduldet, sondern ganzheitlich unterstützt.

Aus meiner Sicht besteht an unserer Schule die einmalige Chance, die Kolleginnen und Kollegen der Fachschaft Religion und sicherlich auch einige andere, die uns bisher z.B. schon bei der Vorbereitung von Schulgottesdiensten geholfen haben, für die Schulpastoral zu begeistern. Das umso mehr, da eine evangelische Kollegin kurz vor dem Abschluss ihrer schulpastoralen Zusatzqualifikation steht. Des weiteren ist unsere Schule im zweiten Jahr in einem Schulentwicklungsprozess begriffen. Auch hier kann z.B. die Fachschaft Religion schulpastorale Anliegen in den Gesamtentwicklungsprozess einbringen und auf diesem Wege evtl. Kolleginnen oder Kollegen für die Schulpastoral gewinnen, zu denen wir sonst keinen so leichten Zugang hätten.

2 Bisherige Angebote der Schulpastoral

Eine besondere Tradition an unserer Schule haben seit Jahren unsere vier Schulgottesdienste. Zum Schuljahresanfang, spätestens in der 2. Schulwoche, zum Beginn der Adventszeit, am Anfang der Fastenzeit und zum feierlichen Schulschlussgottesdienst kommt die Schulgemeinschaft zusammen. Die Gottesdienste sind ökumenisch ausgelegt, d.h. sie entstehen in enger Zusammenarbeit des Kollegiums der Fachschaft Religion. Die Schülerinnen und Schüler werden bei der Themenfestlegung und bei der Ausgestaltung – wo immer es geht – einbezogen. Rückgrat der Schülermitarbeit (Chor, Instrumentalgruppe, darstellendes Spiel, etc.) sind dabei die Vollzeitklassen der Berufsfachschulen, während die Teilzeitschüler eher für eine Mitarbeit im Bereich der Anschaulichkeit eingesetzt werden. So können die zeitlichen Ressourcen aller optimal genutzt werden.

Am Gottesdienst, in der Aula unserer Schule, nehmen alle Klassen des betroffenen Schultages mit ihrem jeweiligen Fachlehrer geschlossen teil; beim Schlussgottesdienst, der als einziger in einer Kirche stattfindet, sind zudem die Betriebe, die zuständigen Ämter und vor allem die Eltern der Abschlussschüler eingeladen. Im Rahmen des Unterrichts wird auch das Schulgebet gepflegt. Eine einheitliche Regelung für alle Klassen gibt es dabei nicht; hier ist der jeweilige Kollege gefordert. Des Weiteren greifen wir bei Bedarf besondere Situationen aus dem Schulalltag oder aus dem Leben unserer Schüler auf. So wird z.B. der Umgangston zwischen den Schülern oder zwischen Schülern und Lehrern zum Thema gemacht (s. CuLp 10. Klasse). Besonders gefordert sind wir immer dann, wenn z.B. ein Mitglied der Schulgemeinschaft tödlich verunglückt oder ernsthaft erkrankt. Ob und auf welche Weise, mit welchem Zeitaufwand diese Ereignisse aus dem Schulleben thematisiert werden, bestimmt auch der Betroffene, die Klassengemeinschaft bzw. das Kollegium. Im Rahmen des SchiLfprozess soll jetzt ein von Schülern des Bereichs Gartenbau konzipiertes und gefertigtes Oktagon entstehen, das als Rückzugsmöglichkeit und als Raum der Stille genutzt werden kann. Außerhalb des Unterrichts finden auch die Besprechungen der Fachschaft statt, wo pastorale Angebote geplant werden.

Außerschulisch bieten die Schullandheimaufenthalte immer wieder Möglichkeiten, Angebote der Schulpastoral einzubringen. In die Wohngemeinden hinein haben wir jedoch kaum Einwirkungsmöglichkeiten. Möglich ist es aber, das Engagement von Schülern als Ministrant, als Gruppenleiter, im sozialen Umfeld, u.ä.m. nicht nur zur Kenntnis nehmen, sondern positiv rückzumelden. Hier sind auch die Möglichkeiten des Engagements von Kollegen zu benennen und die Angebote der regionalen und überregionalen Fortbildung. Der Austausch über die dort gewonnenen Erfahrungen kann das schulpastorale Angebot bereichern. Bei all diesem Tun bin ich als Religionslehrer oder Klassenleiter involviert oder stoße sie an. Ich leiste damit einen Beitrag zur Humanisierung der Schulwelt, mache deutlich, dass Lernen ein ganzheitlicher Prozess ist, mir an den Schülern und Kollegen etwas liegt, sie alle in bestimmten Situationen nicht allein gelassen werden.

Was fehlt, ist sicherlich eine Ausweitung des Angebotes im außerunterrichtlichen Bereich, da ich immer wieder erlebe, dass einzelne Schüler oder Lehrer mit den Frei- und Wartestunden nichts anzufangen wissen. Beiden fehlt eine Möglichkeit, sich „unsichtbar" zu machen, auch mal allein sein zu können, nicht immer auf dem Präsentierteller der Aula, des Schulhofes oder des Lehrerzimmers anwesend zu sein.

Prioritäten setze ich bei den Angeboten im Unterricht und da vor allem bei der Gestaltung der Gottesdienste. Zum einen sind die Gottesdienste so näher an der Lebenswelt der Schüler und Kollegen, zum anderen kann ich vermitteln, dass ihre Meinungen auch bei so etwas scheinbar Starrem wie einer Gottesdienstvorbereitung wichtig sind. Zum Dritten „lernen" Schüler und Kollegen ganz praktisch, wie vielfältig die Ausgestaltungsmöglichkeiten eines Gottesdienstes sind. Kooperieren kann ich dabei grundsätzlich mit allen Betroffenen oder Beteiligten, besonders den Fachkollegen oder Schülern, die mitarbeiten möchten.

3 Der Faktor „Zeit"

In den geprägten Zeiten des Jahres ist z.B. das Angebot einer Frühschicht grundsätzlich möglich. Eine frühere Anreise jedoch ist vielen nicht zumutbar bzw. verkehrstechnisch nicht machbar. Im Unterricht gibt es zu jedem Zeitpunkt des Jahres ausreichende Möglichkeiten für seelsorgerliche Elemente. Zum einen ist die Anbindung an den CuLp in jeder Jahrgangsstufe bei mehreren Themenbereichen machbar, zum anderen bietet selbst die LDO genügend Spielraum, um pädagogische Freiräume für seelsorgliche Angebote zu nutzen, wenn das nicht schon durch den gesunden Menschenverstand eines verantwortungsbewussten Pädagogen passiert.

Außerhalb des Unterrichts kann ich mir an unserer Schule z. Z. am ehesten ein unaufdringliches Angebot der Schulpastoral im Hintergrund vorstellen. Zu vielschichtig und zu verschieden sind die Interessen aller Beteiligten. In der Schulkultur, im Schulklima, in diesem als fast privat angesehenen Bereich etwas umzustellen, braucht einen langen Atem.

Da die Schulpastoral als ein prozesshaftes Tun angesehen werden muss, das sich über Jahre hinweg entwickeln kann und soll, ist zu erwarten, dass dieser lange Atem vorhanden ist.

4 Konzeptentwurf: Schulpastoral an der BS III in Schweinfurt

Aus dem bisher Gesagten ergibt sich für die Schulpastoral folgendes Gesamtbild für die Staatliche Berufsschule III in Schweinfurt:

12.1 Schulpastoral geschieht innerhalb vorgefundener oder gesetzter Grenzen.
12.2 Schulpastoral folge einer Grundidee, einem Leitgedanken.
12.3 Der Entwurf eines schulpastoralen Konzeptes.

12.1 Schulpastoral geschieht innerhalb vorgefundener oder gesetzter Grenzen.

• Die erhobenen Rahmenbedingungen, die von Schulgebäude, Schulort, Kollegium, Schülerschaft, Sachaufwandsträger und der initiierenden Fachschaft Religion bestimmt werden, machen eine Schulpastoral grundsätzlich möglich.
• Weitere Rahmen werden gesteckt durch die Vorgaben rechtlicher Art, wie z.B. im BayEUG, den Schulordnungen der einzelnen Schultypen, dem CuLp, der LDO und den Ausbildungsbestimmungen der verschiedenen Berufsbereiche. Der Erarbeitung eines Schulpastoralkonzeptes stehen aber auch sie nicht im Wege.
• Berücksichtigt werden muss ferner das Menschenbild, das zum einen der Bayrischen Verfassung zu Grunde liegt und das zum Anderen die Bibel vorgibt. Gerade Letzteres hat naturgemäß für einen Religionspädagogen in besonderer Weise einen verpflichtenden Charakter.
• Das Schulpastoralkonzept im engeren Sinne muss jedoch in der Lebens- und Erlebniswelt der Schülerinnen und Schüler ansetzen sowie den Lebens- und Erfahrungshorizont aller an der Schulpastoral Beteiligten berücksichtigen. Geschieht dies nicht, wird die Schulpastoral letztendlich wie eine Käseglocke über die Schule und Schulgemeinschaft darüber gestülpt. Dann bleibt Schulpastoral im Grunde genommen nicht mehr als ein schönes neues Spielzeug in der Hand einiger Veränderungsbegeisterter und kann keine Wirkung entfalten.

1.3

• Meinem Ansatz lege ich deshalb die Ideen und Überlegungen Paolo Freires zugrunde: Weg von dem, was er Bankierserziehung nennt, hin zu einem Prozess der Conscientizao, einem Prozess der Bewusstwerdung, in dem jeder Mensch begreift, dass er selbst Motor und Ziel einer Veränderung ist, wenn er eine menschenwürdige oder menschenwürdigere Gesellschaft gestaltet wissen will.

12.2 Schulpastoral folgt einer Grundidee, einem Leitgedanken.

12.2.1 Herleitung der Grundidee
Im Schuljahr 1999/2000 führte ich eine Umfrage zur Gestaltung des Sonntages durch. Es wurden 68 Erwachsene, 219 SchülerInnen der 7. bis 9. Klasse der HS Holderhecke in Bergrheinfeld und 366 SchülerInnen der Klassen 10. bis 12. der BS III in Schweinfurt befragt (vgl. Anlage: 7 Schaubilder mit Umfrageergebnissen). Zwar ging es um die Frage der Sonntagsgestaltung; dennoch lassen sich direkt oder indirekt der Bezug zur Religion allgemein und zum Stellenwert der eigenen Religiosität herauslesen:
• Klar ausgedrückt ist zum einen das Bekenntnis, eine Beziehung zur Religion und auch zur Kirche zu haben.
• Gott spielt im Leben der Jugendlichen eine Rolle.
• Kritisch geschildert wird von den Jugendlichen die wahrgenommene Diskrepanz zwischen dem religiösen Tun, wie z. B. dem Kirchgang und dem praktizierten Christ-sein im Alltag.

Das heißt für mich:
• Die Sehnsucht, einen Sinn des Lebens zu erfahren, sich angenommen und geborgen zu wissen von einem liebenden Gott, wie es ein Christ in seiner Spiritualität erleben kann, muss also in einer Schulpastoral ebenso gegeben sein, wie die Erfahrung, das geistig Erlebte und Ersehnte in der eigenen Lebenspraxis, im Schul-, Berufs- und Lebensalltag umsetzen zu lernen.

Deshalb gefällt mir, was Paolo Freire 1974 in Erziehung als Praxis der Freiheit" zu ebendieser Befindlichkeit von Menschen unserer Zeit schreibt:
„Der Durchschnittsmensch begreift die Aufgaben der Zeit nicht mehr. Diese Aufgaben werden von einer ‚Elite' interpretiert und in der Form von Rezepten und Vorschriften angeboten. Wenn die Menschen sich zu retten suchen, indem sie den Vorschriften Folge leisten, versinken sie in nivellierender Anonymität ohne Hoffnung und Glauben, domestiziert und angepasst"[1].
So scheint die Frohbotschaft Jesu Christi in ihrer befreienden und zur Selbstfindung führenden Dimension in unserer Schulsituation – vielleicht auch in allen anderen Lebensbereichen – ihre Kraft und ihren Leuchtglanz verloren zu haben.

[1] Freire 1974, S. 13.

Als einen Weg aus der Anonymität, als dem Weg zum befreiten Geschöpf Gottes wird die Botschaft vom Reiche Gottes nicht mehr wahrgenommen und oftmals als für das Leben unnötig und als Ballast, der Leben behindert, empfunden und abgelehnt.

Hier kann eine Schulpastoral, die auf dem Freire'schen Konzept aufbaut, Hilfestellung leisten.

12.2.2 Der Ansatz Paolo Freires

Der pädagogische Ansatz Freires lässt sich in drei Schritten darstellen. In seiner Analyse der Gesellschaft konstatiert er entweder eine Gesellschaft im Zustand der Vermassung oder im Prozess der „conscientizao" (dt.: = Bewusstwerdung). Auf diese Analyse aufbauend entwickelt Freire seine **„Pädagogik der Unterdrückten"**.

12.2.2.1 Die Gesellschaft im Zustand der Vermassung

Paolo Freire definiert Vermassung der Gesellschaft folgendermaßen:

„Eine Gesellschaft im Zustand der Vermassung ist diejenige, in der das Volk, nachdem es in die Geschichte eingetreten ist, von der Elite zu einem leicht zu handhabenden Agglomerat ohne eigenes Denken manipuliert worden ist. (Erziehung als Praxis der Freiheit [2].)

Die Masse wird also von der Elite bewusst und unter Anwendung der zur Verfügung stehenden Machtmittel auf die Funktion des Objektes reduziert; Denken und Mitdenken sind nicht erwünscht.

[2] Freire 1974, S. 16.

12.2.2.2 Die Gesellschaft im Prozess der Conscientizao

Mit „Prozess der Conscientizao" umschreibt Freire alle Tätigkeiten, die in einer Gesellschaft unternommen werden, damit deren Teile, die Menschen, erneut zu einem kritischen Bewusstsein geführt werden können.

Der zum Objekt reduzierte Mensch kann und darf wieder Subjekt sein.

12.2.2.3 Die Pädagogik der Unterdrückten

Die Menschen in einer Gesellschaft der Vermassung, die nach Freiheit streben – Freire nennt sie die Unterdrückten – entdecken bald, dass sie dann auch in ihren Kameraden den gleichen Wunsch wecken müssen. Sie müssen ihnen aber auch einen gleichen Anteil zugestehen. Weil sie aber Furcht haben, verschließen sie sich den Appellen anderer und wagen es nicht, an andere zu appellieren. Der Zwiespalt sitzt also im Unterdrückten selbst: Er ist zu derselben Zeit er selbst und auch der Unterdrücker.

Da setzt Freire nun mit der **„Pädagogik der Unterdrückten"** an. Die Unterdrückung und ihre Ursachen werden zum Gegenstand der Reflexion. Wie kann aber

1.3

ein gespaltenes Wesen wie der Unterdrückte an seiner Befreiung mitwirken? Freire sagt dazu:

„Solange sie noch in Gespaltenheit leben, in der **Sein** bedeutet **Sein-wie** und **Sein-wie** heißt „**wie der Unterdrücker sein**", ist ein derartiger Beitrag nicht möglich.[3]

Die Pädagogik der Unterdrückten ist also vielmehr ein Instrumentarium zur kritischen Entdeckung ihrer selbst und zur Erkenntnis, dass in ihnen und in ihren Unterdrückern die Enthumanisierung Gestalt angenommen hat. Eine Pädagogik der Unterdrückten kann also nur dann erfolgreich sein, wenn

• eine echte Solidarität zwischen Unterdrückern und Unterdrückten gegeben ist.
• Der Prozess der Conscientizao auch in der Erziehung und Bildung Eingang findet.

Beide Forderungen verdeutlicht Freire selbst am Besten an dem, was er **Bankiers-Erziehung** nennt:

„Das dialektische Verhältnis zwischen Erziehendem und Schüler, zwischen Lehrendem und Lernendem besteht nicht nur an der Schule als dem traditionellen Ort der Erziehung, sondern auch auf allen anderen Stufen der Vermittlung von Erziehungsinhalten. Es gibt immer ein übermittelndes Subjekt und ein geduldig zuhörendes Objekt. Die Inhalte selbst stehen in der Gefahr, zu versteinern und leblos zu werden. Das Charakteristikum bei dieser Übermittlungserziehung – wie Freire sie auch nennt – liegt im Schall der Worte, nicht aber in ihrer verwandelnden Kraft. Die Übermittlungserziehung führt die Objekte dazu, den mitgeteilten Inhalt mechanisch auswendig zu lernen. Noch schlimmer ist es, dass sie dadurch zu „Containern" gemacht werden, zu „Behältern", die vom Subjekt „gefüllt" werden müssen. Je vollständiger das Subjekt die Behälter füllt, ein desto besserer Lehrer ist er. Je williger die Behälter zulassen, dass sie gefüllt werden, um so bessere Schüler sind sie. So wird die Erziehung zu einer Art „Spareinlage", wobei die Schüler die „Anlage-Objekte" sind, die Lehrer aber die „Anleger". Statt zu kommunizieren, gibt der Lehrer Kommuniqués heraus, macht er Einlagen, die die Schüler geduldig entgegen nehmen, auswendig lernen und wiederholen. Das ist das „Banquiers-Konzept" der Erziehung, in dem der den Schülern zugestandene Aktionsradius nur so weit geht, die Einlagen entgegen zu nehmen, zu ordnen und aufzustapeln."[4]

Freire jedoch setzt an bei einer befreienden Erziehungsarbeit, die aus Aktionen der Erkenntnis besteht, nicht aus der Übermittlung von Informationen. Sie ist eine Lernsituation, in der das erkennbare Objekt – weit davon entfernt, Ziel des

Erkenntnisaktes zu sein – die erkennenden Akteure vermittelt, den Lehrer einerseits und die Schüler andererseits. So wird der Lehrer-Schüler-Widerspruch ausgelöst, dialogische Strukturen entstehen, in denen der Eine für den Anderen nicht mehr länger existentiell notwendig ist. Die überkommenen Rollenverständnisse werden aufgelöst, eine Rollendiffusität wird zu Beginn des gemeinsamen Lernens aufgearbeitet. So wird eine echte Solidarität zwischen Unterdrücker – in dem Fall der Lehrer – und dem Unterdrückten – hier ist es der Schüler – ermöglicht, aus der heraus sie sich in einer neuen, befreiten Situation ganz und gar der Erziehung widmen können.

12.2.3 Paolo Freires Ansatz in Korrelation mit der Schulpastoral

Der Ansatz Freires ist ein ganzheitlicher Ansatz, der bezogen auf die Schulpastoral, die jungen Menschen und ihre Erfahrungen ernst nimmt. Hier werden sie befähigt, ausgehend von ihrem eigenen „generativen" Erleben, zu entdecken, wo gemachte Erfahrungen, vorhandene Wünsche und Sehnsüchte mit christlich-kirchlichen Antwortmustern zur Deckung gebracht werden können. Es werden also keine fertigen Antworten vorgegeben, die von den Jugendlichen in Krisensituationen als nicht tragfähig und schlüssig erlebt werden, eben weil diese jungen Menschen noch sehr stark Suchende und Fragende sind. Sie sind noch unterwegs zu einem sicheren Schatz an Antworten aus dem Glauben auf die Probleme des Lebens. Sie lernten noch nicht, dass es nicht immer eine Gewissheit der Antwort gibt, sondern, dass sie auch auf das zu Glaubende vertrauen können. Den SchülerInnen bei ihrem Unterwegs-sein, ihrem Suchen zu helfen, sie zu ermutigen, auf die eigenen – wenn auch noch unfertigen Antworten – und auf die Antworten aus dem Glauben vertrauen zu lernen, ist der Ansatz Freires geeignet. Auch Georg Baudler greift in „Erneuerung der Kirche durch Katechese" (1974) im Nachtrag zum Synodenpapier „Das katechetische Wirken der Kirche" vergleichbare Grundgedanken auf, aber eben für die Gemeindekatechese, nicht für den schulischen RU, obwohl bei ihm die Grenzen im Ansatz fließend sind.

12.3 Der Entwurf eines Spulpastoralkonzeptes für die BS III in Schweinfurt

12. 3.1 Was will die Schulpastoral an der BS III?

Sicherlich können und sollen im folgenden Abschnitt nicht alle Ziele und Inhalte der Schulpastoral aufgezeigt werden. Aber es geht darum, die Ausgangsbasis für eine kontinuierliche Weiterentwicklung im Prozess der Schulpastoral mit einigen Eckdaten zu umschreiben.

• Die Schulpastoral will für alle Menschen an der Berufsschule III in Schweinfurt einen Beitrag leisten, das gemeinsame Leben und Erleben menschenfreundlicher und menschenwürdiger zu gestalten.

1.3

• Sie will ihren genuinen Beitrag leisten, die Menschen zur vollen Freiheit der Kinder Gottes zu befähigen, damit sie voll und ganz als von der Macht der Sünde und des Todes erlöste Geschöpfe leben können.

• Die Schulpastoral will helfen, die oft sehr einengend empfundenen Grenzen oder Rahmen der Regeln und Regelungen von Ausbildungsordnung, verbindliche Lehrplanvorgaben, Lehrerdienstordnung, Hausordnung etc. immer dann zu sprengen und zu verändern, wo sie nicht den Menschen, die hier gemeinsam leben, dienen, sondern wo sie Faktoren der Einflussnahme, Macht und/oder des Missbrauchs von Stellung oder Amt sind bzw. sich z.B. durch Tradition oder Gewohnheit verselbstständigt haben.

• Sie will die jungen Menschen, also die Schülerinnen und Schüler befähigen, sich mit Freude und Spaß auf die Bewältigung der Lebensaufgaben vorzubereiten: die Berufsschule III soll also kein trister Ort des „Nur-auswendig-Lernens" allseits bekannter, vorgegebener Lösungsmuster, sondern eine Bildungsstätte des Ausprobierens eigener, bereits vorhandener Möglichkeiten und des Kennenlernens neuer, bis dahin nur anfanghaft erahnter, kreativer und fantasievoller Seiten der individuellen Charaktere und Persönlichkeiten sein.

• Die Lehrerinnen und Lehrer, aber auch alle Angestellten der Berufsschule III will die Schulpastoral befähigen, als Pädagogen erzieherisch zu wirken, ihrer Umgebung ein Vorbild zu geben, das zu leben, was sie im Unterricht als erstrebenswerte Haltungen vorerzählen und in der Hektik und dem Getriebe des Schulalltages – besonders in den Zeiten der Prüfung – nicht zu vergessen, dass sie es mit Menschen und nicht mit Maschinen zu tun haben, bei denen man nur auf einen Knopf drücken muss, um das gewünschte Ergebnis zu bekommen.

• Die Schulpastoral will dazu beitragen, zu erkennen dass – quer durch die gesamte Schule und durch alle Rollen und Rollenzwänge – ein von gegenseitigem Respekt und Toleranz getragenes Miteinander, wo der Eine den Anderen als Person achtet und ihn in seinem So-sein annimmt, evtl. auch erträgt, eine andere, ja eine bessere Qualität von Schulgemeinschaft ermöglicht.

• Sie will begreifbar machen helfen, dass Leistungswille und Leistungsbereitschaft starke Motoren einer Bildungseinrichtung sein müssen. Da aber Lehrer und Schüler, Lerninhalte und Lehrmethoden aufs engste miteinander verzahnt sind, ja wie die Zahnräder eines Getriebes ineinander greifen, will die die Schulpastoral präsent machen helfen, dass trotzdem die menschliche Seite, das menschliche Einzelschicksal, nicht berücksichtigt bleiben darf.

• Gerade in einer Berufsschule, wie ich sie weiter vorne beschrieben habe, ist die Schulpastoral prädestiniert, dafür einzutreten, dass die Arbeitswelt und die private Lebensumwelt, die Bereitschaft zur Aus- und Weiterbildung und die Bildung der eigenen Persönlichkeit einander durchdringen, sich gegenseitig befruchten können. Erst das Bemühen um ein gelingendes Mit- und Nebeneinander dieser verschiedenen Bereiche des Lebens kann das Schulleben, das Leben in der Schulgemeinschaft der BS III menschenwürdiger und menschenfreundlicher machen.

12.3.2 Wie können die Ziele der Schulpastoral an der BS III in Schweinfurt erreicht werden?

Wie unschwer zu ersehen ist, können die eben benannten Ziele und Vorgaben der Schulpastoral nicht auf einmal und nicht zur selben Zeit erreicht werden. Vielmehr ist Schulpastoral als ein prozesshaftes Geschehen zu begreifen. Dennoch will ich im Folgenden drei verschiedene Bereiche anreißen, in denen sich Schulpastoral an unserer Schule schrittweise verwirklichen lässt.

12.3.2.1 Schulpastorales Handeln bei religiösen Angeboten im engeren Sinne.

Nach wie vor wird es auch in Zukunft die bisherigen religiösen Angebote an unserer Schule geben: Vier Schulgottesdienste pro Schuljahr, Gottesdienste, wenn Schüler oder KollegInnen sterben, das Gebet in den Klassenzimmern, Rüst- oder Quellentag bei Bedarf oder bei Nachfrage von KollegInnen bzw. Klassen, Frühschichten bzw. Zeiten der Ruhe in den geprägten Zeiten des Kirchenjahres, wenn der Wunsch nach solchem Tun von Gruppen oder aus dem Kollegium kommt, u.ä.m.

Diese Angebote möchte ich als religiöse Angebote im engeren Sinne bezeichnen; es sind die sog. „Klassiker", bei denen und durch die schon bisher an vielen Schulen, also auch bei uns, Schulpastoral praktiziert wurde, auch wenn wir das nicht so benannt haben.

Wenn als neues Element hinzukommen kann, ist die bewusstere Gestaltung aus dem Geist und den Zielvorgaben der Schulpastoral heraus.

Was heißt das?

Das bedeutet z.B., dass konkret das Anliegen der Toleranz und der gegenseitigen Achtung, dem Respekt vor dem Anderen und seinem Anders-sein, in einem Schulgottesdienst aufgegriffen werden kann. Das heißt gleichzeitig, dass bei der Ausarbeitung der Inhalte eines solchen Gottesdienstes, bei der Auswahl der Texte und Lieder die Schüler mit ihren Wünschen und mit ihrer Vorstellung vom Thema und seiner Umsetzung mit einbezogen werden, aus Achtung und in Würdigung ihrer Persönlichkeit und ihres Wissens. Gleiches gilt naturgemäß auch für KollegInnen, die sich evtl. durch ein solches Thema, mit dem sie im Schulalltag konfrontiert sind, für die Mitarbeit an der Vorbereitung eines solchen „Projektes" gewinnen lassen.

Indem – um im Beispiel zu bleiben – ein Gottesdienst thematisch aus dem Schulalltag erwächst, gewinnt er zum einen an Lebensnähe; zum anderen wirkt er dann nicht „aufgesetzt" (er wird halt akzeptiert, weil er zur Tradition gehört) und zum Dritten kann von allen Beteiligten und Teilnehmern wieder neu entdeckt werden, dass religiöses Tun ein Beitrag zur Lebensbewältigung ist und nicht nur eine schöne Dekoration oder eine angenehm verbrachte Schulstunde.

12.3.2.2 Schulpastoral im Prozess der Schulentwicklung

Wie bereits erwähnt, befindet sich unsere Schule bereits im zweiten Jahr im Prozess der Schulentwicklung. So wie Schulentwicklung an unserer Schule praktiziert, theoretisch begründet und begleitet wird, ist festzustellen, dass die Zielvorgaben in beiden Prozessen über weite Strecken deckungsgleich sind. Ich will das hier nur mit Schlagwörtern belegen: In beiden Prozessen geht es um die Humanisierung von Schule und aller, die in diesem System leben und arbeiten. Es geht um die Vermittlung von Werten und Haltungen, die zur Lebensbewältigung notwendig sind. Es geht um einen goldenen Mittelweg zwischen den verschiedenenartigen Anforderungen des Systems Schule an alle Beteiligten und dem Wunsch, dabei den Menschen und seine persönlichen und individuellen Bedürfnisse nicht aus den Augen zu verlieren. Es geht um Qualifizierung von Schülern und Kollegen, aber auch um das bewusste Aufbrechen des Spezialistentums z.B. in und durch gemeinsame, fächer- und fachbereichsübergreifende Projekte.

Also ist es hier ganz selbstverständlich möglich, das Anliegen der Schulpastoral einzubringen. Dafür ein Beispiel:

Der Fachbereich Landwirtschaft brachte vor einem halben Jahr ein fächerübergreifendes Projekt aus dem Bereich Gartenbau zur Sprache. Auszubildende Landschaftsgärtner wollten einen Lichtinnenhof unserer Schule neu gestalten. Im fachtheoretischen Unterricht wurden die Pläne erstellt, die verschiedenen Möglichkeiten der landschaftsgärtnerischen Gestaltung ausdiskutiert, der Materialbedarf errechnet, ein Kosten- und Finanzierungsplan aufgestellt. Im Rahmen dieser Umgestaltung sollte ein Pavillon nach japanischem Vorbild entstehen.

Zu diesem Zeitpunkt klinkten wir uns vom Fachbereich Religion ein und fragten an, ob der Pavillon nicht auch gestaltet werden könne, dass er als Ruhe- und Meditationsraum genutzt werden kann. Unsere Anfrage machte zwar eine geringe Abänderung nötig, was die Größe und die Ausgestaltung des Pavillons betrifft, aber da das Schulreferat der Diözese Würzburg dann auch dementsprechend bei den Kosten beteiligt werden konnte, stand einer Ausweitung des Projektes nichts mehr im Wege. Die Landschaftsgärtner haben nun die Möglichkeit, theoretisch angeeignetes Wissen ganz praktisch umzusetzen; für den konfessionellen Unterricht bekommen wir auf diese Weise einen Raum geschenkt, der sonst nie hätte entstehen können und der unseren Schülern und uns Religionslehrern noch ganz ungeahnte Möglichkeiten für Meditation u.v.m. bietet. Dieser Pavillon, dieser Raum wird wohl in erster Linie dazu geeignet sein, bei Hektik und Stress einen Gegenpol anbieten zu können, wo die Seele einmal baumeln kann, wo neben dem Vermitteln von Wissen etwas für die Psyche des Menschen, der Schüler getan werden kann.

12.3.2.3 Schulpastoral im Religionsunterricht

Da wir in erster Linie Lehrer sind, steht und fällt für mich letztlich die Schulpastoral mit meinem Tun im Religionsunterricht in meinen Klassen. Hier – so meine ich – muss die Wiege, der Ausgangspunkt, die geistige Heimat der Schulpastoral zu finden sein. Deshalb wird auch das, was mich am Ansatz Paolo Freires so fasziniert, in erster Linie im Religionsunterricht zum Tragen kommen. Von daher kann und soll es sich dann als roter Faden durch das Tun der Schulpastoral an unserer Schule hindurchziehen.

So wie Paolo Freire mit seiner Pädagogik der Unterdrückten versucht, durch sein Alphabetisierungsprogramm die Menschen in seiner Umgebung anzuleiten, durch die Beherrschung der Schrift zu einer umfassenderen Teilhabe am Leben in der Gesellschaft befähigt zu sein, so will die Schulpastoral die Adressaten des Religionsunterrichtes in die Lage versetzen, religiöse Aussagen, Inhalte des Glaubens, tradierte, religiöse Handlungen zu begreifen, damit sie in einem umfassenderen Sinne der Botschaft vom Reiche Gottes teilhaftig werden, die ihnen hilft, zu verstehen, dass Glaube/Religion mit dem alltäglichen Leben der Menschen sehr wohl auf Engste verknüpft sind, dass aus der Sicht des Glaubens heraus das Leben anders und evtl. besser gemeistert werden kann.

12.3.2.3.1 Wie muss man sich das vorstellen?

Glaubenslehre und Glaubensinhalte werden von den jungen Menschen unserer Zeit nicht mehr so unkritisch übernommen, wie es zu unserer Schulzeit noch üblich war. Oder: die heutige Art und Weise, Religion zu unterrichten unterscheidet sich grundsätzlich von der Art in den 60er Jahren des 20. Jahrhunderts. Parallel dazu fehlen vielen unserer Schüler die außerschulischen Unterweisungen, die durch den Familienverband oder die örtliche Tradition, das Brauchtum gegeben war. Weiterhin ist das gesellschaftliche Umfeld im Allgemeinen einer religiösen Sozialisierung nicht mehr in dem Maße dienlich, wie es das noch zu unserer Jugend war. Über die Ursachen und Gründe dieser Tatsachen ist nicht hier und jetzt der Ort, sich weiter auszulassen. Zusammengefasst lässt sich konstatieren, dass die Mehrzahl unserer Schülerinnen und Schüler im Bereich der Religion und des Glaubens als eine Art von „Analphabeten" bezeichnet werden kann.

Mit einer Schulpastoral, die sich an das Analphabetisierungsprogramm Paolo Freires anlehnt, kann erreicht werden, dass die Sprachlosigkeit der Jugendlichen im Bereich von Religion und Glaube aufgehoben wird. Begünstigt wird dieses

1.3

Bestreben dadurch, dass die Jugendlichen selbst sicher sehr wohl als Suchende im großen Feld der Religiosität und Spiritualität begreifen und verstehen. Mehrere namhafte Untersuchungen, wie z.B. die Shellstudien, belegen, dass die Jugend nicht per se areligiös ist, sondern dass sie nur nicht mehr bereit ist, ohne kritisches Hinterfragen die Positionen der Amtskirche zu den Belangen ihres Lebens zu übernehmen. Hier kann ein alphabetisierendes Handeln den Brückenschlag zwischen der Position der amtlichen Kirche bzw. den Aussagen von Religion, den Inhalten des Glaubens, den Glaubenstraditionen (= Bräuchen) bewirken. Parallel zu diesen Überlegungen wirkt sich eine zweite Realität des heutigen Lehrens und Lernens im Umfeld der Schule positiv aus: Vieles, ja fast alles im Bereich von Schule geschieht in den letzten Jahren immer mehr über die kognitive Schiene des verstandesmäßigen Erkennens und Begreifens. Religion und Glaube entziehen sich aber von Haus aus oft diesem Zugang über den Kopf, die Intelligenz, den Verstand. Ja, man könnte sich dahin versteigern zu behaupten, dass Religion und Glaube sich von ihrer Natur her am ehesten dem Gefühl, der Fantasie, dem Herzen erschließen.

Einer Schulpastoral im Rahmen des Religionsunterrichtes, die diesen Gegebenheiten Rechnung trägt, müsste es ein Leichtes sein, bereits verloren geglaubtes Terrain wieder neu zu besetzen und den jungen Menschen damit das zu geben, nach dem sie – nach ihren eigenen Aussagen zu urteilen -– oft mit großer Anstrengung suchen, ohne sie in unserer verkopften Welt finden zu können.

12.3.2.3.2 Was ist also zu tun?

Wenn die Schulpastoral im Religionsunterricht bei den alltäglichen Erfahrungen unserer Schüler ansetzt und zu diesen Erfahrungen die Umsetzung in den gestalterischen Bereich leistet, dann kann von diesen generativen Elementen sehr leicht die Brücke geschlagen werden zu religiösen Aussagen und zu Glaubenserfahrungen, denen die gleichen gestalterischen Elemente zuzuordnen sind. Somit wäre der Brückenschlag zwischen Leben und Glauben/Religion gelungen. Glauben/Religion wären dann in der Erfahrungswelt der Schüler nicht mehr länger zwei getrennte und sich – oft zumindestens scheinbar – ausschließliche Bereiche, sondern sie würden als die zwei verschiedenen Seiten ein und derselben Medaille verstanden, erlebt und begriffen. Was im grundsätzlichen, praktischen und lebensnahen Umfeld seine Richtigkeit und Tragfähigkeit bewiesen hat, kann dann auch ohne allzu große Anstrengungen auf einen immer abstrakteren und allgemeineren Bereich aus dem Leben der Schüler übertragen werden. Auf diese Weise werden die Jugendlichen Stück für Stück mit einem „Alphabet" des Glaubens und der Religion vertraut gemacht; sie lernen Schritt für Schritt ihren Glauben, ihre Überzeugung zu buchstabieren. Weil sie sich auf diese Weise Glaube und Religion zu Eigen gemacht haben, wird er auf eine persönliche Art und Weise verinnerlicht und somit zu einer Lebensüberzeugung, die dann auch schwierige Situationen durchtragen und aushalten hilft, was ein rein kognitiver Zugang so nicht ermöglichen kann.

12.3.2.3.3 Verdeutlichung durch ein Beispiel

Nehmen wir als Beispiel aus der Erfahrungswelt der Schüler das Fest, die Feier, die Fete. Jeder Schüler kennt die Situation, dass er zu einer Feier eingeladen wird oder selbst zu einer Feier einlädt. So lassen sich im Religionsunterricht sehr leicht die typischen und kennzeichnenden Elemente eines solchen Tuns zusammentragen: die Einladung, die Auswahl der Gäste, der Feieranlass, die Vorbereitung des Feierraumes, die Auswahl an Getränken und an Speisen, die Wahl der Kleidung oder auch eine bestimmte Kleidervorschrift, die Auswahl der Musik, um die Stimmung zu fördern, das, was ich mir für ein gelungenes Fest wünsche und das, was ich nach Möglichkeit vermeiden möchte, weil es meine Feier stören würde.

Alle Nennungen werden nun gestalterisch umgesetzt; es entsteht ein Bild, ein Szenario einer Feier. Ob das jetzt eine Collage ist, eine Bleistiftzeichnung, eine detailgetreue Wiedergabe des letzten Festes, das die Schüler erinnern oder nur eine grobe, andeutungsweise gestaltete Skizze der letzten Fete, ist dabei unerheblich, hängt von den künstlerischen Qualitäten der Schüler ab, von der Zeit, die ich zur Verfügung habe, usw. Durch die Transponierung in die gestalterische Dimension geschieht zugleich auch eine Verallgemeinerung oder Generalisierung: Was für ein Fest gilt, gilt für alle Feste.

Im nächsten Schritt wird dann alles das zusammengetragen, was zu einer gottesdienstlichen Feier gehört. Zum allgemeinen Erstaunen aller Beteiligten, wird sich eine große, fast hundertprozentige Übereinstimmung dieser äußeren Rahmenbedingungen einer Feier herausstellen.

Jetzt kann ein weiterer Transfer versucht werden: Die Schüler äußern, was sie für Erwartungen an eine ihrer Feierlichkeiten haben, welche Gedanken ihnen als Gastgeber oder als Gast im Kopf herumgehen, welche Vorkehrungen sie treffen, für den Fall, dass diese oder jene Eventualität eintritt. Es dürfen auch die Gefühle benannt werden, die sie haben, wenn bestimmte, erwartete oder erwünschte Gäste nicht kommen oder wenn ungebetene Gäste auftauchen und die Feierstimmung fast zum Kippen bringen.

Auch diese Sammlung von Eindrücken, Stimmungen und Gefühlen wird daraufhin untersucht, inwieweit sie sich auf eine gottesdienstliche Feier übertragen lässt.

Auf diese Weise ist ein Stück „Alphabetisierung" im Bereich Glaube und Religion geleistet. Verständnis für bestimmte Handlungen und Bedingungen einer Feier wurden geweckt. Generative Begrifflichkeiten wurden an Bildern, an Symbolen fest gemacht: Notenlinien stehen für Musik, ein Laib Brot für die Speisen, ein Becher oder Glas steht für die Getränke. Diese generalisierten Begriffe lassen sich ein anderes Mal in einem evtl. ganz anderen Zusammenhang erneut einsetzen. Dann werden die schon bekannten, mit dem Symbol verbundenen Begrifflichkeiten erneut präsent und helfen mit, in einem anderen Zusammenhang neue und trotzdem verwandte Begrifflichkeiten zu erschließen. Der Laib Brot z.B. kann dann auch stehen für das eucharistische Mahl, den Leib des Herrn. Umgekehrt gilt es aber ebenso: Immer wenn ein Laib Brot auftaucht, wird die Bedeutung als Leib des Herrn zumindest unterschwellig und z.B. die Ehrfurcht vor dem Nahrungsmittel Brot verständlich machen helfen.

Im Laufe eines Schuljahres wird sich so eine ganze Reihe von gestalteten Elementen ansammeln. So lässt sich mit der Zeit dann ebenso eine Vielzahl von religiösen Inhalten auf diese Weise erschließen.

5. Zusammenfassende Schlussbemerkung

Wenn Schulpastoral um der Menschen an und in der Schule willen gewollt wird, dann ist sie weder personell noch finanziell zum Nulltarif zu haben. Personen werden durch diese Zusatzqualifikation herangebildet; Wege, das Tun dieser Personen auch zu finanzieren, müssen auch noch gesucht werden.

Eine Möglichkeit ist sicherlich über ein Stundendeputat den Freiraum für schulpastorales Handeln zu schaffen und wenigstens einigermaßen das Engagement der KollegInnen zu honorieren. Da die schulinternen „Töpfe" für Stundenermäßigungen bereits jetzt sehr begehrt sind, müsste dann wohl durch ein entsprechendes KMS in der Zahl der sog. Verfügungsstunden das Anliegen der Schulpastoral gebührend berücksichtigt werden.

Wenn ich z.B. für die Betreuung, Anschaffung und Verwaltung der Schüler- und Lehrbücherei sowie der lernmittelfreien Schulbücher im Schuljahr eine Verfügungsstunde bekomme, dann halte ich persönlich ein gleiches Maß für die Belange der Schulpastoral für angemessen.

Vergessen werden darf hierbei nicht, dass es in der Schulpastoral nicht um die Verwaltung von Sachen geht, sondern um die Begleitung von Menschen, um Innovation neuer Ideen und die Motivation einer ganzen Schulgemeinschaft geht. Dieses Handeln der Schulpastoral kostet Zeit, dann darf es doch wohl auch Geld kosten.

Unter Einbeziehung der gegebenen Voraussetzungen ist es zuerst möglich, mir und der Schule bewusst zu machen, was an schulpastoralen Aktivitäten bereits vorhanden ist, dann gilt es im Fachbereich und mit interessierten KollegInnen Ziele festzulegen. Erst danach können die ersten kleinen Schritte zu einer Opti-

mierung der Schulpastoral z.B. mit dem Ansatz Paolo Freires getan werden.
Die Zielgruppen- und Situationsanalyse haben ergeben, dass der Rahmen für schulpastorale Aktivitäten gesteckt ist, dass die Notwendigkeit eines solchen Denkens gegeben ist, dass die Kapazitäten personell und sachbezogen grundsätzlich vorhanden sind.
Es gilt „nur" noch anzufangen.

Literatur

FREIRE, PAOLO: Pädagogik der Unterdrückten: Bildung als Praxis der Freiheit, Hamburg 1973.
(Zitiert als: Freire 1973)

FREIRE, PAOLO: Erziehung als Praxis der Freiheit, Stuttgart 1974. (Zitiert als: Freire 1974)

BAUDLER, GEORG (Hrsg.): Erneuerung der Kirche durch Katechese:
zum Synodenpapier „Das katechetische Wirken der Kirche", Düsseldorf 1975.

1.4

Viera Pirker
Im Netz der Kulturen – Notwendigkeit interkultureller Sensibilität für Schulseelsorge an berufsbildenden Schulen

[1] Ich sehe in diesem Beitrag davon ab, dass die Ausdifferenzierung der Gesellschaft, die mit der Pluralisierung und Individualisierung einhergeht, nicht nur migrationsbedingt eine schier unübersehbare Vielfalt an Lebensstilen, Überzeugungen, (Jugend-)Kulturen, an individuellen Realitäten hervorgebracht hat und laufend neu entstehen lässt, von denen zu Recht ebenfalls in interkulturellen Kategorien gesprochen werden kann. Die Schülerschaft an berufsbildenden Schulen ist in beiderlei Hinsicht multikulturell, daran besteht kein Zweifel.

[2] Neues Handbuch Religionsunterricht 2005, S. 237-304 (Kapitel 6 Begleitung und Initiativen).

Interkulturalität an berufsbildenden Schulen in Deutschland ist Alltag. Ein buntes Neben- und Miteinander von Schülerinnen und Schülern, die – vielfach migrationsbedingt – unterschiedliche Herkunft und unterschiedliche Hintergründe haben, trifft in einer berufsbildenden Schule zusammen mit Lehrerinnen und Lehrern, die eine Vielzahl individueller Lebens- und Familiengeschichten präsentieren.[1] Schulpastoral an berufsbildenden Schulen lebt und wächst vornehmlich aufgrund der Initiative von Lehrkräften, die den Lebensraum Schule für alle Beteiligten human und positiv gestalten möchten. Eine Vielzahl an Initiativen haben sich in den vergangenen Jahren gebildet, von denen einige im vorliegenden Band dargestellt werden. Diskutiert wurden Belange der Schulpastoral bislang vornehmlich für allgemeinbildende Schulen.[2] Die Auseinandersetzung mit interkulturellen und interreligiösen Fragestellungen steht für den Bereich der Schulpastoral an allen Schulformen indes noch weitgehend aus. Im Bereich der weiterführenden Schulen entwickeln diese Fragestellungen an den berufsbildenden Schulen eine besondere Dringlichkeit und verlangen Berücksichtigung bei der Gestaltung schulpastoraler Angebote.

Der erste Teil des Beitrags führt in das Themenfeld Migration und seine Bedeutung für die Situation an berufsbildenden Schulen ein. Im zweiten Teil erläutere ich den Begriff der interkulturellen Sensibilität und komme abschließend auf seine Bedeutung für schulpastorales Handeln zu sprechen.

1 Migration

[3] Affolderbach 2005, S. 70-84.

Migration steht als Sammelbegriff für eine Vielzahl von Wanderungsprozessen: Einwanderung, Rückwanderung, Auswanderung, Flucht, Freizügigkeit und Mobilität.[3] Nach dem Zweiten Weltkrieg gab es große Flüchtlingsbewegungen nach Deutschland, in der Zeit des ‚Wirtschaftswunders' folgte ein Zustrom von Arbeitsmigranten, den so genannten Gastarbeitern, die sich häufig in Deutschland niederließen und ihre Familien nachholten. Ende der 90er-Jahre dämmten eine neue Asylgesetzgebung und neue EU-Gesetze die erneut hohe Zahl an Einwanderern nach Deutschland ein. Faktisch ist Deutschland ein Einwanderungsland;

aktuell stellt die EU-Binnenmigration die häufigste Form des Zuzugs dar.

1.1 Migration – ein biblisches Phänomen

Die Schriften der Bibel kennen Migration und ihre Auswirkungen. Vor allem das Alte Testament[4] erzählt viel von den Erfahrungen, die das Volk Israel auf der Wanderung gemacht hat. Abraham macht sich vertrauensvoll auf von seiner Heimatstadt in das Land, das der HERR ihm zeigen wird (Gen 12,1), Noemi und ihre Familie zwingt eine Hungersnot, die Heimat zu verlassen (Rut 1), Jakob flieht vor dem Zorn seines Bruders (Gen 27,43-45), aus der ägyptischen Unterdrückung flieht das Volk Israel, wovon das Buch Exodus beredte Kunde gibt, das babylonische Exil ist die schmachvolle Erfahrung einer Deportation, aus der das Volk zurückkehren kann in die Heimat. Dem Wiederaufbau des Tempels folgt die erneute Zerstörung und für lange Zeit endgültig scheinende Vertreibung des Volkes Israel. Eine Fülle zentraler Glaubenserfahrungen und theologischer Reflexionen verdankt sich diesen Zeiten, die gewiss keine einfachen dargestellt haben für die, die sie durchlitten haben. Fremd-Sein ist eine Grundkategorie der Bibel, des Alten wie des Neuen Testaments. Aus den eigenen Erfahrungen der Migration entsteht die wohl einzigartige Gesetzgebung Israels, in Lev 19, 33-34 gebietet Gott seinem Volk: „Wenn bei dir ein Fremder in eurem Land lebt, sollt ihr ihn nicht unterdrücken. Der Fremde, der sich bei euch aufhält, soll euch wie ein Einheimischer gelten und du sollst ihn lieben wie dich selbst; denn ihr seid selbst Fremde in Ägypten gewesen. Ich bin der Herr, euer Gott." Die Fremden in Israel waren gewiss gefährdete und schutzbedürftige Glieder der Gesellschaft, häufig sind sie mit Witwen und Waisen gemeinsam genannt (z. B. Ex 22,20).

Das Neue Testament geht von der grundlegenden Fremdheit der Christen auf Erden aus – ist doch ihre Heimat der Himmel (Phil 3,20). Der griechische Begriff paroikia, aus dem sich die Parochie, die Gemeinde entwickelt hat, trägt die Grundbedeutung „Fremde" – und er „verweist darauf, dass auch wir Christen heute in der Fremde leben, nämlich in der Fremde einer säkularisierten, materialistischen Welt."[5] Im Neuen Testament bringt die Mission eine Vielzahl von interkulturellen Begegnungen mit sich, so können die Reisen des Apostels Paulus mit interkulturellen Kategorien gedeutet werden.[6]

1.2 Migrationshintergrund – eine besondere Situation

Erzwungene Migration und Flucht bringen für die Betroffenen fast immer „eine Minimierung von Bildungsmöglichkeiten"[7] mit sich. Migration bedeutet vielfach, dass Kinder und Jugendliche mit familiären Traumata umgehen müssen – und dies gilt nicht nur für diejenigen, die Flucht- und Vertreibungsbiographien haben.

[4] Schenker 2001, S.227-230.

[5] Sajak 2002, S. 83-96.

[6] Pellegrini 2003, S. 143-165.

[7] Affolderbach 2005, S. 80; freiwillige Migration erfolgt dagegen häufig bewusst mit dem Ziel, die Bildungs- und Berufsmöglichkeiten zu verbessern.

Viera Pirker

Im Netz der Kulturen –
Notwendigkeit interkultureller Sensibilität für Schulseelsorge an berufsbildenden Schulen

1.4

Jugendliche mit Migrationshintergrund kennen Geschichten vom Weggehen und Ankommen, sie wissen, was es bedeutet, Heimat zu verlieren, eine neue zu suchen und hoffentlich auch zu finden. Nicht selten verharren Familien mit erzwungenen Migrationserfahrungen in emotionaler Sprachlosigkeit im Umgang mit dem Schmerz, der Sehnsucht, der Hoffnung und Verzweiflung, die Migration bedeuten kann. Scheidler beschreibt die Kultur- und Modernitätsdifferenzen, denen Menschen durch Migrationsprozesse ausgesetzt sind, und Wege des Umgangs damit.[8] Migranten balancieren in sich drei Kulturen: ihre Herkunftskultur, die Kultur der Migranten im Einwanderungsland und die Mehrheitskultur desselben. Je nach Teilhabe an der letzteren vollzieht sich eine Integration in das Einwanderungsland erfolgreich oder krisenhaft; häufig gelingt es Kindern von Migranten leichter, die Deutungs- und Wertsysteme der Mehrheitskultur zu erlernen, da sie in der Schule lange und intensiv damit in Kontakt treten, als den Einwanderern der ersten Generation. Dies birgt gleichzeitig immensen familiären Zündstoff in sich; die Konflikte zwischen den Generationen entladen sich heftig. Der Verlust der stützenden Systeme, besonders auch der Verlust der Muttersprache bringt Kinder und Jugendliche in eine krisenhafte biographische Situation, die Trauer und Wut, Leid und Aggression entstehen lassen kann. Temme erzählt die eindrückliche Geschichte eines Berufsschülers, der mit seinen Eltern als Aussiedler nach Deutschland gekommen ist, und gibt damit ein Beispiel für die schwierige Situation, in die Eltern ihre Kinder bringen, wenn sie deren bewusste Entwurzelung zugunsten des materiellen Ziels der wirtschaftlichen Verbesserung verantworten – und dabei häufig scheitern.[9]

Die Identität des und der Einzelnen entwickelt sich neben der individuellen Biographie besonders durch das Wechselspiel mit der Zugehörigkeit zu einer Gruppe. Gruppenzugehörigkeit differenziert sich in Wahlbindungen (Freundschaften, Cliquen ...) und Herkunftsbindungen, die sich durch Dauer, Frühzeitigkeit, Umfang und Unverlierbarkeit auszeichnen[10]. Diese Herkunftsbindungen gewinnen gerade in interkulturellen Kontakten ein besonderes Gewicht für die Identität einer Person, und wenn sie – wie es durch Migration geschieht – äußerlich unterbrochen und in ihrer Bedeutung angefragt werden, entsteht eine schwierige Situation für die Person. „In einigen Fällen – prototypisch dafür Deutsche und Juden – wird schnell einsichtig, dass der einzelne der Geschichte seines Volkes nicht entfliehen kann. Aber unter Migrationsbedingungen sind die Verhältnisse auch in dieser Hinsicht nicht immer so eindeutig. Welcher Kollektivgeschichte ist ein Maghrebiner in Frankreich verbunden oder eine Berlinerin türkischer Herkunft?"[11] Keine Antwort, wohl aber näheren Aufschluss bietet das folgende Zitat: „Weil Individuen in kulturellen Überschneidungssituationen aus den verschiedenen Lebenswelten, an denen sie partizipieren, sehr verschiedene und oft widersprüchliche Informationen über sich selbst erhalten, müssen sie

[8] Scheidler 2002, S. 40-47.

[9] Temme 2002, S. 109-118.

[10] Hondrich 1996, S. 100-119.

[11] Auernheimer 2004.

mit Mehrdeutigkeiten, Unsicherheiten, Zweifeln und Fragen leben. Dies erfordert ein hohes Maß an Ich-Stärke und Ambiguitätstoleranz und kann leicht zur Überforderung werden."[12] Bei interkultureller Interaktion und damit bei Anfrage von außen stehen die Angehörigen der Minderheitskultur stärker vor dem „Problem, eine konsistente Ich-Identität zu entwickeln."[13]

1.3 Migrationshintergrund – Nachteil für Bildung und Ausbildung?

Migrationshintergrund haben Schülerinnen und Schüler mit ausländischem Pass, die in Deutschland leben, Flüchtlinge, Spätaussiedler sowie andere Jugendliche mit deutscher Staatsbürgerschaft, deren Ursprungsfamilien Migrationserfahrungen haben[14]. Ein Blick in die Statistik des Bundes zeigt: 7,6 % der Schülerinnen und Schüler an berufsbildenden Schulen im Bundesgebiet im Schuljahr 2003/2004 haben eine ausländische Staatsangehörigkeit.[15] Die tatsächliche Anzahl der Schülerinnen und Schüler mit Migrationshintergrund, die durch Einbürgerung oder als Spätaussiedler in Besitz der deutschen Staatsangehörigkeit sind, wird in den bundesdeutschen Statistiken nicht erfasst.[16] „Die Verwendung der rechtlichen und statistischen Terminologie und Kategorie ‚Ausländer' ist insofern nicht unproblematisch, da sie ausschließlich auf den staatsbürgerlichen Status einer Person verweist und insofern das Migrationsphänomen auf eine Frage des (derzeitigen) Passes verengt. Herkunft und Staatsangehörigkeit fallen jedoch immer häufiger auseinander."[17] In Baden-Württemberg sind im Schuljahr 2004/2005 7,4 % aller Schülerinnen und Schüler durch ihre ausländische Staatsbürgerschaft statistisch erfasst; Schätzungen ergeben, dass 20 – 25 % aller Kinder und Jugendlichen Migrationshintergrund haben.[18] Migrationsbewegungen haben direkten Einfluß auf die Zusammensetzung der Schülerschaft – man denke an die über einige Jahre stark gestiegenen Zahlen der Aussiedler oder an die Bürgerkriegsflüchtlinge aus dem ehemaligen Jugoslawien in den neunziger Jahren.

Die PISA-Studie lässt einen negativen Einfluss des Migrationshintergrundes auf die Bildungschancen von Kindern und Jugendlichen erkennen. Der schulischen Leistungsorientierung und ihrer seitens der Schülerinnen und Schüler so empfundenen Selektionsfunktion hinsichtlich gesellschaftlicher Chancen durch Bildung[19] halten offenbar gerade Jugendliche mit Migrationshintergrund, selbst in der 2. oder 3. Generation, häufig nicht stand. „Laut PISA haben rund 80 % der Schüler ohne Migrationshintergrund bzw. mit einem Elternteil, der im Ausland geboren ist, mindestens die Kompetenzstufe 2 im Lesen erreicht – rund 55 % sind es bei den 15- Jährigen mit ausschließlichem Migrationshintergrund. (…) Die PISA-Studie zeigt aber auch: 20 % der 15-jährigen Schüler aus Migrantenfamilien, deren Eltern beide außerhalb Deutschlands geboren sind, haben im Lesen

[12] Scheidler 2002, S. 32.

[13] Scheidler 2002, S. 32.

[14] Das zum 1.1.2000 geänderte Staatsangehörigkeitsrecht erleichtert die Einbürgerung mit dem Ziel einer besseren Integration von Zuwanderern; von dieser Möglichkeit haben viele Migrantinnen und Migranten Gebrauch gemacht.

[15] Statistisches Bundesamt.

[16] Wolf 2004, S. 3 - 8.

[17] Stutzer 2005, S. 3 - 8.

[18] Schuch 2003. Zum Vergleich: Der Anteil der Schülerinnen und Schüler mit ausländischem Pass in Baden-Württemberg betrug im Schuljahr 2004/2005 12,4 % : Statistisches Landesamt.

[19] Hurrelmann 1994, S. 109.

1.4

[20] Granato 2003,
S. 474-483. Zu den
Ergebnissen der PISA-
Studie vgl. Baumert 2001.

[21] Joachim Schuch
interpretiert die PISA-
Ergebnisse dagegen
von vornherein deutlicher
im Zusammenhang von
Migrationshintergrund
und Kompetenzerwerb in
der Schule. „Vor allem
Kinder, deren Eltern in die
BRD eingewandert sind,
erreichen relativ häufig
nur eine untere Kompe-
tenzstufe. In der amtlichen
Schulstatistik wird der
‚Migrationshintergrund'
zwar nicht direkt erhoben,
dennoch liefert bereits
die Aufgliederung der
Schülerpopulation nach
ausländischen Staats-
angehörigen, Aussiedlern
und übrigen deutschen
Staatsangehörigen sehr
große Abweichungen hin-
sichtlich der Verteilung
auf die Schularten. Hier
fällt vor allem die negative
Korrelation der Häufigkeit
zwischen Sonderschul-
(vor allem Förderschul-)
Besuch und Gymnasialbe-
such auf. Da diese zwi-
schen den Nationalitäten
sehr stark variieren und
die durchschnittliche
Dauer der Anwesenheit
in Deutschland in etwa
gleich ist, wirft das
die Frage auf, welches
Gewicht der Bildung
im Herkunftsland zuge-
messen wird und
inwieweit sich die soziale
Schichtung innerhalb
der Zuwanderung unter-
scheidet. Dieser Befund
weist auf eine straffe
Koppelung von Migration,
sozialer Lage und
Kompetenzerwerb hin",
Schuch 2003, o. S.

noch nicht einmal die Kompetenzstufe 1 – Lesen und Verstehen eines einfachen Textes – erreicht; knapp 10 % sind es bei deutschen Schülern ohne Migrationshintergrund."[20] Insgesamt hat jeder zehnte Schüler mit 15 Jahren gravierende Probleme mit der deutschen Sprache. Granato weist darauf hin, dass die Bildungschancen in Deutschland nicht nach ethnischen, sondern in erster Linie nach sozialen Gesichtspunkten ungleich verteilt sind.[21] Dennoch fällt auf, dass die Bildungsbeteiligung ausländischer Jugendlicher deutlich in zwei Gruppen zerfällt: In Baden-Württemberg weisen vor allem die türkischen, italienischen, portugiesischen, serbischen und montenegrinischen Kinder und Jugendlichen schlechten schulischen Erfolg auf – dies lässt sich an ihrer Beteiligung an den einzelnen Schulformen ablesen. Griechische, spanische, kroatische und slowenische Schülerinnen und Schüler haben erheblich geringere Differenzen zur Leistung ihrer deutschen Mitschüler.[22] Bis in die 2. und 3. Generation zeigt sich, welch deutlichen Einfluss zum einen die jeweilige Migrantenkultur auf die persönliche Entwicklung des und der Einzelnen nimmt, aber auch die Festlegung derjenigen Nationalitäten, die als ‚Gastarbeiter' nach Deutschland gekommen sind, auf eine bestimmte Bildungsschicht.

2 Migration als besondere Herausforderung an berufsbildenden Schulen

2.1 Migrationshintergrund und berufliche Bildung

Eigentlich bedrückend bezüglich der Bildungs- und Ausbildungschancen scheint Granato die Frage, „warum sich gleiche formale Bildungsabschlüsse so ungleich auswirken"[23], wenn Jugendliche mit Migrationshintergrund versuchen, im deutschen Arbeitsmarkt Fuß zu fassen. Auch wenn sich die schulische Bildung der ausländischen Schülerinnen und Schülern in den vergangenen 20 Jahren insgesamt deutlich verbessert hat, bleibt ein deutlicher Abstand zu den deutschen Jugendlichen bestehen, da sich auch bei diesen die Tendenz zu höheren Schul- und Berufsabschlüssen fortgesetzt hat. Viele ausländische Jugendliche nutzen in der Berufsschule ihre Chance, allgemeinbildende Abschlüsse zu erwerben. Am stärksten ist die Gruppe, die im Berufsvorbereitungsjahr den Hauptschulabschluss erreicht.[24] Den Einstieg ins duale Ausbildungssystem schaffen sie dennoch nur schwer: Die ausländischen Jugendlichen haben nach wie vor deutlich schlechtere Chancen, einen Ausbildungsplatz zu bekommen, als ihre deutschen Mitschülerinnen und Mitschüler. 2001 haben über 80 % der ausländischen Jugendlichen einen Schulabschluss erreicht, doch nur rund 40 % von ihnen erhalten die Chance auf eine Ausbildung gegenüber ca. 66 % der deutschen Jugendlichen mit Schulabschluss. Bei den jungen Migrantinnen stellt sich trotz ihrer deutlich besseren Schulabschlüsse die Ausbildungsquote mit 35 % im dualen System erheblich schlechter dar als bei den Männern.[25] „Jugendliche ausländischer Nationalität sind in der beruflichen Ausbildung weit unter ihrem Bevölkerungsanteil vertreten. Nur 7 % der Auszubildenden im dualen System haben einen ausländischen Pass, was weit unter ihrem Anteil an der Altersgruppe liegt"[26], am schlechtesten ist die Quote bei der Ausbildung im öffentlichen Dienst (3 %). Erschwerend kommt hinzu, dass ausländische Jugendliche in den neuen und zukunftsweisenden Berufen massiv unterrepräsentiert sind und am ehesten einen Ausbildungsplatz in Branchen bekommen, „die aufgrund ihres geringen Verdiensts, der ungünstigen Arbeitszeiten, geringer Übernahmechancen oder höherer Arbeitsplatzrisiken für jugendliche Deutsche wenig attraktiv sind."[27] Mehrere Faktoren treffen zusammen, wenn man nach Gründen für diese offensichtliche Benachteiligung im bundesrepublikanischen Ausbildungssystem sucht:[28]

• mangelnder Schulerfolg von Migrantenkindern lässt sich häufig auf Benachteiligungen durch die Institution Schule zurückführen; dazu kommen sprachliche Schwierigkeiten, die seitens der Bildungsinstitutionen nicht rechtzeitig und aktiv behoben werden.

• Der Mangel an Ausbildungsplätzen trifft jugendliche Migranten besonders hart, da aufgrund der insgesamt niedrigeren Bildungsabschlüsse nur wenigen die Möglichkeit eines Studiums offen steht.

• 40% der Jugendlichen, die 2001 keinen Erfolg bei der Suche nach einer Lehrstelle hatten, haben sich bereits in den vorhergehenden Jahren um einen Ausbildungsplatz bemüht und schauen auf eine regelrechte ‚Karriere des Misserfolgs' zurück. Bei den erfolglosen Jugendlichen mit türkischer Staatsangehörigkeit hat sogar etwa die Hälfte einen mehrjährigen Bewerbungsmarathon hinter sich.

• Vorbehalte seitens der Personalchefs gegenüber Jugendlichen ausländischer Herkunft und die vorauseilende Sorge um ausländerfeindliches Verhalten von Kunden und Mitarbeitern erschweren den jugendlichen Migranten den Einstieg in die berufliche Ausbildung; hinzu kommt, dass sie kaum über familiäre und soziale Netzwerke verfügen, die den Berufseinstieg signifikant erleichtern.[29]

• Die zumindest partiell vorhandenen interkulturellen und bilingualen Kompetenzen der jugendlichen Migrantinnen und Migranten werden seitens der Ausbildungsbetriebe unterbewertet und fließen in Einstellungsverfahren und Tests nicht ein.

Gerade die Klassen, die die Jugendlichen auf den Übergang ins Berufsleben vorbereiten (BVJ, BFS, BGJ...), indem in ihnen ein fehlender allgemeinbildender Schulabschluss nachgeholt, Sprachkenntnisse verbessert und grundlegende berufliche Kenntnisse erworben werden können, haben einen hohen Anteil an Jugendlichen mit Migrantenhinter grund; diese vielfach auch sozial schwierigen

[22] Stutzer 2005, S. 5-6; Kinder aus den anderen EU-Staaten finden sich im deutschen Schulsystem den statistischen Ergebnissen zufolge offenbar sogar noch besser zurecht als die deutschen Kinder und Jugendlichen.

[23] Granato 2003, S. 481.

[24] 31 % der Hauptschulabschlüsse im Schuljahr 2002/2003 in Baden-Württemberg an einer berufsbildenden Schule haben nicht deutsche Jugendliche erworben, vgl. Wolf 2004, S. 6-7. Zu hinterfragen bleibt, warum die Jugendlichen mit Migrationshintergrund es so häufig nicht schaffen, an den allgemeinbildenden Schulen diese Abschlüsse zu erreichen, und einen zweiten Anlauf an der berufsbildenden Schule benötigen.

[25] Granato 2003, S. 475-476. Auch hier ist von Bedeutung: Diese Zahlen gelten nur für die Jugendlichen mit ausländischem Pass, da nur sie eigens statistisch erfasst werden. Wie sich die Situation der Jugendlichen mit Migrationshintergrund insgesamt darstellt, kann nur schwer geschätzt werden.

[26] Granato 2003, S.476.
[27] Losinger 2002, S. 83.
[28] Granato 2003, S. 478-479.

[29] Deutsche Auszubildende verdanken zu 25 % den persönlichen Beziehungen ihrer Eltern den Ausbildungsplatz, dagegen nur 13 % der ausländischen Auszubildenden. Granato 2003, S. 479.

1.4

[30] Die Abbruchquote der Ausbildung ist gerade in den Ausbildungsberufen, zu denen jugendliche Migranten bessere Zugangsmöglichkeiten haben, deutlich höher als in den Ausbildungsberufen, die Jugendlichen mit ausländischer Staatsbürgerschaft zum größten Teil verschlossen bleiben. Ausländische Jugendliche, die eine Ausbildung abbrechen, bekommen aber deutlich seltener eine zweite Chance zu einer erfolgreichen Ausbildung. Granato kommt zum Schluss, dass Integration nur erfolgreich sein kann, wenn sie in der Schule und in den Betrieben gleichermaßen nachhaltig vorangebracht wird. Granato 2003, S. 479-480.

[31] Nähere statistische Erläuterungen bietet Rainer Wolf in: Wolf 2005, S. 15-18.

[32] Statistisches Bundesamt. Der Datenbank können auch die tatsächlichen Schülerzahlen entnommen werden. In den ostdeutschen Bundesländern liegen die Anteile der ausländischen Schüler in allen Schulformen der berufsbildenden Schulen traditionell bei unter 2 %; dies ist auf den geringen Ausländeranteil in der Bevölkerung zurückzuführen.

[33] Affolderbach 2005, S. 74-76.

Klassen sind stärker ethnisch durchmischt als die Klassen, die zu einer Berufsausbildung[30] bzw. zu einem hohen allgemeinbildenden Schulabschluss führen. Das BVJ und vergleichbare Maßnahmen sind vielfach nicht freie Wahl der Schülerinnen und Schüler, sondern entsprechen der Berufsschulpflicht.[31]

Der statistisch erhobene Ausländeranteil im BVJ des Schuljahres 2003/2004 liegt in Baden-Württemberg und Nordrhein-Westfalen bei etwa 30 %, in Bayern und Berlin bei etwa 20 %, in Bremen und Hamburg bei etwa 41 %, in Hessen bei 35,8 %. Nahezu mit Sicherheit kann davon ausgegangen werden, dass auch viele der deutschen Jugendlichen in diesen Klassen Migrationshintergrund haben. Fachgymnasien können nur in Berlin (11,2 %) und Hamburg (18,3 %) relativ hohe Ausländeranteile aufweisen, in Hessen werden immerhin noch 8,5 % erreicht. Nur in Baden-Württemberg und Hessen stellen Jugendliche mit ausländischem Pass über 10 % im Dualen Ausbildungssystem. Viele Bundesländer erreichen eine hohe Beteiligung ausländischer Jugendlicher bei den Berufsfachschulen sowie im Berufsgrundbildungsjahr.[32]

2.2 Religiös plurale Landschaft durch Migration

Die Zuwanderung hatte enormen Einfluss auf die religiöse Landschaft in Deutschland:[33] die römisch-katholische Kirche in Deutschland ist durch die Zuwanderung vor allem aus Italien und Kroatien, Polen und Spanien um etwa 2,7 Millionen Gläubige vor allem in den ‚fremdsprachigen Missionen‘[34] gewachsen. Im Verhältnis dazu stellen die zugewanderten evangelischen Christen eine geringe Zahl dar. Etwa 1,2 Millionen Orthodoxe und altorientalische Christen sind durch Migration in Deutschland angesiedelt. Die in Deutschland ansässigen Christen sind durch diese Zuwanderungsbewegungen zu stärkerer ökumenischer Zusammenarbeit angeregt worden. Das Judentum ist in Deutschland seit Jahrhunderten vertreten; die Gemeinden sind im letzten Jahrzehnt durch die große Anzahl von Einwanderern aus Osteuropa wieder auf über 100.000 Mitglieder gewachsen. Der Islam ist in Deutschland dagegen eine reine Zuwanderungsreligion und unternimmt erst in den vergangenen Jahren Versuche, sich innerhalb der Gesellschaft sichtbar zu etablieren. Schätzungen zufolge leben 1,7 bis 3,3 Millionen Muslime in Deutschland – der Islam kennt keine feste Mitgliedschaft zu Gemeinden, sodass Zahlen nicht zu erheben sind. Nicht zu vergessen sind etwa 28 % der deutschen Bevölkerung ohne Religionszugehörigkeit, mit den höchsten Anteilen in den östlichen Bundesländern. Die Veränderungen der religiösen Landschaft in Deutschland hat direkten Einfluß auf die Zusammensetzung der Schulklassen an allgemein- wie berufsbildenden Schulen.

2.3 Zusammenfassung

Ein großer Druck lastet auf all den Jugendlichen, die der Leistungsorientierung der Schule nicht nachkommen konnten und auf eine wenig erfolgreiche Schullaufbahn zurückblicken. Sie wissen, dass die schulische Auslese ihr zukünftiges Fortkommen negativ beeinflussen wird – dies gilt mit Sicherheit gleichermaßen für die deutschen wie für die Jugendlichen mit Migrationshintergrund. Die Letzteren haben offensichtlich größere Schwierigkeiten, einen höheren allgemeinbildenden Schulabschluss zu erreichen; zudem erfahren jugendliche Migranten und stärker noch Migrantinnen auf dem Ausbildungsmarkt deutliche Benachteiligungen. Viele haben in intensiven und erfolglosen Bewerbungsmarathons frühe Erfahrungen des Scheiterns gemacht, das ihre Hoffnung und das Vertrauen in die eigenen Fähigkeiten, aber auch in eine gerechte Gesellschaft empfindlich stört, ja sogar zerstört.

Jugendliche mit Migrationshintergrund sind – unabhängig von ihrem schulischen Erfolg – durch besondere familiäre Konstellationen zwischen Abbruch und Neubeginn, aber auch durch die damit verbundenen erhöhten Anforderungen an die individuelle Identitätsentwicklung weiterer belastenden Situationen ausgesetzt, die den inneren Druck erhöhen können. Familie wird vielfach als Halt und Stütze, aber auch als Last empfunden; die intergenerationellen Konflikte gehen bei Mitgliedern einer Minderheitskultur oft besonders tief, wenn die junge Generation vehement versucht, zuungunsten der eigenen Familiengeschichte in der Mehrheitskultur Fuß zu fassen. Dennoch hat die Zugehörigkeit zu einer besonderen Gruppe für die individuelle Identitätsbildung eine hohe Bedeutung. Gerade in einer interkulturellen Umgebung kommt dies deutlich zum Vorschein, wird aber gleichzeitig zu einer erhöhten Schwierigkeit für die konsistente Herausbildung einer Ich-Identität. Die eigene Interkulturalität als Chance zu begreifen, fällt vielen Jugendlichen angesichts ihrer Erfahrungen in den verschiedenen Kulturen schwer.

Diese identitätskritischen Schwierigkeiten kommen (sozusagen ergänzend) zu den ohnehin bei allen Jugendlichen vorhandenen identitätskritischen Herausforderungen dazu. Die Phase der Adoleszenz bedeutet Ablösung von der Herkunftsfamilie, erste Liebe, Erfahrungen des Scheiterns und des Neubeginns, Suche nach Vertrauen in sich selbst, erhöhte Mobilität und größere Freiräume. Dies durchleben Jugendliche auf der Suche nach sich selbst, auf der Suche nach einem eigenen Lebensentwurf, auf der Suche nach ihrer Identität.

[34] Einige Diözesen integrieren die fremdsprachigen Missionen derzeit in die deutschsprachigen Gemeinden – die multikulturelle Realität in Deutschland anerkennend mit dem Ziel einer verbesserten Integration, aber auch aufgrund von Sparzwängen.

1.4

3 Interkulturelle Sensibilität

3.1 Ziele interkulturellen Lernens

Das zentrale Ziel interkulturellen Lernens ist die Befähigung zum wertschätzenden Umgang mit kulturellen Differenzen, die in Begegnung oder Konflikt wahrgenommen werden. Das „gegenseitige Verständnis für subjektiv bedeutsame kulturelle Symbole"[35] kann nur aus der grundsätzlichen Bereitschaft und Fähigkeit zum interkulturellen Dialog entstehen. Sich mit normativen Differenzen und unterschiedlichen Weltsichten auseinanderzusetzen und auf diesem Wege aufgedeckte Verständigungsprobleme kommunizieren zu können, macht den Kern einer interkulturellen Kompetenz aus. Aus der Anerkennung des anderen ergibt sich die Handlungsoption zu antirassistischem, politischem Handeln.[36]

3.2 Wenn kulturelle Unterschiede ignoriert werden...

Eine Forschungsgruppe um Georg Auernheimer ist Mitte der neunziger Jahre der Frage nachgegangen, wie sich interkulturelle Erziehung im Schulalltag tatsächlich darstellt.[37] Weitgehend übereinstimmend erfolgte an den untersuchten Schulen eine Marginalisierung der Herkunftskultur und –sprache der Migrantenkinder, die die Lehrer und Lehrerinnen als „für die meisten Migrantenkinder und –jugendliche bedeutungslos oder zumindest als nachrangig"[38] einschätzten – allerdings ohne diese Annahmen zu überprüfen. Im allgemeinen schulischen Bild blieben die Minderheitenkulturen weitgehend unsichtbar. Bei allen Versuchen, die Minderheitenkulturen nicht zu beachten und die Schülerinnen und Schüler gleich zu behandeln, existierte vielfach Befremden der Lehrerinnen und Lehrer über abweichendes Verständnis von Geschlechterrollen, das aber nicht offen thematisiert wurde. Reaktionen über elterliche Verbote, bei Klassenfahrten mitzufahren oder am Sportunterricht teilzunehmen, waren vielfach Resignation, Mitleid für die Kinder und Ärger über die Eltern. Insgesamt fehlten Modelle für den Umgang mit kultureller Differenz. Lehrerinnen und Lehrer scheinen nach den Ergebnissen der Untersuchung selbst unsicher und versuchen, auch offen ersichtliche kulturelle Differenzen nicht anzusprechen und sowohl die persönliche wie auch die Auseinandersetzung innerhalb der Schule gänzlich zu vermeiden – doch damit lernen auch die Schülerinnen und Schüler keine Handlungs- und Dialogmöglichkeiten in Belangen kultureller Differenzen kennen.

3.3 Vom Umgang mit Differenzen

Kießling beschreibt für den Religionsunterricht an berufsbildenden Schulen reli-

---

[35] Auernheimer 1996, S. 80.

[36] Eine ausführliche Ausdifferenzierung dieser Ziele in affektive, kognitive und handlungsorientierte Ziele findet sich bei Scheidler 2002, S. 372-377.

[37] Auernheimer 1996, S. 79-98.

[38] Auernheimer 1996, S. 89.

giöse Lernwege „auf interkulturellen Wegen zum Umgang mit Fremdem"[39]. Er plädiert für den Vorrang des interkulturellen Lernens vor dem interreligiösen Lernen, da das Verhältnis von Religion und Kultur aus wechselseitiger Perspektive betrachtet werden kann. Religion als menschlicher Grundvollzug stellt zwar einen „Ursprung von Kultur" dar, doch gerade in einer religiös und kulturell pluralen Welt kann sie im gesellschaftlichen und sozialen Leben nur als Teilfunktion der Kultur betrachtet werden.[40] Damit erscheint ‚Interkulturalität' als der umfassendere Begriff, der die Berücksichtigung der interreligiösen Perspektive in sich beinhaltet.

Kultur, verstanden als „Netz von Bedeutungen der Welt, das die Menschen selbst entworfen haben, um ihr Verhalten zu steuern, und das sie jeden Tag, in jedem Akt der Interaktion neu erfinden"[41], kann zu einem Netz aus Fallstricken werden, in denen sich eine Person verfangen kann, wenn sie es nicht wahrnimmt und seine Existenz nicht anerkennt. Gerade wenn zwei unterschiedliche Kulturen, zwei Netze der Bedeutung aufeinandertreffen, sind Verwirrungen der Fäden geradezu vorprogrammiert – doch es können sich auch neue, tragfähige Netze bilden aus den sich vermischenden Fäden der Kulturen.

Dreh- und Angelpunkt des interkulturellen Lernens ist der Umgang mit Differenz. Eigenes und Fremdes begegnen einander, wenn sich zwei kulturelle Netze begegnen. Die beiden Netze können durcheinander geraten, wenn die Begegnung nicht bewusst und offen stattfindet. Sie aber gänzlich zu ignorieren und zu marginalisieren wie oben beschrieben, lässt Eigenes wie Fremdes erst recht bedrohlich werden. Wenn einen die Dinge erschrecken, sei es eine gute Idee, sie zu vermessen - dies lernt ein literarischer Alexander von Humboldt von seinem Lehrer,[42] und diese Maxime führt ihn bis in die entlegensten Winkel und Situationen der damals noch vielfach unbekannten Erde. Er verfolgt damit eine Strategie der Aneignung, die dem Fremden das ihm eigene nimmt und es in die Kategorien der eigenen Kultur, in die Fäden des eigenen Netzes einverleibt. Erst wenn beide Seiten eine wahre Begegnung zulassen können, können sich die Netze aneinander und „durch einander"[43] verändern. Ein solcher Prozess „ergibt sich erst aus dem Zusammenspiel von Ich und Du, ist also grundsätzlich unvorhersehbar und ein Wagnis, auf und in welches beide Seiten sich einlassen."[44]

4 Schulpastoral

4.1 Ziele der Schulpastoral

Schulpastoral ist nicht mehr Glaubensvermittlung, sondern Glaubenszeugnis, nicht mehr Glaubenslehre, sondern Glaubensleben.[45] Sie hat sich entwickelt

[39] Kießling 2004, S. 371.

[40] Kießling 2004, S. 371.

[41] Schneider-Harpprecht 2002, S. 51. Er vertritt damit das Kulturverständnis der interpretierenden Anthropologie nach Geertz 1973.

[42] Kehlmann 2005, S. 22 .

[43] Kießling 2004, S. 376.

[44] Kießling 2004, S. 376.

[45] Vgl. den noch nicht abgeschlossenen Versuch einer begrifflichen Klärung bei Bitter 2003, S. 71. Bitter trennt die Begriffe hier tendenziell: ‚Schulpastoral' bedeutet für ihn eher den kirchlichen und damit pastoralen Einsatz an der Schule. ‚Schulseelsorge' steht intentional für das Unternehmen an sich: „die Aufmerksamkeit für die Schüler und Lehrer, für Schulkultur, für das Leben-Können in/mit dieser konkreten Schule".

1.4

von Schülerseelsorge zu einer Schulseelsorge, die sich an alle Personen richtet, die an einer Schule zusammenkommen – Schülerinnen und Schüler, Lehrerinnen und Lehrer, Eltern und Erziehungsberechtigte, Personal. All diese Personen sind Subjekte der Seelsorge: sie alle können und sollen selbst aktiv werden, selbst ihre Interessen vertreten, sich selbst gemäß ihrer Charismen im pastoralen Angebot einbringen. Ziel der Schulpastoral ist, das Schulleben zu humanisieren unter der Perspektive der Frohen Botschaft.[46] Im Sinne einer Pastoral der Begegnung und Begleitung geht es ihr darum, „Leben und Glauben im schulischen Kontext in Verbindung zu bringen und dabei Begegnungsräume und Lernfelder zu schaffen, in denen dies gelebt und erlebt werden kann."[47] Vielfältige Möglichkeiten bestehen, Schulpastoral in Kooperation von Schulen und Gemeinden zu entwickeln; eine besondere Rolle spielen dabei die Religionslehrerinnen und Religionslehrer.

Die deutschen Bischöfe haben in ihrer Erklärung von 1996 schulpastorale Anliegen und ihre Handlungsfelder beschrieben:[48]

- Schulpastoral engagiert sich für eine humane Schule,
- Schulpastoral erschließt „Elemente humanen Lebensvollzugs als Grundmuster des Christlichen",
- Schulpastoral stellt Räume bereit, in denen Schülerinnen und Schüler das Leben- und Glaubenlernen erfahren und erleben können,
- Schulpastoral kooperiert „mit anderen Lern- und Lebensräumen des Glaubens".

In dem noch jungen Feld der Schulseelsorge existieren vielfältige und unterschiedliche Akzente. Am weitesten vorangeschritten ist die Entwicklung von schulseelsorglichen Angeboten an Schulen in kirchlicher Trägerschaft. Vielfach sind die personelle Ausstattung und der Rechtsraum der Schulseelsorge ungeklärt bzw. aus einer jeweilig existierenden Situation heraus entstanden, ebenso ist die Zuordnung zu Gemeinde, Jugendarbeit oder Schule innerhalb der Ordinariate[49] unterschiedlich. Bitter unterscheidet Ansätze von Schulseelsorge, die momentan im Entstehen begriffen sind, vorsichtig in verschiedene Konzeptionen. Er macht im Handlungsfeld mystagogische, caritative, kommunikative, personzentrierte und diakonische Konzeptionen aus, die häufig nicht deutlich voneinander zu trennen sind und gleichzeitig innerhalb der schulseelsorglichen Aktivität einer Schule vertreten sein können.[50] Gerade diese Vielgestaltigkeit soll keineswegs vereinheitlicht werden. Vielmehr bietet sie die Chance, entsprechend der jeweiligen Bedürfnisse und Interessen sowie der vorhandenen Charismen eine eigene Akzentuierung vorzunehmen.

[46] Bader 1998, S. 23-24.

[47] Bader 1998, S. 26.

[48] Die deutschen Bischöfe, Bd. 16, S. 15-17 (die folgenden Zitate von dort).

[49] Thalheimer 2003, S. 78.

[50] Bitter 2003, S. 73-76; die diakonische Konzeption von Schulseelsorge im Sinne einer Unterstützung der Entwicklung der Schulkultur steht vielfältig im Vordergrund der Arbeit an den Schulen. Dan unterscheidet für die Evangelische Kirche Hessen-Nassau vier Arbeitsformen der Schulpastoral, die ihre Methoden und Theorien gleichermaßen aus Religionspädagogik, Seelsorge und Jugendarbeit entwickelt: 1. Begleitungs- und Beratungsgespräche, 2. Bildungs- und Freizeitangebote, 3. Gestaltung von Schule als Lebensraum und 4. Vernetzung mit dem Umfeld, vgl. Dan 2005, S. 239-243.

4.2 Interkulturelle Aspekte der kirchlichen Schreiben

Die bischöfliche Erklärung zur Schulpastoral betont bei den Realisierungs-
möglichkeiten ausdrücklich die Bedeutung interkultureller und integrationsför-
dernder Arbeit für die Schulseelsorge. Sie soll Projekte zu ihrer Angelegenheit
machen, „die Anonymität, Vereinzelung und Ausgrenzung überwinden und auf
den Abbau von Grenzen zwischen Gruppen hinzielen wie z. B. vor dem Hintergrund von Fremdenfeindlichkeit und sozialer Ausgrenzung. Schulpastoral sieht
es als ihre Aufgabe an, solche Erfahrungsräume aus der gemeinsam gelebten
Glaubensüberzeugung heraus zu gestalten."[51] Letztlich sind dies Bausteine auf
dem Weg zur Entwicklung einer „gesprächsfähigen Identität"[52].

Diesen Aussagen schließen sich die Bischöfe in ihrer Erklärung anlässlich der
neuen Herausforderungen, die an den schulischen Religionsunterricht gestellt
werden, an. „Eine der wichtigen und anspruchsvollen Aufgaben der Schule ist
die Integration von Schülerinnen und Schülern unterschiedlicher sozialer, ethni-
scher und kultureller Herkunft. Der Religionsunterricht führt und fördert das
Gespräch und die Verständigung über die Grenzen der eigenen Konfessions-
zugehörigkeit hinaus. Auf diese Weise hat er Anteil an der schulischen Aufgabe,
den Umgang mit Differenzen so zu erlernen und einzuüben, dass der eigene
Standpunkt und der Respekt vor dem anderen zugleich ermöglicht werden."[53]

4.3 Migration als Herausforderung an die Schulseelsorge

Wer sich zwischen verschiedenen kulturellen Netzen bewegt, steht in einem besonderen Spannungsfeld. Wer im Netz festhängt, macht durch Bewegung auf
sich aufmerksam und versucht, den Fesseln zu entkommen. Lauert am Rand
eine Spinne, die auf einen entscheidenden Fehltritt wartet? Wie hilfreich wäre
es, die Stricke zu erkennen, die einen festhalten, um zu lernen, sich allmählich
darin gezielt zu bewegen, bis das Netz den eigenen Anweisungen gehorcht, man
sein eigenes Netz aus den vorhandenen und neuen Fäden spinnen kann! Jugendliche Migrantinnen und Migranten bewegen sich tagtäglich in verschiedenen kulturellen Netzen, die in die tiefsten Ebenen ihrer Persönlichkeit eingewebt
sind. Die Netze prägen ihre Identitätsentwicklung, können das Ich aber auch um-
wickeln, bis ins Unerträgliche anspannen oder zum Zerreißen bringen.

Wenn von außen eines der Netze laufend durch Ignorieren marginalisiert oder
durch Selektion überbetont wird, entsteht ein Ungleichgewicht in der Person,
das es zumeist unbewusst auszubalancieren gilt. Dies kann in externalisieren-
dem (Aggression, Gewalt, Wut) oder internalisierendem Verhalten (Ängste, de-
pressive Verstimmungen) erfolgen.[54] (Nicht nur) Jugendliche brauchen Personen, die ihnen den Rücken stärken bei der Ausbalancierung dieses fragilen

[51] Die deutschen Bischöfe, Bd. 16, S. 21.

[52] Die deutschen Bischöfe, Bd. 56, S. 49.

[53] Die deutschen Bischöfe, Bd. 80, S. 29-30.

[54] Kießling 2004, S. 427 und weiterhin Klaus Kießlings Beitrag im vorliegenden Band.

1.4

Mobilés, Personen, die ihnen helfen, die Netze zu lockern und notfalls Wege aus ihnen heraus zu finden. (Nicht nur) Jugendliche brauchen geschützte Räume, in denen sie ihre eigenen kulturellen Netze, aber auch die Netze der anderen ins Bewusstsein holen, wahrnehmen und anerkennen können. Solche Räume können schulpastorale Angebote bieten. Vielfach muss zunächst eine Scheu vor dem Hinschauen überwunden werden, dafür benötigen (nicht nur) die Jugendlichen Beistand. Das Wissen um die eigenen kulturellen Netze allein ermöglicht noch keinen positiven Umgang damit, es scheint ungewohnt, die eigenen und fremden Spielräume zu erkunden. Schulseelsorge kann dabei unterstützen, die eigene Sprachlosigkeit in Kommunikation zu verwandeln, gegenseitige Interesselosigkeit in Respekt und Achtung voreinander zu verwandeln. Bevor die eigenen Netze nicht bewusst sind, ist es schwer, sich mit anderen Netzen auseinanderzusetzen – und doch sind es interkulturelle und interreligiöse Dialogsituationen, in denen die Fäden am deutlichsten aufschimmern. In ihnen ist wichtig, die Auskunftsfähigkeit über das Eigene zu wahren, zu stärken und zu kultivieren; im Dialog ist jeder und jede Beteiligte als Person da und verdient es, wahr- und ernstgenommen zu werden.

Jugendliche an berufsbildenden Schulen bedürfen der Begleitung und Stärkung in identitätskritischen Lebenslagen, gerade wenn sie vielfältige Erfahrungen des Scheiterns machen im fehlenden schulischen Erfolg, in zermürbenden Bewerbungsmarathons, in Auseinandersetzungen mit Familie und der umgebenden Kultur. „Schülerinnen und Schüler brauchen Anlaufpersonen, in den Worten eines atheistisch gesinnten Metallers: **Sonst könnte man, wenn man keine Anlaufperson hat, wenn der Religionslehrer schon keine Anlaufperson ist, finde ich, könnte man den Religionsunterricht ganz abschaffen!**"[55] Jugendliche bedürfen der Erfahrung, dass sie so, wie sie sind, ernstgenommen und angenommen werden. Schulseelsorge ermöglicht unbeachtet ihrer konzeptionellen Ausrichtung Räume, in denen sie diese Erfahrung machen können, und leistet damit ihren Beitrag zur Mitgestaltung einer humanen Schule. Sie zeigt Möglichkeiten, interkulturell sensibel zu agieren und interkulturelle Sensibilität in einer Gruppe herzustellen.

Schulseelsorge bietet keine metakommunikative Ebene an, sondern Handlungsorientierung: Sie stellt einen Ort der Wirklichkeit in der Schule dar, an dem Beziehungen und Handlungen entstehen, an dem Angstfreiheit in neuen sozialen Freiräumen erlebt werden kann. Schulseelsorge ermöglicht eine Wirklichkeit der Begegnung ohne Bewertung und ist dabei immer auch ein Ort, der Wirklichkeit reflektiert.

[55] Kießling 2004, S. 159.

4.4 Interkulturell sensible Schulseelsorge

Schulseelsorge arbeitet mit der jeweiligen personalen Gemeinde einer Schule, eventuell auch schulübergreifend. Sie gestaltet Angebote mit und für diese Gruppe, deren Zusammensetzung allein durch die Schulzugehörigkeit entschieden wird. Das bedeutet, dass Schulseelsorge keine konfessionelle, religiöse oder weltanschauliche Vorentscheidung treffen darf hinsichtlich ihres Adressatenkreises. Ihr christliches und konfessionelles Profil braucht sie dabei nicht verstecken, aber es gilt: „Wenn Seelsorge als christliche Hilfe verstanden wird, dann bedeutet dies, dass auf Seiten des oder der Helfenden ein vom christlichen Glauben geprägtes Selbstverständnis vorausgesetzt wird, das seine Motivation zur Hilfe, seine Einstellung zum anderen und seiner oder ihrer Situation, aber auch die Form der Hilfe bestimmt. Die Zumutung der Orientierung am Christentum gilt in der Seelsorge zuallererst denen, die Seelsorge üben, und erst in zweiter Linie denen, die Seelsorge erfahren."[56] Interkulturelle Sensibilität ist eine Querschnittsaufgabe der verschiedenen Ansätze von Schulpastoral, seien es mystagogisch oder caritativ orientierte, kommunikative, personzentrierte oder diakonische Konzepte: Sie alle bedürfen dieser Sensibilität, wenn sie die Personalgemeinde der berufsbildenden Schule ernst nehmen möchten. Nicht der Glaube oder Unglaube der Adressaten entscheidet über die Relevanz und Qualität schulpastoraler Angebote. „Wichtig sind vielmehr die Einstellung, die Absicht und der mit dem kulturell geprägten christlichen Selbstverständnis übereinstimmende Umgang mit Methoden seelsorglicher Hilfe aufseiten des Seelsorgers oder der Seelsorgerin. (...) Auf dieser Grundlage können Seelsorgerinnen und Seelsorger helfende Beziehungen zu Menschen aufbauen, deren kulturelle Orientierung anders ist, auch zu solchen, die sich nicht als Christen verstehen, sofern diese eine solche Beziehung wünschen oder akzeptieren."[57] Kulturelle Sensibilität bezeichnet im eingeführten Sprachspiel die Fähigkeit, das kulturelle Netz einer Person, der eigenen wie der fremden, wahrzunehmen, seine Bedeutung für die Entstehung und Lösung von Schwierigkeiten und Problemen zu erkennen und Möglichkeiten zu eröffnen, das kulturelle Netz konstruktiv in die Neugestaltung der Situation einzuweben.[58] Besondere Bedeutung hat dabei das Bewusstsein der Seelsorgerin, des Seelsorgers um das eigene kulturelle Netz, wenn er oder sie in interkulturellen Kontakt tritt. Seelsorge und Beratung in interkulturellem Kontext können gelingen, „wenn sie sich auf die kulturelle Diversität der postmodernen Gesellschaften einlassen, die kulturelle Bedingtheit des Verhaltens von Klienten, Seelsorgern und Beratern bewußt wahrnehmen und mit ihr im Seelsorge- und Beratungsprozess aktiv arbeiten."[59] Interkulturelle Sensibilität dient in diesem Sinne der „Entwicklung einer starken Gestalt von Toleranz, die nicht aus der Vergleichgültigung von Wahrheitsansprüchen resultiert, son-

[56] Schneider-Harpprecht 2002, S. 50.

[57] Schneider-Harpprecht 2002, S. 50.

[58] Schneider-Harpprecht 2001, S. 23-24.

[59] Schneider-Harpprecht 2001, S. 26.

1.4

dern den anderen mit seinen Überzeugungen ernst nimmt. Gesprächsfähigkeit und Toleranz sind unverzichtbare Voraussetzungen für das Zusammenleben und die Verständigung mit Menschen unterschiedlicher religiöser oder säkularer Überzeugungen und Lebensstile."[60] Die Sensibilisierung der Schulseelsorgerinnen und Schulseelsorger für interkulturelle Fragestellungen stellt damit einen wichtigen Schritt dar auf dem Weg zu einer kulturell sensiblen Schulseelsorge. Für eine solche gelten die beiden Grundprinzipien der interkulturellen Pädagogik: Anerkennung und Gleichheit.[61] Anerkennung bedeutet Respekt vor und Anerkennung der Identitätsrelevanz kultureller Inhalte und Formen des und der anderen. Das Gegenteil (Missachtung, Abwertung) verletzt die Identität des Anderen. Die Gleichheit aller Menschen ist im Grundgesetz festgeschrieben: „Niemand darf wegen seines Geschlechtes, seiner Abstammung, seiner Rasse, seiner Sprache, seiner Heimat und Herkunft, seines Glaubens, seiner religiösen oder politischen Anschauungen benachteiligt oder bevorzugt werden. Niemand darf wegen seiner Behinderung benachteiligt werden." [62]

[60] Die deutschen Bischöfe, Bd. 80, S. 30.

[61] Auernheimer 2004, S. 1.

[62] Grundgesetz 2003, Art. 3,3.

5 Ein Fazit

Bewusst stelle ich keinen Forderungskatalog an die interkulturelle Qualität der Arbeit auf, dem Schulseelsorge an berufsbildenden Schulen zu entsprechen hat; bewusst entwickle ich keinen Maßstab zu einer diesbezüglichen Qualitätsüberprüfung. Derartige Unternehmungen entsprächen nicht dem derzeitigen Stand der Diskussion auf dem vielfältigen und kaum zu überblickenden Feld der schulseelsorglichen Aktivitäten, darüber hinaus ist grundsätzlich zu hinterfragen, ob ein derartiges Vokabular in diesem Feld überhaupt am Platze ist. Sehr wohl möchte ich eine Lanze brechen für die Notwendigkeit interkultureller Sensibilität in der Schulseelsorge – nicht mehr, aber auch nicht weniger. Eine solche Sensibilität kann zunächst nur in den Einstellungen der beteiligten Personen entstehen und prägt deren Haltung und deren Herangehensweise an die je gewählten schulseelsorglichen Konzeptionen. Gerade an berufsbildenden Schulen ist es von besonderer Bedeutung, dass Schulseelsorger und Schulseelsorgerinnen sich der interkulturellen Herausforderungen bewusst sind, die innerhalb der Personalgemeinde Schule aktiv sind. Ohne die persönliche Sensibilität für interkulturelle Aspekte zu trainieren, können sie auf diese Herausforderungen nicht reagieren. Langfristig kann die persönliche Sensibilität Einzelner auf die humane Gestaltung der Schulkultur einwirken. Vielleicht am schwersten fällt es den durch Migration betroffenen Jugendlichen selbst, Interkulturalität nicht als Last, sondern als Chance zu begreifen. Auch für sie geht es darum, das Eigene und das Fremde wahr- und ernstzunehmen, sich selbst und andere für interkulturelle

Bedingungen und Bedingtheiten zu sensibilisieren und diese zur Sprache zu bringen. Erst auf einer solchen gesprächsfähigen Basis können sich ein echter gegenseitiger Respekt und eine ernsthafte Toleranz entwickeln.

Schulpastoral muss Befähigung zum interkulturellen Dialog nicht zum erklärten
Ziel haben. Ein solches würde die Möglichkeiten der Schulpastoral wahrscheinlich überfordern; die Ziele, an denen sie ihre Arbeit misst, sind anderer Art. Wohl
aber muss sie sich der besonderen Herausforderungen interkultureller und interreligiöser Perspektiven an berufsbildenden Schulen bewusst sein und ein ‚ge-
rechtes' Angebot für alle Beteiligten ermöglichen. Allein die Migrationserfahrungen ermöglichen eine breite Auswahl an Themen und Projekten, die für alle
Schülerinnen und Schüler einer Schule interessant und lebenswichtig sein und
beispielsweise biblisch fundiert werden können. Schulpastoral muss für eine
Offenheit der verschiedenen pastoralen Angebote für alle Mitglieder der Personalgemeinde sorgen. Diese soll durchaus eine ‚konfessionell geprägte' Offenheit darstellen, im Bewusstsein um die eigene Position als Seelsorgerin und
Seelsorger. Der christliche Glaube ermöglicht den Hintergrund, auf dem und
Schulseelsorger so agieren können, dass einzelne Personen mit dem, woher sie
kommen und was sie individuell prägt, mit ihren Überzeugungen und ihrer Religion Raum haben dürfen und darin anerkannt und akzeptiert werden.[63]

Anerkennung und Gleichheit in interkulturellen Fragestellungen in der Arbeit der
Schulpastoral zu verwirklichen mag wie ein Tropfen auf dem heißen Stein wirken
angesichts der Ungleichheit der Bildungschancen für Jugendliche mit Migrationshintergrund und angesichts der gesellschaftlich fehlenden Anerkennung
der verschiedenen kulturellen Identitäten, in denen sie sich ständig bewegen.
Natürlich sind Lehrkräfte „gerade in der Schulseelsorge stark mit ihren Grenzen
konfrontiert, denn auch sie können **nicht heilen, was familiär oder sonst gesellschaftlich versaut worden ist.**"[64] Doch es liegt eine große Bedeutung darin, wenn
dieser Tropfen auf dem heißen Stein zu einem echten Anliegen gerade der
Schulpastoral wird.

[63] Die Konsequenzen für die konkrete Gestaltung von Gottesdiensten, Gesprächsangeboten, Themenschwerpunkten für Seminare und Tage der Orientierung, Gestaltung von Ritualen in Krisen und an Höhepunkten würden den Rahmen dieses Beitrags sprengen und müssen an anderer Stelle entwickelt und diskutiert werden.

[64] Kießling 2004, S. 159.

Literatur

AFFOLDERBACH, MARTIN: Migration, Religion und Bildung – national und international, in: SCHREINER, PETER / SIEG, URSULA / ELSENBAST, VOLKER (Hrsg.): Handbuch Interreligiöses Lernen, Gütersloh 2005. (Zitiert als: Affolderbach 2005)

AUERNHEIMER, GEORG / V. BLUMENTHAL, VICTOR / STÜBIG, HEINZ / WILLMANN, BODO: Interkulturelle Erziehung im Schulalltag, in: AUERNHEIMER, GEORG / GSTETTNER, PETER (Red.): Pädagogik in multikulturellen Gesellschaften (Jahrbuch für Pädagogik; 1996), Frankfurt a. M. u. a. 1996. (Zitiert als: Auernheimer 1996)

Im Netz der Kulturen –
Notwendigkeit interkultureller Sensibilität für Schulseelsorge an berufsbildenden Schulen

1.4

AUERNHEIMER, GEORG: Gleichheit und Anerkennung als Leitmotive interkultureller Pädagogik.
Vortrag auf der Kongress- und Studienwoche des Instituts für Lehrer/innenbildung der Universität und des
Kantons Bern (11. – 13. Okt. 2004), http://www.uni-koeln.de/ew-fak/paedagogik/interkulturelle/
publikationen/bern.html (4. Januar 2006). (Zitiert als: Auernheimer 2004)

BADER, GÜNTHER: „Salz der Schule ...?" Schulseelsorge als Pastoral der Begegnung, in:
Österreichisches Religionspädagogisches Forum, 8(1998). (Zitiert als: Bader 1998)

BAUMERT, JÜRGEN u.a. (Hrsg.): PISA 2000. Basiskompetenzen von Schülerinnen und Schülern
im internationalen Vergleich, Opladen 2001. (Zitiert als: Baumert 2001)

BITTER, GOTTFRIED: Schulseelsorge: Unterschiedliche Konzeptionen, in: Lebendige Seelsorge 54 (2003).
(Zitiert als: Bitter 2003)

DAN, HARMJAN: Schulseelsorge an berufsbildenden Schulen: Wie Priester-Arbeiter und Brückenbauer, in:
Gesellschaft für Religionspädagogik und Deutscher Katechetenverein (Hrsg.): Neues Handbuch
Religionsunterricht an berufsbildenden Schulen, Neukirchen-Vluyn 2005. (Zitiert als: Dan 2005)

DIE DEUTSCHEN BISCHÖFE, SEKRETARIAT DER DEUTSCHEN BISCHOFSKONFERENZ (Hrsg.):
Schulpastoral – der Dienst der Kirche an den Menschen im Handlungsfeld Schule
(Die deutschen Bischöfe, Bd. 16), Bonn 1996. (Zitiert als: Die deutschen Bischöfe, Bd. 16)

DIE DEUTSCHEN BISCHÖFE, SEKRETARIAT DER DEUTSCHEN BISCHOFSKONFERENZ (Hrsg.):
Die bildende Kraft des Religionsunterrichts. Zur Konfessionalität des katholischen Religionsunterrichts
(Die deutschen Bischöfe, Bd. 56), Bonn 1996. (Zitiert als: Die deutschen Bischöfe, Bd. 56)

DIE DEUTSCHEN BISCHÖFE, SEKRETARIAT DER DEUTSCHEN BISCHOFSKONFERENZ (Hrsg.):
Der Religionsunterricht vor neuen Herausforderungen (Die deutschen Bischöfe, Bd. 80), Bonn 2005.
(Zitiert als: Die deutschen Bischöfe, Bd. 80)

GEERTZ, CLIFFORD: The interpretation of cultures, New York 1973. (Zitiert als: Geertz 1973)

GESELLSCHAFT FÜR RELIGIONSPÄDAGOGIK UND DEUTSCHER KATECHETENVEREIN (Hrsg.):
NEUES HANDBUCH RELIGIONSUNTERRICHT AN BERUFSBILDENDEN SCHULEN, Neukirchen-Vluyn 2005.
(Zitiert als: Neues Handbuch Religionsunterricht 2005)

GRANATO, MONA: Jugendliche mit Migrationshintergrund in der beruflichen Bildung, in:
WSI Mitteilungen 8 (2003). (Zitiert als: Granato 2003)

GRUNDGESETZ DER BUNDESREPUBLIK DEUTSCHLAND: München 38 2003, Art. 3,3.
(Zitiert als: Grundgesetz 2003)

HONDRICH, KARL OTTO: Die Nicht-Hintergehbarkeit von Wir-Gefühlen, in: HEITMEYER, WILHELM / DOLLASE,
RAINER (Hrsg.): Die bedrängte Toleranz. Ethisch-kulturelle Konflikte religiöser Differenzen und die Gefahren
politisierter Gewalt, Frankfurt a. M. 1996. (Zitiert als: Hondrich 1996)
HURRELMANN, KLAUS: Lebensphase Jugend. Eine Einführung in die sozialwissenschaftliche
Jugendforschung, Weinheim u. a. 1994. (Zitiert als: Hurrelmann 1994)

KEHLMANN, DANIEL: Die Vermessung der Welt, Reinbek bei Hamburg 2005. (Zitiert als: Kehlmann 2005)

KIEßLING, KLAUS: Zur eigenen Stimme finden. Religiöses Lernen an berufsbildenden Schulen
(Zeitzeichen; Bd. 16), Ostfildern 2004. (Zitiert als: Kießling 2004)

LOSINGER, ANTON: Benachteiligung und berufliche Bildung aus sozialethischer Sicht, in:
Religionsunterricht an berufsbildenden Schulen (rabs) 34 (2002) Heft 3. (Zitiert als: Losinger 2002)

PELLEGRINI,SILVIA: Hermeneutik des interreligiösen / interkulturellen Dialogs: Anregungen aus dem NT, in: BONGARDT, MICHAEL / KAMPLING, RAINER / WÖRNER, MARKUS (Hrsg.): Verstehen an der Grenze. Beiträge zur Hermeneutik interkultureller und interreligiöser Kommunikation (Jerusalemer Theologisches Forum; Bd. 4), Münster 2003. (Zitiert als: Pellegrini 2003)

SAJAK, CLAUß PETER: Interreligiöses Lernen im konfessionellen Religionsunterricht?, in: Religionspädagogische Beiträge 48 (2002). (Zitiert als: Sajak 2002)

SCHEIDLER, MONIKA: Interkulturelles Lernen in der Gemeinde. Analysen und Orientierungen zur Katechese unter Bedingungen kultureller Differenz (Zeitzeichen; Bd. 11), Ostfildern 2002. (Zitiert als: Scheidler 2002)

SCHENKER, ADRIAN: Migration im Alten Testament – Bedeutung für die Gegenwart, in: Lebendige Seelsorge 52, (2001). (Zitiert als: Schenker 2001)

SCHNEIDER-HARPPRECHT, CHRISTOPH: Interkulturelle Seelsorge (Arbeiten zur Pastoraltheologie; Bd. 40), Göttingen 2001. (Zitiert als: Schneider-Harpprecht 2001)

SCHNEIDER-HARPPRECHT, CHRISTOPH: Was ist interkulturelle Seelsorge? Eine praktisch-theologische Annäherung, in: FEDERSCHMIDT, KARL / HAUSCHILDT, EBERHARD u. a. (Hrsg.): Handbuch interkulturelle Seelsorge, Neukirchen-Vluyn 2002. (Zitiert als: Schneider-Harpprecht 2002)

SCHUCH, JOACHIM: Jugendliche mit Migrationshintergrund – eine (interkulturelle) Herausforderung der Erziehungshilfe. Gekürzte Version eines Beitrags zur Jugendamtsleitertagung in Baden-Württemberg vom 13./14. März 2003 in Herrenberg-Gültstein, http://www.sgbviii.de/S133.html (15. Dezember 2005). (Zitiert als: Schuch 2003)

STATISTISCHES BUNDESAMT: Datenbank Genesis-online – statistisches Informationssystem des statistischen Bundesamts Deutschland: https://www-genesis.destatis.de/genesis/online/logon. (Zitiert als: Statistisches Bundesamt)

STATISTISCHES LANDESAMT BADEN-WÜRTTEMBERG: www.statistik-bw.de/Indikatoren/02_002asp? BildungKultur. (Zitiert als: Statistisches Landesamt)

STUTZER, ERICH: Bildungsintegration von Migranten, in: Statistisches Monatsheft Baden-Württemberg 5 (2005) Heft 9. (Zitiert als: Stutzer 2005)

TEMME, KLAUS: Wechselnde Gelegenheiten und tägliches Risiko bei der Begegnung mit Schülerinnen und Schülern ‚ausländischer' Herkunft, in: FEDERSCHMIDT, KARL / HAUSCHILDT, EBERHARD u. a. (Hrsg.): Handbuch interkulturelle Seelsorge, Neukirchen-Vluyn 2002. (Zitiert als: Temme 2002)

THALHEIMER, BEATE: Schulpastoral: Blick zurück – Blick nach vorne, in: Lebendige Seelsorge 54 (2003). (Zitiert als: Thalheimer 2003)

WOLF, RAINER: Der Erfolg ausländischer Schüler an beruflichen Schulen, Statistisches Monatsheft Baden-Württemberg 4 (2004) Heft 8. (Zitiert als: Wolf 2004)

WOLF, RAINER: Berufsvorbereitende Bildungsgänge – Chancenverbesserung an der Schwelle von der Schule zur Berufsausbildung?, in: Statistisches Monatsheft Baden-Württemberg 5 (2005) Heft 4. (Zitiert als: Wolf 2005)

Klaus Kießling
Sich und anderen Gewalt antun – Aggression und Autoaggression unter Schülerinnen und Schülern

Der gegenwärtige Stand empirischer Forschung unter Jugendlichen mit Verhaltensauffälligkeiten erlaubt eine Unterscheidung zweier großer Gruppen. Die eine Gruppe zeigt **externalisierende** Verhaltensweisen, also solche, die nach außen hin auffallen und sich gegen die Umwelt richten, etwa Aggressivität, Wutanfälle, Gewaltausbrüche gegen Menschen und Sachen. Diese Verhaltensweisen fallen aufgrund ihrer Heftigkeit, Lautstärke und Bedrohlichkeit besonders schnell und unangenehm auf. Die andere Gruppe hingegen zeigt **internalisierende** Verhaltensweisen. Zu ihr gehören Menschen, die von Ängsten, massiven Hemmungen, depressiven Verstimmungen oder psychosomatischen Beschwerden geplagt sind. Sie beeinträchtigen und gefährden weniger das Leben ihrer Mitmenschen, sondern vorrangig ihre eigene Existenz. Daher lassen sich die Leidenssituationen der zweiten Gruppe weniger gut als auffällig bezeichnen als diejenigen der ersten Gruppe. Geringere Auffälligkeit bedeutet für die Betroffenen jedoch nicht geringere Belastung.

Ich nehme zu zwei Themen Stellung, an denen Religionslehrerinnen und Religionslehrern sehr liegt, die sich auch als Seelsorgerinnen und Seelsorger verstehen. Zunächst gehe ich auf gravierendes externalisierend aggressives Verhalten ein, hernach auf internalisierend selbstverletzendes Verhalten unter einer wachsenden Zahl von Schülerinnen und Schülern.

I. Mit Gewalt ins Abseits geraten – Aggressives Verhalten unter Schülerinnen und Schülern

Wird man böse geboren? So titelt ein Boulevardblatt in dicken Lettern auf seiner ersten Seite. **Der 16-fache Mörder von Erfurt,** dessen jugendliches Konterfei im linken Bild-Teil zu sehen ist, hatte am 26. April 2002 ehemalige Mitschülerinnen und Mitschüler sowie Lehrkräfte in den Tod gerissen, bevor er Suizid beging. Der rechte Bild-Teil zeigt ihn als Kind und wirft Fragen auf: **War damals das Böse schon in ihm?** Gibt es **Killer-Gene?** Ihre Träger sollten dann weggesperrt und rund um die Uhr bewacht werden.

Diese Logik der Journaille ist brandgefährlich, denn sie entlässt ihre Leserinnen und Leser aus der Mitverantwortung, und böse sind immer die anderen. Eine solche Absolution vermag ich nicht zu erteilen, vielmehr drängen sich mir Fragen auf:
• Was ist passiert, wenn Jugendliche mit Gewalt ins Abseits geraten?
• Was soll passieren, wenn sie bereits ins Abseits geraten sind?
• Und was muss passieren, damit sie erst gar nicht ins Abseits geraten?

Mit meiner Schelte will ich den Spieß nicht einfach umdrehen, etwa so: Böse sind immer die anderen, vorzugsweise die Medien, Gedrucktes wie Gesendetes! Denn das Böse kommt gewiss nicht auf einer Einbahnstraße daher, vom Bildschirm direkt ins Wohnzimmer. Das Publikum hegt vielmehr seinerseits unfriedliche Sehnsüchte, wartet aufs Böse. Wie sonst lässt sich der Erfolg von „Big Brother" erklären, wenn nicht damit, daß Zuschauerinnen und Zuschauer allabendlich aufs Neue mit dem Ausbruch von Gewalt rechneten, welcher allerdings nur äußerst maßvoll erfolgte? Die Insassen des künstlichen Käfigs, in den das Publikum per Knopfdruck Einblick nehmen konnte, hielten mit geringfügigen Dosen von Hass und Gewalt Hoffnungen auf das große Böse wach. Warten aufs Böse und gegebenenfalls Schadenfreude im bequemen Fernsehsessel sind nicht nur medial erzeugte Effekte, sondern menschliche Neigungen, auf die das Medium bauen kann. In ihrem Selbstwertgefühl wacklige Jugendliche etwa „stehen" auf Horrorfilme, in denen sich der einzelne Held, mit dem sie sich identifizieren, im Kampf bewähren muss. Ein solcher TV-Trip dient als psychische Prothese, die manche Jugendliche zu ihrer eigenen Stabilisierung brauchen. Das Risiko von Jugendgewalt erhöht sich drastisch,
• wenn Jugendliche familiäre Gewalt und gravierende soziale Benachteiligung erleiden, aufgrund unzureichender Bildung und schlechter Arbeitsmarktlage keine andere Chance sehen, existentielle Ängste abzubauen, als eben durch Flucht in eine Medienwelt;
• wenn Jugendliche schon vor der Rezeption medial inszenierter Gewalt in ihren aggressiven Neigungen Verstärkung erhalten haben, etwa durch „schlagkräftige" persönliche Vorbilder, zerstörerische Aggressionen also bereits zu ihrem Handlungsinventar gehören;
• wenn die Missachtung der Menschenwürde von Opfern das Empfinden von Verantwortung und Schuld unterläuft – durch Rationalisierung von Verbrechen, wenn Betroffenen übel nachgeredet wird in dem Sinne, dass sie die ihnen angetane Gewalt durch ihr eigenes Verhalten provoziert hätten, etwa bei sexueller Gewalt, oder durch Dehumanisierung von Opfern, wenn diese als „Pack, das es nicht anders verdient hat", oder mit Tiernamen („Schweine") degradiert werden.

Sich und anderen Gewalt antun –
Aggression und Autoaggression unter Schülerinnen und Schülern

1.5

Die von Erwachsenen vieler Generationen kolportierte These, mit den Jugendlichen werde es immer schlimmer, teile ich nicht, denn dann müssten wir Erwachsenen heute wahre Monster sein. Aber ich teile eine ernste Besorgnis, die
vielfältige Gründe kennt:
- Polizeilich registrierte Gewaltkriminalität nimmt unter Heranwachsenden
  deutlich zu.
- Das „Einstiegsalter" sinkt ab – mit einem „Schlag"-Wort: Kinderkriminalität.
- Zu wachsender Quantität gesellt sich eine neue Qualität, wenn der Anlass
  zu Gewalt immer geringfügiger, ihre Ausübung aber härter und unberechen-
  barer wird.

In der Auseinandersetzung mit dem barmherzigen Vater äußert sich eine Schülerin im Religionsunterricht: **Ich kann das alles nicht glauben, weil ich nicht so
einen Vater gehabt habe!** Jugendliche geraten durch Gewalt ins Abseits – durch
die ihnen angetane ebenso wie durch die selbst verübte: Es besteht ein enger
Zusammenhang zwischen Gewalt, die Kinder erlitten haben, und Gewalttaten,
die sie als ehemalige Opfer im Jugendalter selbst verüben. Die Erniedrigung anderer Menschen erweist sich als Spiegelbild langjährig angestauter eigener
Demütigungen. Dabei werden Jungen eher zu Tätern als Mädchen, die oft in
Opferrollen verharren. Jungen legen sich an der Schwelle zur Welt der Erwachsenen Männlichkeitspanzer an. Sie sind mit sich selbst so wenig in Kontakt,
dass offenbar allein der aggressive Übergriff auf andere ihnen Sicherheit und
Selbst-Stand verleiht: **Gewalt ist geil.**
Hinter dieser Maske verbergen sich schutzbedürftige Emotionen. Jugendliche
erleiden seelische Abstürze, wenn ihnen aufgeht, dass ihr eigenes aggressives
Verhalten mit einer schweren Verletzung zu tun hat. Sie achten unbewußt darauf,
dass andere Gefühle als die, die zur Aggression gehören, nicht auftauchen. Jede
kleinste – auch freundliche – Ansprache kann zu immensen Wutausbrüchen führen, denn gerade sie wirkt bedrohlich, weil Betroffene so in Kontakt mit ihrem
tiefen Schmerz kommen – und die Maske fällt.
Was soll passieren, wenn Jugendliche ins Abseits geraten sind? In dem Maße,
in dem Jugendliche erfahren, dass das **Erleben** und **Durchleben** mörderischer
Gefühle und böser Gedanken gerade nicht zum Ausleben dieser Gefühle und Gedanken führt, wird die im Hass gebundene Lebendigkeit neu verfügbar. Familien
und Schulen sind damit überfordert, professionelle Hilfe tut not: Familienbera-
tung, schulpsychologische Dienste, Jugendpsychotherapie, psychiatrische
Ambulanzen. Und für entwurzelte Jugendliche, die auf diesen Wegen nicht
weiterkommen, bleiben erlebnispädagogische Maßnahmen: intensive Einzelbe-
treuung mit dem Ziel, in reiz-armer Umgebung (etwa auf einem finnischen
Bauernhof) zu lernen,

- für elementare Lebensvollzüge Sorge zu tragen;
- sich der eigenen Person und herausfordernden Aufgaben zu stellen (Landwirtschaft, Fischfang, Bauarbeiten);
- in Rollenspielen mit Aggression umzugehen: **Ich sitz in der Kneipe, geh kurz für kleine Jungs, komm wieder und denk', ich spinn': Hockt da so ein Dahergelaufener auf meinem Platz. Zieh' ich dem eins über die Rübe oder was?;**
- schulische und berufliche Perspektiven zu entwickeln.

Dem Aufschrei der Entrüstung über solche personalintensiven Projekte in Zeiten der Finanznot halte ich entgegen, dass alternativ dazu nur der Strafvollzug bleibt. Erspartes wird dann allerdings gleich mehrfach ausgegeben, weil eine Unterbringung im Gefängnis Kosten verursacht, die in ihrer Höhe mit denen eines erstklassigen Hotels gleichziehen. Dabei ist der Knast nach wie vor die beste Bildungsstätte für kriminellen Nachwuchs: Die Rückfallquote nach vollstreckten und abgebüßten Jugendstrafen bei 14- bis 18jährigen liegt bei über 90%.

Und was muss passieren, damit Jugendliche erst gar nicht ins Abseits geraten? Vorbeugend kommt Schulen ein sozialer Auftrag zu, auch dem Religionsunterricht. Er ist – im O-Ton eines Schülers am Berufskolleg – **eigentlich mehr eine Gesprächsrunde …, eigentlich das einzigste – hört sich vielleicht doof an – soziale Fach … . Deswegen denk' ich, auch um das Gefühl zwischen den Schülern zu verbessern, ist das wichtig.**
An Schulen institutionalisierte Streitschlichtung fördert das Klima, wenn Jugendliche soziale Kompetenzen erwerben und in Konfliktsituationen für Waffenstillstand und Abkommen widerstreitender Parteien sorgen.
Familien und Schulen wirken präventiv,
- wenn sie Gewalt nicht zum Tabuthema verkommen lassen, Gewalt in Medien und im eigenen Erleben reflektieren und die Auseinandersetzung damit nicht auf den fühllosen Satz beschränken: **Uns haben die Schläge früher auch nicht geschadet**, obwohl sie ein Schlag ins Gesicht waren;
- wenn Erwachsene – als Eltern und als Lehrkräfte – Heranwachsenden gegenüber Fehler eingestehen, sie um Entschuldigung bitten und Ich-Botschaften kommunizieren (**Ich brauche Ruhe** statt **Du bist eine Plage**);
- wenn sie Halt geben und Einhalt gebieten: Heranwachsende brauchen Grenzen und klare Regeln, nur so wachsen ihnen Wurzeln **und** Flügel.

Es bleiben gesellschaftliche Aufgaben, denen wir uns als Erwachsene, als Eltern, als Lehrerinnen und Lehrer, als Kirche zu stellen haben – anstatt nur die Täter zu stellen (das auch!) und Jugendliche, die ins Abseits geraten, als die geborenen Bösen zu brandmarken.

1.5

II. Sich ins eigene Fleisch schneiden –
Selbstverletzendes Verhalten unter Schülerinnen und Schülern

Wer blindwütig einem kleinen Vorteil nachjagt und dabei übersieht, welche
großen Nachteile sich zugleich einstellen, schneidet sich ins eigene Fleisch –
selbstverständlich entgegen der eigenen Absicht. Selbstverständlich?
Insbesondere seit Beginn der 90er Jahre wächst die Zahl Jugendlicher, die
sich mit Rasierklingen, Messern, Scheren, Nadeln, Scherben, Feuerzeugen und
Zigaretten selbst verletzen. Sie ritzen die Haut ihrer Unterarme oder auch ihrer
Oberschenkel auf, bis Blut austritt und eine Wunde klafft. Entstehende Narben
ritzen sie neu auf, so daß aus Wundmalen mitunter schwere Entzündungen
und Hautkrankheiten hervorgehen. Selbstverletzendes Verhalten zeigen schät-
zungsweise 2% der 15 – 30jährigen, darunter mehrheitlich junge Frauen, denn
männliche Jugendliche schädigen noch immer eher andere als sich selbst.
Selbstverletzendes Verhalten wird „hoffähig", seit Prinzessin Diana sich als Betroffene outete, bleibt für Außenstehende aber bestürzend und alles andere als
(selbst-) verständlich. Fragen tun sich auf:
• In welchen Lebenszusammenhängen schneiden sich Jugendliche buchstäblich
  ins eigene Fleisch?
• Wie gehen ihre Eltern damit um, wie Lehrerinnen und Lehrer?
• Auf welche therapeutischen Angebote können sie angesichts solcher
  Autoaggressivität setzen?

Leider verweisen solche Verhaltensweisen meist (nicht aber zwingend) auf andere „einschneidende", ja traumatische Erfahrungen Jugendlicher. „Trauma" heißt
übersetzt „Verletzung" oder „Wunde". Es lässt sich umschreiben als eine norma-
le Reaktion auf unnormale Ereignisse, die dann einsetzt, wenn Strategien zur
Stressbewältigung, die Menschen schon mitbringen, nicht mehr greifen. Trau-
matisch wirken insbesondere seelische, körperliche und sexuelle Gewalt, oft
auch Vernachlässigung, Mangel an Zuwendung oder Übergriffe durch zu große
Nähe (etwa wenn Kinder als Partnerersatz herhalten müssen oder als der bessere Partner, die bessere Partnerin missverstanden werden). Daraus erwachsen
massive seelische Belastungen und schwer erträgliche Spannungszustände,
die einer Sucht vergleichbar ein Ventil brauchen, um Druck ablassen zu können:
Eine Selbstverletzung wird zum Ausdruck einer seelischen Verletzung an einem
Körper, den zuvor schon andere misshandelt haben.
Ich schieb' eine Sauwut auf meinen Freund, aber davon, also von der Wut darf der
nix wissen, nie im Leben, weil sonst lässt der mich sitzen, und ich will ihn auf
keinen Fall verlieren. Die Wut sucht sich andere Wege und richtet sich gegen die
eigene Person, es kommt zu Autoaggression, die aber keine Selbsttötungsab-

sicht offenlegen muss, sondern oft als Suizidprophylaxe wirkt, als Notbremse, als Selbstvergewisserung, **dass ich nicht tot bin. Ich spür' meine Haut gar nicht richtig, und die Schnitte tun gar nicht weh, und dann fühl' ich das Blut ..., spür', dass es warm wird, und dann weiß ich, daß ich lebendig bin. Blut tut gut ..., dann kommt erst der Schmerz, aber auch gar nicht schlimm, es ist gut, sich wieder zu spüren.** Selbstverletzendes Verhalten wird zur einzigen Möglichkeit, für die eigene Person Sorge zu tragen, und wirkt scheinbar wie Medizin: wie ein Antipsychotikum und Antidepressivum, wenn mir im Grauen meines Alleinseins die mir bisher vertraute Wirklichkeit plötzlich unwirklich vorkommt, ich meiner eigenen Wahrnehmung misstraue, die Grenzen meines Körpers sich aufzulösen drohen und ich durch Ritzen den Kontakt zu mir wiederherstelle: **Dann erst spür' ich den Schmerz und krieg' das Gefühl, ich bin wieder in mir drin.** Selbstverletzendes Verhalten wirkt also auch wie ein Antidissoziativum: Dissoziation steht für die Fähigkeit, den eigenen Körper zu verlassen, neben sich zu treten, außer sich zu geraten oder sich an einen Ort in sich zurückzuziehen, wohin Scham und Pein nicht reichen; die Dissoziation eines Traumas zieht die bedrohliche Erfahrung aus dem Bewußtsein ab, das Trauma wird zu einem im Seelischen abgekapselten Abszess, **damit ich den großen Schmerz nicht spüre.** Wenn ich in Schul- und Arbeitszusammenhängen versage oder auch nur meinem Perfektionsanspruch nicht genüge, dient selbstverletzendes Verhalten der Selbstbestrafung und damit der Selbstkontrolle: **Bevor sonst wer mich fertig macht, tu' ich's lieber selber.** Betroffene wollen unabhängig, auf keinen Menschen (mehr) angewiesen sein: **Ich brauche niemanden.** Zugleich schreien sie in süchtiger Bedürftigkeit um Hilfe.

Diese Doppelbotschaft drückt ihre Ver-zwei-flung aus und lässt auch andere ver-zwei-feln, zuerst ihre Eltern, die in Hilflosigkeit geraten angesichts der Entdeckung, **dass mein Kind, ausgerechnet mein Kind den eigenen Körper mißhandelt, sich geschnitten hat** – meist in vielfältigen Beziehungen –, dann aber auch ihre Lehrerinnen und Lehrer. Darum:
• Setzen Sie eine Jugendliche, die selbstverletzendes Verhalten zeigt, nicht weiteren Vorwürfen und weiterem Druck aus – über die Vorwürfe hinaus, die sie längst gegen sich selbst richtet, und zusätzlich zu dem Überdruck, der sie ohnehin schon aus der Haut fahren lässt. Sätze wie „**Wenn Du jetzt nicht redest, können wir Dir auch nicht helfen**" haben noch kein Schweigen gebrochen.
• Erklären Sie sie nicht für verrückt – zumal ihr selbst schon der Boden unter den Füßen weg-rückt und auch wir Erwachsenen auf ganz eigene Weise selbstverletzendes Verhalten zeigen: durch Rauchen und Trinken im Übermaß, durch Raubbau an den Ressourcen unserer Schöpfung, der wir zugehören, vielleicht gar in religiösen Traditionen der Selbstgeißelung, etwa der Flagellanten im Italien des 13. Jahrhunderts.

• Versuchen Sie Ihr Entsetzen nicht zu verheimlichen, stehen Sie zu Ihren Grenzen, artikulieren Sie Ihre Hilflosigkeit, machen Sie Ihrer Schülerin nichts vor – solche Versuche werden ihrer Aufmerksamkeit ohnehin nicht entgehen!
• Nehmen Sie sie ernst, zeigen Sie ihr Ihre Sorge, Ihre Hilfsbereitschaft!
• Falls Ihnen die Situation zu dicht ist und die Jugendliche zugleich dicht macht, schreiben Sie ihr einige Zeilen, einen kurzen Brief: Fragen Sie Ihre Schülerin, Ihren Schüler danach, wie Sie als Lehrerin, als Lehrer dazu beitragen können, dass Ursachen angegangen und Probleme weniger selbstschädigend verarbeitet werden können. Denn groß ist der Wunsch unter Jugendlichen, gesehen, anerkannt, verstanden zu werden, gerade von Erwachsenen, gerade von Lehrerinnen und Lehrern, wenn Eltern ihre Kinder nicht sehen, nicht anerkennen, nicht verstehen.
• Tauschen Sie sich mit Ihren Kolleginnen und Kollegen aus: Wie gehen Sie gemeinsam mit Betroffenen um?
• Sprechen Sie mit den Eltern, damit selbstverletzendes Verhalten nicht weiter tabuisiert bleibt – und Eltern von anderen Betroffenen und ihren Angehörigen erfahren können!
• Nehmen Sie Kontakt zu Erziehungsberatungsstellen, vielleicht auch zu Selbsthilfegruppen auf. Es ist keine Schande, jugendpsychotherapeutische Angebote in Anspruch zu nehmen – es ist allenfalls eine Schande, diese auszuschlagen, auch wenn Betroffene ihren Lehrerinnen und Lehrern sowie ihren Eltern vermitteln: **Du glaubst doch wohl nicht, dass mir jemand helfen kann.**

Professionelle Unterstützung erfolgt zunächst oft stationär, auch mit Medikamenten, die aber eine Psychotherapie nicht ersetzen können, später ambulant, und zwar mit dem Ziel, dass Jugendliche lernen, Konflikte nicht gegen den Körper, sondern mit anderen auszutragen.
Haben Sie etwas gegen sich? Mit dieser Frage drückt ein Therapeut aus, dass er selbstverletzendes Verhalten nicht gutheißt, es in seinen Zusammenhängen aber zu verstehen sucht. Erste Fortschritte sind schon erreicht, wenn das Ritzen hinausgezögert und durch Harmloseres ersetzt werden kann, wenn Jugendliche nicht mehr zur Rasierklinge greifen, sondern Eiswürfel auf die Haut pressen.
Zunächst zielt Therapie auf Stabilisierung, auf Sensibilisierung für den eigenen (weiblichen) Körper, für die Wahrnehmung seiner Grenzen, für das Umschreiben von **Gefühlen, die ich im Leib hab'**. So lassen sich diffuse Spannungszustände in abgrenzbare Empfindungen überführen, selbstverletzendes Handeln in Sprechen. Anleitungen zur Entspannung bieten Brücken zu Imaginationsübungen: **Lassen Sie ein Bild aufsteigen, eine Erinnerung an einen Ort, an dem Sie sich ganz wohl und geborgen fühlen ..., geben Sie diesem Ort eine Begrenzung, die Sie so wählen, dass nur Sie bestimmen können, welche Lebewesen an diesem Ort**

sein sollen, sein dürfen ..., prüfen Sie, ob das, was Sie wahrnehmen (sehen, hören, riechen), Ihnen angenehm ist. Wenn nein, verändern Sie das Bild. Wählen Sie eine mit diesem Ort verbundene Geste aus, die Sie vollziehen wollen, um diesen Ort zu verlassen und von neuem aufzusuchen. Diese Übung, die professioneller Anleitung bedarf, soll ein Gegengewicht zu Schreckensbildern schaffen, von denen traumatisierte Menschen sich verfolgt fühlen. Die so genannte Tresorübung versucht diese zu bändigen, also alles Belastende erst einmal wegzupacken, um zu vermeiden, dass sich Traumatisches einfach wiederholt, und um es, wenn die Kräfte dazu reichen, mit eigenen Händen wiederzuholen – als Bilder, als Film, der zunächst für eine Weile im imaginierten Tresor liegt.

Erst wenn sichere Rahmenbedingungen mit einem vertrauensvollen Gegenüber geschaffen sind, erst zu einem Zeitpunkt, der dem seelischen Tempo Betroffener (und nicht dem Eifer der Begleiterinnen und Begleiter!) entspricht, erst dann können sie ihre Konflikte angehen, dem Trauma neu begegnen – in oft schmerzhaften Prozessen, die aber Grund zur Hoffnung sind –, Verlorenes betrauern, das Kind, das sie einmal waren, trösten und neue Orientierung finden.

Der Weg mag ein langer werden – und ist doch der einzige, der in die Zukunft führt, auch wenn erste Therapieerfolge ihrerseits zum Problem werden – für Jugendliche, die dadurch familiendynamisch in Loyalitätskonflikte geraten, weil es ihnen gar nicht gut gehen darf, jedenfalls nicht besser als einem immer schon leidenden Elternteil ... .

Fortschritte im Umgang mit selbstverletzendem Verhalten wirken oft zwiespältig: Die Entwicklung von selbstschädigendem hin zu Suchtverhalten lässt sich so verstehen, dass Menschen gelernt haben, „Hilfe" anzunehmen, die von außen kommt; sie markiert aber auch eine ganz eigene Gefahr. Wenn die bisher scheinbar so pflegeleichten lieben Mädchen ihre Aggressionen nach außen richten, dient dieses Verhalten ihrem Selbstschutz; es bewirkt aber vielleicht soziale Probleme. Mögliche Unfälle lassen sich als Fehlleistungen auslegen, psychosomatische und andere Erkrankungen als Verdrängung aggressiver Impulse; sie widerfahren aber auch Menschen, die nicht zu Selbstbeschädigungen neigen.

Die Prognose hängt offenbar weniger von der Schwere der Selbstbeschädigungen ab, sondern mehr von gesundheitsförderlichen Ressourcen, die junge Frauen und Männer sich bewahren oder neu erschließen konnten – trotz allem. Und dazu gehören auch die Erwachsenen, Eltern sowie Lehrerinnen und Lehrer, die daran glauben, dass aus dem, was aus Jugendlichen gemacht wurde, noch etwas zu machen ist, und darauf hoffen, dass es ein Leben vor dem Tod gibt für die, die **sich ins eigene Fleisch schneiden.**

Klaus Kießling

Sich und anderen Gewalt antun –
Aggression und Autoaggression unter Schülerinnen und Schülern

1.5

Literatur zu I:

ADAMS, GUNTER / GROß, RAINER: Erziehung als Konfrontation mit sich selbst.
Eine Alternative zur geschlossenen Heimerziehung, Würzburg: Evangelische Kinder- und Jugendhilfe, 1998.

ERTL, JOSEF: Alakiiski – Die letzte Chance? „Erleben – Arbeiten und Lernen" – Ein erlebnispädagogisches
Projekt zur Integration entwurzelter junger Menschen, in: Die neue Sonderschule 44 (1999), S. 49 - 57.

KIEßLING, KLAUS: Verhaltensauffällige Kinder und Jugendliche – Pädagogische Einrichtungen und Hilfen
in Geschichte und Gegenwart sowie zukunftsträchtige Projektarbeit kirchlicher Jugendhilfe, in:
Eckhard Lade (Hrsg.), Christliches ABC heute und morgen. Handbuch für Lebensfragen und kirchliche
Erwachsenenbildung (Stichwort Jugend), Bad Homburg 2000, S. 345 - 359.

MYSCHKER, NORBERT: Verhaltensstörungen bei Kindern und Jugendlichen.
Erscheinungsformen – Ursachen – Hilfreiche Maßnahmen, Stuttgart, [2] 1996.

Schulte-Markwort, Michael J.: Gewalt ist geil. Mit aggressiven Kindern und Jugendlichen umgehen,
Stuttgart 1994.

Literatur zu II:

FISCHER, GOTTFRIED / RIEDESSER, PETER: Lehrbuch der Psychotraumatologie, München – Basel, 1998.

HÜTHER, GERALD: Biologie der Angst. Wie aus Streß Gefühle werden, Göttingen[6] 2004.

REDDEMANN, LUISE: Imagination als heilende Kraft. Zur Behandlung von Traumafolgen
mit ressourcenorientierten Verfahren, in: Leben lernen, Bd. 141, Stuttgart [10] 2001.

SACHSSE, ULRICH: Selbstverletzendes Verhalten. Psychodynamik – Psychotherapie.
Das Trauma, die Dissoziation und ihre Behandlung, Göttingen [6] 2002.

SCHMEIßER, SYBILLE: Selbstverletzung. Symptome, Ursachen, Behandlung, in: Bewegung und
Kommunikation, Bd. 2, Münster 2000.

Joachim Schmidt
„Ach, ich bin nicht die einzige…" – Intervision an berufsbildenden Schulen

„Der Schüler in der Mitte – der Lehrer an der Wand": so charakterisierten einmal Lehrerinnen und Lehrer bei einer Fortbildung ihre Situation an in ihrer – pädagogisch sehr hochwertig arbeitenden – Schule. Und so oder so ähnlich beschreiben viele Lehrerinnen und Lehrer ihre Gemütslage angesichts der vielfältigen Erwartungen, die von Seiten der Behörden, der Schulleitungen, der Betriebe, der Eltern und nicht zuletzt durch das eigene Anspruchsdenken an sie herangetragen werden. Hilfen zum Leben, auch zum „Über-Leben" sind gefragt in diesem heiklen, hochdifferenzierten und sensiblen Arbeitsfeld Berufsschule.

Der folgende Artikel befasst sich mit **einem** möglichen Werkzeug für das „Überlebenspaket Schule". Das Konzept der Intervision oder kollegialen Beratung hält seit vielen Jahren im Bereich sozialpädagogischen und beraterischen Handelns wichtige Hilfen für die Auseinandersetzung mit beruflichen Problemfällen, persönlichen Fragestellungen und für das fallbezogene Lernen bereit. Viele Gruppen von Lehrerinnen und Lehrern haben sich ebenfalls aufgemacht, ihre Arbeitspraxis mit Hilfe solcher Gruppen zu durchleuchten und zu verbessern. Insgesamt werden die Erfahrungen in solchen Gruppen in aller Regel positiv und als deutliche Hilfe für die eigene Person und für die alltägliche Praxis bewertet. Im Folgenden soll der Ansatz in seiner Genese und Bedeutung noch einmal aufgegriffen und abgegrenzt werden (Kapitel 1). Es werden in einem weiteren Schritt Interviews aus einer empirischen Studie mit Lehrkräften danach befragt, was die „Betroffenen" im Hinblick auf Supervision/Intervision erwarten und erhoffen (Kapitel 2). Schließlich wird das Modell im Hinblick auf den Prozessverlauf (Kapitel 3) konkret beleuchtet. Es wird gefragt, welche Rolle ein Anleiter von Intervisionsgruppen hat (Kapitel 4). Schließlich wird die Frage erhoben, wie eine Ausbildung für Personen aussehen könnte, die solche Intervisionsgruppen in der ersten Phase anleiten (Kapitel 5). Schließlich wird die Frage nach der Bedeutung des Intervisionsansatzes für eine moderne Schulentwicklung gestellt (Kapitel 6).

1. Supervision – Kollegiale Beratung – Intervision: Geschichte und Begriffsklärung.

a. Supervision

Blickt man in der allgemeinen Begriffsverwirrung einmal auf den historischen Ursprung, so weist für das im Blick befindliche Konzept das Modell der „Supervision" die längste Historie auf: Supervision stammt aus der amerikanischen Sozialarbeit und bezeichnete dort zunächst die Aufsicht über die Almosenverteilung durch sog. „paid agents". Die Betonung lag hierbei also auf der **„Wächterfunktion"** von Supervisoren.[1] Hinzu kam im Laufe der Zeit die Funktion der **Anleitung und Weiterbildung** derjenigen, die in der sozialen Arbeit Funktionen innehatten. Ein dritter Aspekt kam schließlich im Zuge der immer stärkeren psychologischen Ausrichtung beraterischer Arbeit in den Blick[2]: das Instrument der „Kontrollanalyse" wurde beispielsweise im Berliner Psychoanalytischen Institut um 1920 eingeführt und verstärkte die Bedeutung von Supervision auch im **Ausbildungs**zusammenhang.[3]

In der Nachkriegszeit – über die Geschichte der sozialen Arbeit im Deutschland des Faschismus liegen kaum Erkenntnisse vor - wurde in Deutschland das amerikanische Modell der Sozialarbeit weitgehend übernommen. Das inzwischen sehr professionalisierte System der Supervision wurde aber weitgehend durch „kollegiale Beratung" ersetzt, in der ein erfahrener Berufsprofi den Berufsnovizen anleitete.

Besonders seit den 60' er Jahren und mit zunehmender Rezeption der gruppendynamischen Forschungen von Lewin und anderen wurde die Methode der Gruppensupervision in der Sozialpädagogik vor allem in Aus- und Fortbildung zu einem festen Bestandteil. Wieder beeinflussen psychologische Erkenntnisse und „Schulen" das Feld der Supervision in ihrer Gestaltung und Methodik. Verschiedene psychotherapeutische Richtungen gestalten eigene Formen von „Beratung in der Gruppe" oder „Beratung vor der Gruppe"[4]. Bekannt sind auch die „Encounter"-Gruppen von C. Rogers, auf dessen personzentriertes Konzept wir in der Frage der Realisierung von Lehrer-Gruppen noch näher zu sprechen kommen werden. Auch C. Rogers betont die Bedeutung des Lernaspektes in der Gruppe – ein Aspekt, der über das fachliche Lernen auch die Persönlichkeitsentwicklung beinhaltet: **„When I have been able to transform a group into a community of learners, then the excitement has been almost beyond belief. To free curiosity; to permit individuals to go charging off in new directions dictated by their own interests; to unleash the sense of inquiry; to open everything to questioning and exploration; [...] Out of such a context arise true students, real learners, creati-**

[1] Vgl. hierzu: Schwendenwein 2006.

[2] Bspw. durch den Freud-Schüler O. Rank. Vgl. hierzu: Schneider 1996, S. 130.

[3] Vgl. Belardi 1992, S. 37.

[4] So z.B. F. Perls, der Begründer der Gestalttherapie, der es als wesentlichen Bereich der Ausbildung verstand, Beratungen vor der Gruppe durchzuführen.

1.6

[5] Kirschenbaum 2002, S. 304.

ve scientists and scholars, and practitioners, the kind of individuals who can live in a delicate but ever-changing balance between what is presently known and the flowing, moving, altering problems and facts of the future."[5]

Durch die neue Aufgabe, Teams in Unternehmen zu supervidieren, schaffte die Supervision den Sprung aus dem psychosozialen Bereich hinein in die freie Wirtschaft. In diesem Zusammenhang wurde auch die Frage nach den notwendigen Kompetenzen des Supervisors neu gestellt: neben die Prozesskompetenz rückte die Frage der Feldkompetenz für Supervision in bestimmten beruflichen Arbeitsfeldern (IT-Branche, Vertriebsabteilungen) in den Mittelpunkt der Überlegungen.[6] In jüngerer Zeit wird der Zusammenhang von Supervision und Organisationsentwicklung immer stärker thematisiert. Dies entspricht einem Trend, Bildungsprozesse in Unternehmen, Entwicklungsprozesse von Mitarbeitenden und Strukturentwicklungen von Unternehmen immer mehr zusammen zu denken und unter eine gemeinsame Leitperspektive und Unternehmensstrategie zu stellen.

[6] Vgl. hierzu Schwendenwein 2006.

Reflektiert man die Geschichte der Supervision näher, so lassen sich aus dem Gesagten folgende Elemente einer Definition erheben [7]:
• Supervision ist ein Instrument für Beratung und Weiterbildung;
• Supervision braucht in der Regel eine psychologische Fundierung in einem anerkannten Beratungsverfahren;
• Supervision ist ein Verfahren, das in vielen Zusammenhängen Berücksichtigung findet;
• Supervisoren brauchen in der Regel für professionelle berufliche Kontexte sowohl Prozess- als auch Feldkompetenz;
• Neben der individuellen und gruppenbezogenen Entwicklung muss in der Supervision auch die Entwicklung der Organisation in den Blick genommen werden.

[7] Vgl. die Definition von Belardi 1997, S. 154f: „Supervision ist ein multidisziplinäres Beratungs- und Weiterbildungsverfahren für eine Vielzahl flexibel handhabbaren Settings und beruflicher Felder. Sie setzt psychologisches, gruppen- und organisationsbezogenes Handlungswissen und Feldkompetenz voraus. In ethischer Hinsicht steht sie im Feld der humanistischen Pädagogik/Psychologie."

b. Kollegiale Beratung
Der Begriff der „Beratung" wird heute in sehr breitem Verwendungszusammenhang benutzt: Die Vielzahl von möglichen Beratungen: Rechtsberatung, Eheberatung und Unternehmensberatung, Berufsberatung, Erziehungsberatung etc. legen nahe, dass der Begriff damit auch in relativ undifferenzierter Weise benutzt wird. „Beratung" meint zum einen ein Sich-Beraten, meint „eine Angelegenheit diskutieren, aber nicht beschließen".[8] Die andere Bedeutungsdimension ergibt sich dadurch, dass jemandem durch einen Rat bei einer Entscheidung geholfen wird. Sehr viele klassische Beratungsdefinitionen gehen von einem starken Gefälle zwischen Beratendem und Drahtsuchendem aus. Dem gegenüber betonen neuere Beratungsansätze die Wichtigkeit einer Beratungsbeziehung, in der nicht das Gefälle zwischen Wissendem und Nicht-Wissendem im

[8] Encarta 1998.

Vordergrund steht, sondern die hilfreiche Beziehung zwischen beiden. In verschiedenen Konzeptionen von Beratung wird die Bedeutung von „Zweckorientierung" und „Personorientierung" unterschiedlich gewichtet.

K. Sander nennt zusammenfassend zwei Ansatzpunkte als zentral in jeder Form der Beratung, ganz unabhängig von der theoretischen Verankerung und dem dahinter stehenden Menschenbild: „**Das Problem, wie der Klient es wahrnimmt mit seinen subjektiven Bedeutungsaspekten. Die Mittel und Ressourcen, die ihm bei der Lösung zur Verfügung stehen. Diese beiden Parameter, Problem in einem bestimmten Problemfeld, Ressourcen und Bewältigungsmittel, unterscheiden den Prozess der Beratung ganz eindeutig von dem Prozess der Psychotherapie. Für letzteren ist weniger das von Außen drängende Problem und die Bewältigung dieses Problems wichtig, sondern mehr die Veränderung der Person.**"[9]

[9] Sander 1999, S. 30.

Grundlegend für alle Beratungszusammenhänge ist somit, dass es sich dabei immer um einen sozialen Interaktionsprozess zwischen einem Ratsuchenden und einem Berater mit einem in der Regel einigermaßen klar umrissenen Thema handelt. Der Prozess der Lösungsfindung sollte dabei nicht beliebig sein, sondern einem durchdachten Hintergrund und Setting folgen. Beim Beratungsprozess geht es um eine zielgerichtete Veränderungsbemühung. Entscheidungsfindungen sollen ermöglicht werden, wofür die Freiwilligkeit der Teilnahme eine zentral hilfreiche Voraussetzung ist.[10]

[10] Vgl. Schlee 2004, S. 20.

Trotz der Schwierigkeiten, sich auf eine umfassende Definition einzulassen, soll im Folgenden der Versuch einer Beschreibung von W. Mutzeck als eine von verschiedenen möglichen Definitionen von Beratung angeführt werden:

„**Das Beratungsgespräch kann definiert werden als eine besondere zwischenmenschliche Interaktionsform, die im Gegensatz zum Alltagsgespräch planvoll, fachkundig und methodisch geschult durchgeführt wird und die auf einer beidseitigen Verbindlichkeit, Verantwortung und auf einem arbeitsfördernden Vertrauensverhältnis beruht. Damit geht Beratung über eine bloße Informationsvermittlung oder eine (fremdbestimmte) Erziehung hinaus. Ein solches Verständnis von Beratung setzt idealtypisch folgende Prinzipien voraus: Motivation des Ratsuchenden zur Beratung (Freiwilligkeit und Bereitschaft zur Mitarbeit), dessen Wahl- und Entscheidungsfreiheit, die Methoden und Gestaltungskompetenz des Beraters und die Kooperationsbereitschaft von Berater und Ratsuchendem**".[11]

[11] Mutzeck 2002, S. 14.

Inhaltlich lassen sich damit einige Übereinstimmung von Beratung – auch von kollegialer Beratung in einer Gruppe von LehrerInnen – und Supervision feststellen. Dennoch unterscheiden sich beide Formen vor allem durch das unterschied-

1.6

liche Setting: Kollegiale Beratung **„wird (...) nicht von professionellen oder hauptamtlichen Supervisorinnen angeleitet und verantwortet, sondern kann von Personen durchgeführt werden, die weder über besondere Supervisionserfahrungen
noch über eine spezielle Supervisionsausbildung verfügen. Was sie vereint, ist
allein der Wille, sich gegenseitig bei der Bewältigung ihrer beruflichen Schwierigkeiten helfen und unterstützen zu wollen.“**[12]

In vielen Definitionsansätzen wird auch versucht, Supervision und kollegiale
Beratung dadurch zu unterscheiden, dass bei der Supervision die Person im
Mittelpunkt stehe, bei der kollegialen Praxisberatung dagegen die Berufsrolle.
Die Unterscheidung erscheint aber künstlich, lässt sich doch – gerade im Lehrer-
beruf – beides kaum voneinander trennen: eine gute Reflexion von Krisen, Konflikten, Störungen ohne eine Einbeziehung der eigenen Person wird (fast) immer
zu kurz greifen. Hingegen ist auch in der Supervision eine tiefgreifende Persön-
lichkeitsveränderung, wie sie bspw. in der Therapie möglich ist, nicht leistbar und
nicht angezielt. Es erscheint an dieser Stelle daher zielführender, beide Formen
tatsächlich anhand des äußeren Settings zu differenzieren.

c. Intervision
Das „jüngste Kind“ der drei angeführten Formen beruflicher Praxisreflexion in
Gruppen ist sicherlich die „Intervision“. Auch hier wird die Unterscheidung zu
Supervision und kollegialer Beratung im Wesentlichen auf „äußere Faktoren“
zurückgeführt. Die Intervision steht als Konzept dann zwischen der kollegialen
Beratung und der Supervision insofern es in Intervisionsgruppen einen Anleiten-
den gibt, dieser aber – im Gegensatz zum Supervisor – möglichst rasch an seiner
eigenen Ersetzbarkeit arbeitet. Die Entwicklung der Selbststeuerungsfähigkeit
der Gruppe ist also ein wesentliches Lernziel, das zur Bearbeitung der einzelnen
Problemfälle noch hinzutritt.[13]

Die bislang einschlägigste Veröffentlichung zum Thema Intervision stammt von
dem Niederländer J. Hendriksen. In den Niederlanden ist die Intervision **„ein weit
verbreitetes Verfahren zur berufsbegleitenden Fortbildung und Qualifizierung von
LehrerInnen, SozialarbeiterInnen, PsychologInnen und anderen Personen in
helfenden oder ausbildenden Berufen.“**[14] Seine Konzeption der Intervision stellt
vor allem das lösungsorientierte Vorgehen in den Mittelpunkt – therapienahe
Settings versucht er möglichst weitgehend auszuschließen. Diese Vorgehens-
weise lässt ihn auch zu dem Schluss kommen, dass die Anleiter von Intervisionsgruppen keine mehrjährige Ausbildung brauchen wie sie bspw. für die
Supervision notwendig ist, sondern dass Berufserfahrung und Moderations-
kenntnisse ausreichend sind.

[12] Schlee 2004, S. 22.

[13] Vgl. Hendriksen 2000, S. 40: „Auf zwei Dinge kommt es bei der Beglei- tung von Intervision besonders an: Zunächst geht es darum, dass die Gruppenmitglieder möglichst selbstständig arbeiten. Und als weitere Voraussetzung ist eine möglichst große Zurückhaltung des Intervisors notwendig. Er muss an seiner eigenen Entbehrlichkeit arbeiten. Nach einigen Treffen ist eine Gruppe oft in der Lage, selbstständig weiter- zuarbeiten.“

[14] Hendriksen 2000, S. 9.

Dies erscheint uns aus unserer Erfahrung heraus zu wenig zu sein. Insofern die Bearbeitung von Konfliktsituationen oder das Erleben des eigenen Ungenügens angesichts von Schwierigkeiten in der Klasse immer mit der eigenen Person und nicht nur mit der Rolle der Lehrkraft verbunden sind, dürfte eine Grundbildung im psychodynamischen Feld auch für die Anleitung einer Intervisionsgruppe unbedingt notwendig sein. Es ist Hendriksen aber zuzustimmen, dass durch eine klare inhaltliche Abgrenzung und eine engere thematische Strukturierung als in der Supervision die Intervision mit einem weniger therapieorientierten Backgrund arbeiten kann.[15]

[15] Eine Ausbildung in einem anerkannten Verfahren von ca. 200 Stunden erscheint uns als unbedingt erforderlich. Eine solche Ausbildung muss neben fachlichem Wissen auch Elemente der Selbsterfahrung sowie die Supervision eigener Beratungsgespräche beinhalten.

In einem beschreibenden Definitionsversuch charakterisiert J. Hendriksen seinen Intervisionsansatz wie folgt: Intervision ist danach
- „gegenseitige Beratung bei beruflichen Problemen
- in einer aus Gleichrangigen bestehenden Lerngruppe [mit einem Anleiter],
- die innerhalb einer gemeinsam festgelegten Struktur
- zielgerichtet
- in einem autonomen, erfahrungsorientierten Lernprozess
- Lösungen zu finden sucht."[16]

[16] Hendriksen 2000, S. 62.

Die Rolle des Beraters ist dabei:
- „er unterstützt den Lernprozess;
- bestärkt die Eigenverantwortlichkeit der Teilnehmer;
- überwacht Struktur, Fortschritte und Zielsetzungen;
- verhält sich zurückhaltend." [17]

[17] Hendriksen 2000, S. 62.

Wenn wir im Folgenden den Ansatz der Intervision in der Schule sowohl gegenüber einer „klassischen" Supervision als auch gegenüber der kollegialen Fallbesprechung präferieren, dann resultiert dies aus folgenden Erfahrungen und Gründen:

- Klassische Supervision ist zu teuer, um auf Dauer und in breiterem Umfang von Schulen angeboten werden zu können. Die oft angeführte Argumentation, Schulen müssten sich diese Arbeitsform leisten, weil sie langfristig positive Effekte bringe, ist zwar ohne Zweifel richtig – der Druck auf die Schulen erscheint aber dermaßen hoch, dass auch die Richtigkeit der Argumente nicht zum Handeln führen wird. Dasselbe gilt für die Argumentation, Lehrer sollten doch die Supervision selbst bezahlen. Auch dies ist richtig, dürfte aber ebenfalls dazu führen, dass berufsbegleitende Gruppen nicht in der gewünschten Breite und von den gewünschten Personenkreisen in Anspruch genommen werden.

1.6

• Kollegiale Fallberatung ohne Anleitung dagegen setzt auf die Fähigkeiten der Gruppe, Lösungsansätze für konkrete Probleme zu finden. Diese sehr kostengünstige und leicht zu realisierende Arbeitsform führt aber stellenweise zu erheblichen Problemen: zum einen stellen sich – bei einer Nicht-Besetzung der Leitungsrolle – schnell „inoffizielle" Führungspersönlichkeiten ein, die aber keinen offiziellen Auftrag der Gruppe besitzen; zum anderen stehen solche Gruppen stellenweise doch wiederum vor dem Problem, an Prozessen nicht mehr weiter zu kommen, die stärker in die Persönlichkeit eines Gruppenmitglieds hineinreichen. Hier braucht es die klärende, strukturierende Hand eines Leiters, der über ein fundierteres Beratungswissen verfügt als der Durchschnitt der Lehrerinnen und Lehrer.

• Die Intervision ist ein „dritter Weg" zwischen den beiden genannten Angeboten. Aufgrund von Feldkompetenz und einer qualifizierten Grundbildung verfügt der Anleiter einer Intervisionsgruppe über Berufskompetenz und Prozesskompetenz, zielt aber längerfristig darauf hin, dass die Gruppe sich durch das eigene Erleben und Erfahren der Beratungsprozesse selbst kompetent macht, die Intervisionsgruppe „selbständig" zu führen. Der Anleiter kann sich daraufhin aus der Gruppe herausziehen und längerfristig wiederum eine neue Gruppe aufbauen. Selbstverantwortung der Gruppe und verantwortete An-Leitung durch einen erfahreneren Kollegen treten so in ein gutes Gleichgewicht, das den Prozess der wechselseitigen Beratung schnell und strukturiert gelingen lässt.

2. Was wollen Lehrerinnen und Lehrer, wenn sie Supervision/Intervision wollen?

In seiner Untersuchung „Zur eigenen Stimme finden" zeigte K. Kießling anhand von Interviews mit Lehrerinnen und Lehrern des Faches „Religionslehre" an berufsbildenden Schulen die durchaus positive Haltung auf, die an den Schulen in Bezug auf dieses Praxisinstrument herrscht. Zusammenfassend kommt K. Kießling zu dem Schluss: **„Lehrende melden vielfältige Aus-, Fort- und Weiterbildungswünsche an, vor allem starken Supervisionsbedarf."** [18]

[18] Kießling 2004, S. 163.

Betrachtet man die Interviews speziell im Hinblick auf die Fragestellung ob und wenn ja welche Erfahrungen die Lehrkräfte mit Supervision gemacht haben, dann lassen sich noch genauere Aussagen über Erwartungen und Befürchtungen von Lehrerinnen und Lehrern treffen. Dabei geht es nicht um Repräsentativität. Die Äußerungen sind oft Äußerungen einzelner – aber sie können verdeutlichen, welche Aspekte in Interviews auftauchen und von den Lehrkräften spontan als wichtig eingestuft werden.

a. Ziele und Perspektiven von Supervision und Intervision:

• Lehrer wünschen metakognitive Anregungen zum eigenen Handeln. Es soll in Supervisions- und Intervisionsgruppen das eigene Handeln reflektiert werden. Eine konstruktive Unterbrechung des Alltags kann dabei helfen, Routinen aufzubrechen und – gemeinsam mit Kollegen – alternative Wege zu suchen: „Ja, ich denke einfach oft, dass man, dass man angehalten wird, intensiver zu reflektieren, nachzudenken. Auch im Umgang mit Problemen, irgendwo schafft man sich ja im Laufe der Jahre eine Methode, damit umzugehen, und fragt eigentlich, sie funktioniert, und fragt eigentlich nicht mehr, wie sinnvoll sie ist." [19]

[19] Interview mit Alexander.

• Gewünscht wird die Erhöhung der eigenen Sensibilität durch kritische Reflexion des eigenen Handelns. Im unterrichtlichen Handeln erleben sich Lehrkräfte manchmal als zu schnell, um tiefergehende Prozesse noch wahrnehmen zu können: „Ich meine, als, als Lehrer hat man dann doch, gerade bei Berufsschulen, wahrscheinlich doch Autorität. Man kann so manches einfach durch einen schnellen klaren Satz, und dann ist Ruhe. Ob es immer sinnvoll ist/unter Umständen kann es auch mal sein, dass man dadurch eben gerade das, was aufbrechen könnte, dieses kleine Pflänzlein, dass man das gleich mit dem Rasenmäher abgemäht hat. Von daher wäre es vielleicht ganz gut, wenn man, wenn man da mal wieder grundsätzlich über sich nachdenkt."[20]

[20] Interview mit Alexander.

• Angesprochen wird in den Interviews als Ziel von Supervision und Intervision die Klärung der persönlichen Anteile bei Schwierigkeiten und Konflikten in der Klasse: Selbstexploration – nicht nur die konkrete Lösungssuche – wird selbstkritisch als wichtig erkannt: „Ja, vielleicht auch ein bisschen, ja, mich selber zu hinterfragen. Oder zum Beispiel, wenn ich meine, da spinnt ein Schüler, dass es vielleicht sogar an mir liegt, weil ich mich falsch verhalte. Das kommt bestimmt häufig vor."[21]

[21] Interview mit Ingo.

• Immer wieder wird die Bedeutung des Austauschs mit Kollegen erwähnt. Durchaus kritisch wird dabei die eigene Rolle als „Einzelkämpfer in der Klasse" reflektiert: „Ich denke schon, dass das sehr viel bringt, dass man von dem was andere erzählen – dass merk ich immer wieder, sobald wir uns darüber unterhalten, welche Erfahrungen jeder so macht – dass man durchaus davon lernen kann und vor allen Dingen, was mir wichtig ist zu sehen, ach, ich bin nicht die einzige, die da so Probleme hat. Und dafür sind Lehrer ja bekannt. Wir sind mehr so die Einzelkämpfer, und man lässt sich nur ganz ungern in die Karten gucken, und das find ich schade, denn wir können ja nur von den Fehlern von den eigenen und von denen der anderen lernen. Und so einen Austausch halt ich für sehr wichtig."[22]

[22] Interview mit Ingeborg.

1.6

Insgesamt wird deutlich, dass das Thema Supervision/Intervision in einer sehr großen Bandbreite diskutiert wird, dass aber die Gesamteinschätzung der Möglichkeiten deutlich positiv ist. Dies bestätigen auch andere Untersuchungen wie beispielsweise die von A. Schreyögg, die ihre Forschungsergebnisse bei Lehrern wie folgt resümiert: „**Zusammenfassend kann bisher festgehalten werden, dass der Begriff Supervision unklar und verschwommen ist und sein affektiver Bedeutungsgehalt in der Gesamtstichprobe, wie die große Streubreite der Urteile bestätigt, nicht eindeutig festgelegt ist, aber eher zu einer positiven Einschätzung tendiert.**"[23]

[23] Schreyögg 2003, S. 220.

b. Themen in Supervision und Intervision
• Thematisch stehen neben den Schwierigkeiten mit Schülern unterrichtliche Fragen („und ich könnte mir schon vorstellen, dass das für Ethik oder allgemein auch für den Mathematikunterricht durchaus sehr fruchtbar ist, wenn man auch Dinge bespricht, wobei es bei uns schon auch so ist, dass ich bestimmte Dinge jetzt im Mathematikunterricht dann mit anderen bespreche, wenn ich sag: <Ja ich hab einfach mit einem Thema Schwierigkeiten. Das kommt nicht so an, oder ich bring ein bestimmtes Thema einfach nicht so rüber>") und auch der Umgang im Lehrerkollegium im Mittelpunkt:
Interviewer: „Was würden Sie als erstes einbringen? Stellen Sie sich vor, da ist eine Supervisionsgelegenheit, sei es einzeln, sei es in Gruppen, wo Sie dann gefragt werden: <Na, welches Thema liegt Ihnen am meisten am Herzen?>"
H. Georg: „Bei Supervision, da sind wir bei dem Punkt, also Mobbing, Umgang untereinander."[24]

[24] Interview mit H. Georg.

• Ein zentrales Thema für die Supervision/Intervision bildet der Umgang mit eigenen Frustrationen und die Frage von Ängsten von Lehrkräften. „Also, wir haben heute – weswegen ich ja auch zu spät gekommen bin – uns gerade über den Peter dann unterhalten, weil ich gesagt habe ‚Ich bin völlig ratlos'. Aber die anderen Lehrer sind genauso ratlos. Und ich an mir jetzt schon merke, wenn ich donnerstags in die Schulklasse gehe, gucke ich als erstes, ob der Peter krank ist und wenn er krank ist, bin ich gottfroh. Und wenn ich, also, wenn ich sehe, dass das jetzt am Anfang meiner beruflichen Laufbahn schon so losgeht. Wobei ich ja eigentlich alles anders machen wollte, dann ist das schon ein bisschen (lacht) deprimierend." [25]

[25] Interview mit Zoe.

• Auch in der Bearbeitung von Hierarchiekonflikten erhält die Supervision und Intervision erhebliche Bedeutung zugesprochen: „...wir hatten also so unterschwellige Konflikte mit unserer Vorgesetzten. Und da ist jetzt so eine Tagung gelaufen, so auf Supervisionsebene, wo dann die Rollen auch mal geklärt wurden. Wo es dann auch zu Aussprachen und Tränen gekommen ist. Nach dieser ersten Etappe des

Ganzen ist schon die Atmosphäre um... 100 Prozent gebessert. Was vorher wirklich – ich hab es jetzt drei Jahre erlebt – so eine ständige unterschwellige Spannung war, was dann mal so offenbar geworden ist, und einzelne sich gar nicht klar gemacht haben, auch was sie da verbreitet haben an Spannung, an Unterschwelligem, an Ängsten. Und das war also eine regelrechte Befreiung." [26]

[26] Interview mit Zoe.

Unterscheidbar sind in den thematischen Fragestellungen folgende übergreifende Themenkomplexe:
• Fachliche Fragen: Diese können sich bspw. auf Hilfestellungen für einen methodisch abwechslungsreicheren Unterricht oder auf generelle pädagogische Hilfen beziehen. Fachliche Fragen haben aber in Supervision und Intervision meist keine so große Bedeutung wie in „informellen" Besprechungen mit Kollegen oder Fachschaften.
•Fallbesprechungen: Lehrerinnen und Lehrer bringen konkrete Fälle ein, z.B. Probleme mit einem Schüler oder der Umgang mit einem Lehrerkollegen. Diese Fälle verlangen nach einer Lösungshilfe, stellen meist aber auch vor die Aufgabe, sich mit den persönlichen Anteilen an einer problematischen Situation auseinanderzusetzen.
• Strukturfragen: Auch das „System Schule" kann oftmals zum Thema werden – sei es in der oben schon angesprochenen Frage nach Hierarchiekonflikten oder in der Abklärung von organisationalen Spielräumen.
• Persönliche Themen: Auch die eigene Belastung oder, wie im obigen Beispiel die eigenen Ängste können und sollten Thema von Supervisionen und Intervisionen werden. Spätestens hier dürfte auch klar sein, dass es – vor allem in der Anfangsphase einer Intervisionsgruppe - mindestens einer Person bedarf, die im Bereich beraterischen Handelns die Interaktionen der Gruppe lenken und selbst klärend eingreifen können sollte.

3. Wie funktioniert Intervision? – Ein Prozessvorschlag.

Eine Intervisionsgruppe, so zeigen alle Erfahrungen, braucht eine sehr klare Struktur, um vernünftig arbeiten zu können. Eine solche Struktur hilft dabei, Unsicherheiten vor allem in der Anfangsphase zu überwinden und den Arbeitsprozess ohne langes Vorgeplänkel in Gang zu bringen. Die Anleiter führen die Struktur in der Gruppe ein und klären ab, ob die Gruppe sich bereit erklären kann, so zu arbeiten oder ob ggf. Modifikationen als Anpassungen an die Gruppenbedürfnisse vorgenommen werden müssen. Dies ist unserer Erfahrung nach aber eher selten der Fall.

1.6

Neben dem Vertrauen in die Hilfe, die eine klare Struktur bietet, muss aber unserer Erfahrung nach die Überzeugung des Anleitenden treten, dass die Gruppe in der Auseinandersetzung mit dem Thema oder mit einem Fall, eigene, selbstorganisierte Wege gehen wird, die konstruktiv und hilfreich sind. Die für unsere Perspektive leitende personzentrierte[27] Grundüberzeugung, die auf den Forschungen und Ansätzen des amerikanischen Psychologen C. R. Rogers fußt, geht beispielsweise von der Überzeugung einer konstruktiven Grundtendenz in jedem Organismus, aber auch in jeder Gruppe aus: **„Ich vertraue einer Gruppe, dass sie ihr eigenes Potential und das ihrer Mitglieder entwickelt, wenn ein angemessenes förderliches Klima gegeben ist. Diese Kapazität der Gruppe ist für mich eine ehrfurchtgebietende Sache. Möglicherweise ist es eine Folge davon, dass ich schrittweise ein großes Ausmaß an Vertrauen in den Gruppenprozess entwickelt habe. (…) Mir erscheint die Gruppe wie ein Organismus, der einen Sinn hat für seine eigene Richtung, auch wenn er diese Richtung intellektuell nicht definieren kann."**[28]

Der Prozessvorschlag, den wir für die Arbeit in Intervisionsgruppen favorisieren, versucht, beide Elemente – also Struktur <u>und</u> Vertrauen in die Aktualisierungstendenz der Gruppe – miteinander zu versöhnen. Neben klar definierten Abläufen, die den einzelnen (zunächst) Struktur und Sicherheit geben können, finden sich vor allem in der 4., 6. und 7. Phase vertiefende Phasen, die dem Gruppenprozess Raum geben, sich zu entfalten. Dass dabei nicht die Tiefe einer offenen Encounter-Gruppe erreicht wird, erscheint selbstverständlich, dürfte aber auch im Rahmen der angestrebten Zielsetzung einer Intervisionsgruppe kaum ein Problem darstellen.

<u>1. Phase: Falldarstellung eines Gruppenmitglieds:</u>
Ein Gruppenmitglied stellt die eigene Frage, das Problem oder einen Fall aus seiner Sicht dar (Subjektiver Blickwinkel, spontan und assoziativ). Die anderen Gruppenmitglieder hören zu, beobachten, registrieren eigene Reaktionen, Gedanken und Gefühle.

<u>2. Phase: Rückmeldung aus der Gruppe:</u>
Wie wirkt der Bericht auf die anderen Teilnehmerinnen und Teilnehmer (Erweiterung des Blickwinkels durch die „Brille" der anderen)? Die Eindrücke und Sichtweisen werden kurz geschildert; es gibt keine Bewertungen und Diskussionen darüber.

<u>3. Phase: Mitteilung äußerer Wahrnehmungen und Beobachtungen:</u>
Was fiel den anderen während des Berichtens auf (Beschreibung äußerer Umstände, z. B. Erzählweise, Stimme, Gestik)? Gab es schon vom äußeren Ein-

[27] Dies ist eine Übersetzung des amerikanischen „Person centered Approach". Besser bekannt ist dieser Ansatz in Deutschland unter dem Namen „Gesprächspsychotherapie" – ein Name, der allerdings eine deutliche Verengung darstellt.

[28] Rogers 1996, S. 543.

druck her Phasen größerer Stimmigkeit mit sich selbst, emotional aufgeladene Momente oder Unstimmigkeiten zwischen Inhalt und Symbolisierung (eigener Ärger wird mit einem Lachen kommentiert).

4. Phase: Mitteilung innerer Wahrnehmungen:
Wie haben die anderen die Darstellung selbst erlebt (Beschreibung der eigenen „Bilder" und Phantasien)? Die anderen Gruppenmitglieder berichten, wie sie den Fall erlebt haben, wie sie selbst innerlich beteiligt sind.

5. Phase: Rückmeldung des berichtenden Gruppenmitglieds:
Wie haben die äußeren und inneren Wahrnehmungen auf die berichtende Person gewirkt (Zustimmung, Ablehnung, Bejahung von Teilaspekten, Auslösung von bestimmten Gefühlen)? Die Person, die den Fall eingebracht hat, äußert sich zu den Mitteilungen aus der Gruppe.

6. Phase: Durcharbeiten des Falles:
Was kann konkret getan werden (Vertiefung von Einzelaspekten, Deutungen, Zusammenhänge mit der eigenen Person, institutionelle, gesellschaftliche und politische Zusammenhänge)? Die Gruppenmitglieder äußern Vorschläge zum Umgang mit dem Problem, zur vertieften Selbstexploration aber auch, welche Möglichkeiten es zur Bewältigung der Probleme gibt.

7. Phase: Klärung und Einübung (fakultativ):
Was kann in der Gruppe getan werden, um das Problem als „vorweggenommene Handlung" zu lösen? (Die eigentliche Bewältigung/Realisierung/Lösung geschieht „vor Ort", nicht aber in der Gruppe!). Diese siebte Phase besteht vor allem aus Übungen, Rollen oder Simulationsspielen und anderen Interaktionsmethoden.

8. Phase: Abschluss:
Wie hilfreich hat das berichtende Gruppenmitglied die Arbeit in der Gruppe erlebt, was möchte es noch mitteilen? Abschließend erfolgt ein sog. „Blitzlicht" (kurze Mitteilung) der anderen Gruppenmitglieder über ihre Sichtweisen oder momentane Befindlichkeit.[29]

[29] Modifiziert nach: Miller 1992. Vgl. auch Gudjons 1987, S. 43.

4. Der Intervisions-Leiter als „facilitator"

Gruppen zu führen gehört ohne Zweifel zu den anspruchsvollsten pädagogischen Aufgaben überhaupt. Böse Zungen behaupten, dass Gruppen von Lehrern

1.6

dabei unter allen Personengruppen zu den schwierigsten gehören. Bei allen Vor-urteilen Lehrern gegenüber ist dabei sicherlich richtig, dass Personen, die selbst jeden Tag in pädagogischer Verantwortung stehen natürlich leichter „hinter die Kulissen" schauen und qualifiziert beurteilen können, ob ein Gruppenprozess inhaltlich und methodisch kompetent angeleitet und durchgeführt wird.

Welche Rolle nimmt aber der Anleiter einer Intervisionsgruppe in seiner Tätigkeit ein? Er ist einerseits zuständig für den Prozess der Gruppe, er soll die Struktur einführen und ihr Geltung verschaffen, er soll darauf achten, dass die einge-brachten Fragen bearbeitet und einer Hilfestellung zugeführt werden; er soll aber andererseits auch möglichst „im Hintergrund" bleiben und letztlich möglichst bald dafür sorgen, dass die Gruppe die Intervisionsprozesse in die eigene Hand nimmt und selbständig durchführen lernt. Wie ist diese Spannung konstruktiv zu bewältigen?

Wiederum lohnt sich der Blick in den personzentrierten Ansatz von C.R. Rogers. Er beschäftigte sich neben seinen Forschungen und Entwicklungen zur Psy-chotherapie auch in besonderer Weise mit der Übertragung seiner Erkenntnisse auf pädagogische Prozesse. Dabei spielte die Leitung von Gruppen, Seminaren und Schulklassen eine ganz besondere Rolle. In seinen Schriften zum Thema betont er immer wieder die Rolle des Gruppenleiters als die eines „facilitator". Der Anleiter ist ein „Ermöglicher", ein „Förderer". Diese Definition erscheint uns sehr geeignet, um die Aufgaben des Anleiters in einer Intervisionsgruppe zu beschreiben.

Zentrales Anliegen des „facilitators" einer Gruppe ist es nämlich, zu fördern, **„was die einzelnen Teilnehmer, das geeignete Klima vorausgesetzt, von sich aus anstreben: die Entwicklung der Person und der Gruppe im Sinne der Aktualisie-rung ihres Potentials. Auf die zugrunde liegende Aktualisierungstendenz kann er vertrauen. Seine Einstellung und sein Verhalten sind darauf ausgerichtet, die ge-eigneten Bedingungen dafür anzubieten, dass die Aktualisierungstendenz ihre konstruktive Richtung entfalten kann. Was der facilitator also fördert, ist die Personalisation."**[30]

[30] Schmid 1996, S. 224.

Die sehr dichte Beschreibung muss für LeserInnen, die sich noch nicht mit dem personzentrierten Konzept beschäftigt haben, etwas aufgefächert werden. Zunächst muss verdeutlicht werden, was Rogers unter der „Aktualisierungs-tendenz" versteht: Sie ist für ihn ein grundlegendes Postulat, das zwar letztlich nicht beweisbar ist, aber in Therapiegesprächen deutlich zum Ausdruck kommt und nachgezeichnet werden kann. **„Der Organismus — so spricht Rogers von der**

‚Natur des Menschen' — ist der vertrauenswürdige ‚innere Kern der menschlichen Persönlichkeit' (...) und wird, wenn wenigstens ein Minimum förderlicher Umgebungsbedingungen gegeben ist, von der Aktualisierungstendenz in Richtung auf zunehmende Reife gesteuert (Selbstständigkeit). Der Mensch tendiert also <von Natur aus> aktiv zur Entwicklung seiner Fähigkeiten, zu Reife und Lebensbereicherung (Selbstregulation und teleologisches Moment). Und dieser Tendenz kann man mit Vertrauen begegnen. Rogers gebraucht gerne das Beispiel des Kleinkindes, das trotz aller vorübergehender Misserfolge schrittweise zu gehen lernt, obwohl Krabbeln zunächst einfacher und schneller zum Ziel führen würde. Damit betont er, dass es sich bei der Aktualisierungstendenz um eine zuverlässige Tendenz handelt, die sich durchsetzt, auch wenn Schmerzen und Widerstände zu überwinden sind."[31]

[31] Schmid 1999.

Dem Vertrauen in die konstruktive Kraft in jedem Menschen (und damit letztlich auch in jeder Gruppe) entspricht didaktisch ein Vorgehen, das eine wesentliche personzentrierten Grundhaltung darstellt: Der „facilitator" versucht, so wenig wie möglich eine Gruppe in eine von ihm als wünschenswert gehaltene Richtung zu steuern, er stellt vielmehr <u>Bedingungen bereit</u>, dass die Aktualisierungstendenz sich entfalten kann.[32] Genau an dieser Stelle stoßen wir auch wiederum auf die uns beschäftigende Frage nach dem Widerspruch oder doch mindestens der Spannung zwischen vorgegebener Struktur und freiem Austausch innerhalb einer Intervisionsrunde. Der scheinbare Widerspruch wird klarer konturiert, wenn man sich deutlich macht, wann strukturelle Vorgaben oder Hilfestellungen nützlich und hilfreich sind: wenn sie nämlich helfen, den Aktualisierungsprozess von einzelnen und damit auch der Gruppe zu fördern. Problematisch dagegen, ja schädlich sind starre und enge Vorgaben, die nicht dazu dienen, den Selbstbestimmungsprozess der Gruppe zu fördern, sondern die Gruppe in eine vorgegebene Richtung zu steuern. Der „facilitator" vollzieht also laufend einen Balanceakt, indem er Vorgaben - als Vorschläge – macht, sie mit der Gruppe bzw. an der Gruppe abstimmt (und dabei auch Widerstände usw. wahr- und ernst nimmt) und die Gruppe sensibel dabei begleitet, wie sie ihren eigenen Wege geht.[33]

[32] In jüngerer Zeit erhält das Postulat der Aktualisierungstendenz deutliche Unterstützung durch die Erkenntnisse der Systemtheorie. Vgl. dazu bspw. Schlippe 1988 / Kriz 1997, Chaos, Angst und Ordnung / Kriz 1997, Systemtheorie / Kriz 2004.

[33] Vgl. dazu auch Schmid 1996, S. 230: „Als wünschenswertes Ziel bietet sich demnach an, dass die Gruppe ihre eigene Richtung findet (dass sie sich also <bewegt>) und nicht, dass der Gruppenleiter ein vorgegebenes Ziel im Auge hat, auf das hin er die Gruppe lenkt."

Auch der „facilitator" in personzentrierten Gruppen arbeitet also – wie wir dies auch schon für den Leiter von Intervisionsgruppen beschrieben haben – an seiner eigenen Überflüssigkeit: ist die Gruppe in der Lage, selbstverantwortlich ihren Prozess in die Hand zu nehmen, überlässt der „facilitator" die Leitung der Gruppe. Bis dahin allerdings besitzt er eine wichtige Funktion, die ebenfalls für die Rolle des Leiters in personzentrierten Gruppen intensiv reflektiert worden ist.

1.6

Man könnte sich nämlich tatsächlich fragen, warum es denn überhaupt einen Leiter braucht – warum das Modell der Intervision nicht sinnvollerweise durch das der kollegialen Beratung ersetzt werden sollte, die ja von Beginn an ohne Leitung arbeitet. **„Nach personzentriertem Verständnis <besetzt> der Gruppenleiter den Platz des Führers, damit ihn nicht jemand anderer einnehmen kann, sei es vorwiegend aus dessen eigenem Interesse oder weil ihn die Gruppe dazu macht. Die Führungsrolle ist damit vergeben, und niemand anderer braucht sich darum zu kümmern oder zu streiten. Die Aufgabe des Gruppenleiters ist die eines <Platzhalters>: Durch seine bloße Existenz, durch das Etikett, das ihm zugeteilt ist, trägt er dafür Sorge, dass niemand anderer die Führungsposition in der Gruppe beansprucht und in einem nicht-personzentrierten Sinn ausübt, die Gruppe also für sich selbst missbraucht."[34]**

[34] Schmid 1996, S. 233f.

Selbstverständlich kommen zu dieser Funktion auch Aspekte hinzu wie die Kenntnis von Beratungs- und Gruppenprozessen oder Funktionen wie die der Organisation und Strukturierung. Aber letztlich ist dies tatsächlich ein ebenso überraschender wie zentraler Aspekt von „Leitung" innerhalb einer Intervisionsgruppe: der Leiter fungiert als Platzhalter und nimmt diese Funktion so lange in Anspruch, bis er sicher ist, dass die Gruppe so „erwachsen" geworden ist, dass sie keinen neuen Leiter aufbaut oder zulässt, der die Eigensteuerung der Gruppe konterkarieren würde. Er ist so ein „Geburtshelfer" der Gruppe in einem doppelten Sinn: er ermöglicht es, dass die Gruppenmitglieder sich innerhalb einzelner Intervisionssitzungen der Auseinandersetzung mit sich und ihrem Thema stellen und dieses konstruktiv bearbeiten – und er ermöglicht die Selbststeuerung der Gruppe im Rahmen eines überschaubaren Zeitraums.

5. Intervision lernen – Ausbildung für „facilitators" in Intervisionsgruppen

Was braucht es nun für die Ausbildung von „facilitators" in Intervisionsgruppen an Schulen – aber auch in anderen psychosozialen und sogar wirtschaftsbezogenen Feldern? Im Rahmen eines Pilotprojektes am Institut für berufsorientierte Religionspädagogik an der Universität Tübingen wird derzeit evaluiert, welche Elemente der Ausbildung für die Arbeit mit Intervisionsgruppen sich als besonders wichtig und zielführend erweisen. Im Vorgriff auf die endgültigen Ergebnisse lassen sich schon jetzt einige unverzichtbare Momente einer solchen Ausbildung greifen:

a. Selbsterfahrung/eigene Intervisionserfahrung:
Das Moment des eigenen Erlebens ist ein zentraler Faktor der Ausbildung. Die

Selbsterfahrung bezieht sich dabei wiederum auf ein doppeltes Erleben: zum einen sollen die Teilnehmer an sich selbst erfahren, wie es ist, in eine Intervisionsgruppe – in diesem Fall die Ausbildungsgruppe selbst – einen Fall einzubringen und diesen mit der Gruppe zu bearbeiten. Dadurch soll die Sensibilität gestärkt werden für hilfreiche und auch weniger hilfreiche Prozesse in der Gruppe wie auch die Wirkung von Interventionen (oder fehlender Interventionen) durch den Leiter; zum anderen bezieht sich Selbsterfahrung auch auf die Auseinandersetzung mit der eigenen Person mit dem Ziel, in Beratungsprozessen möglichst klar auseinander halten zu können, welches die Anliegen, Fragen, Unsicherheiten, Ängste usw. des Gegenüber sind und wo sich Erfahrungen der eigenen Biografie in ein Gespräch hineinmischen, die aber nicht oder nur am Rande mit dem Beratungsprozess zu tun haben.

b. Supervision von Beratungsgesprächen:

Intervisionsgruppen sollen letztlich beraten. Die Stärkung der Beratungskompetenz auf dem Hintergrund eines anerkannten Beratungsverfahrens ist daher ein zweites, sehr wichtiges Element der Ausbildung von LeiterInnen von Intervisionsgruppen. Der personzentrierte Ansatz, der der Ausbildung an der Universität Tübingen zugrunde liegt, stellt ein Lernen im Prozess in den Mittelpunkt: Beraten wird also nur durch Beraten gelernt. Die hierfür geeignete Arbeitsform ist die Supervision von Beratungsgesprächen, die von den Ausbildungskandidaten zuvor auf Band aufgenommen und in der Regel auch schriftlich transkribiert wurden. Eine solche „verlangsamte" Form der Reflexion von Beratungsgesprächen hilft dabei, diejenigen Prozesse, die in einer Gruppe sehr schnell ablaufen, in Ruhe betrachten zu können, die eigenen Interventionen kritisch zu prüfen und (gemeinsam mit der supervidierenden Gruppe) alternative Reaktionsweisen überlegen zu können.

c. Theoriewissen:

Auch wenn in psychosozialen Zusammenhängen oft die Meinung vorherrscht, in der Beratungsausbildung auf eine fundierte Theorie verzichten zu können, da ja das Wesentliche durch die Praxis gelernt werde, erscheint eine mangelnde Auseinandersetzung mit einem fundierten und anerkannten Beratungskonzept als professioneller Irrtum. Es genügt u.E. nicht, zu erfahren, _dass_ gewisse Vorgehensweisen funktionieren, die Beraterinnen und Berater müssen auch eine kohärente Vorstellung davon bekommen können, _warum_ bestimmte Haltungen und Interventionen hilfreich und „heilsam" sind. Im Pilotprojekt des Institut für berufsorientierte Religionspädagogik erfolgt diese theoretische Auseinandersetzung beispielsweise – um die Praxisphasen zu entlasten – mit Hilfe von Studienbriefen und zu bearbeitenden Einsendeaufgaben.

1.6

d. Zunehmende Übernahme von Verantwortung:

Grundlegendes Prinzip der Ausbildung muss es sein, dass die Teilnehmenden nach einer Phase, in der sie stärker beobachten können, in verstärktem Maße Verantwortung in der Leitung und Prozessbegleitung von Intervisions- und Beratungsprozessen übernehmen. In der Phase der Beobachtung wird das „implizite Lernen" gestärkt[35], in der Phase der Verantwortungsübernahme das Lernen im Prozess. Das kontinuierliche Feed-Back auf eigenverantwortlich durchgeführte Prozesse legt dabei nicht nur Wert auf die methodisch-praktische Verbesserung des Handelns, sondern betont auch die Frage, warum bestimmte Prozesse oder Emotionen in der Gruppe nicht wahrgenommen oder nicht ausgesprochen wurden. So ist jede Praxis letztlich immer auch eine Übung in Fragen der Selbsterfahrung und Selbstklärung.

[35] Vgl. zur Bedeutung des impliziten Lernens in berufspädagogischer Perspektive v.a. die Arbeiten von G.H. Neuweg, der die Ansätze von M. Polanyi zum „impliziten Wissen" didaktisch verarbeitet: Neuweg 1999.

6. Intervision im Rahmen der Schulentwicklung und Qualitätssicherung

Reflektiert man die Bedeutung von Modellen der Intervision oder Supervision in der Schule, so wird in der Regel die Bedeutsamkeit für die einzelne Lehrkraft herausgestellt. Über individuelle Wirkungen hinaus stellen die Ansätze aber auch Hilfestellungen für die Schule als Ganzes bereit. Diese Bedeutung soll im Folgenden wenigstens überblicksartig in dreierlei Hinsicht beleuchtet werden: im Hinblick auf die Schulentwicklung, auf die Weiterbildung und auf die Prävention von Berufsabbrüchen von Lehrerinnen und Lehrern.

Schulentwicklung wird heute in allgemeinem Verständnis definiert als ein längerfristiger Veränderungsprozess der Organisation Schule und der in ihr tätigen Menschen. Als Ziel von Schulentwicklung wird eine gleichzeitige Verbesserung der Leistungsfähigkeit der Schule und der Qualität des Arbeitslebens angesehen. In der Regel vollzieht sich der Prozess der Schulentwicklung auf drei unterscheidbaren, aber zusammengehörigen Ebenen: der Organisationsentwicklung, der Personalentwicklung und der Unterrichtsentwicklung als Kernprozess von Schule. Auf allen drei Ebenen können Intervisionsgruppen wertvolle Impulse für eine Schule setzen:

• Verbesserungen im Bereich des Unterrichts sind erreichbar durch die kontinuierliche Reflektion des eigenen Handelns und durch den Abgleich mit dem Handeln anderer. Unterrichtsstörungen und –blockaden können angesprochen und reflektiert werden. Es zeigt sich immer wieder, dass das Ansprechen, das Reflektieren und die gemeinsam mit anderen Kolleginnen und Kollegen durchgeführte Suche nach alternativen Handlungs- und Lösungsmustern auf die Dauer zu wesentlich nachhaltigeren Ergebnissen führt als klassische Formen von Seminar und Training. Die Einsicht in die eigenen Anteile an problematischen Schul- und Unterrichtssituationen – das eigentliche „Verstehen" also – führt letztlich am sichersten auch zur Veränderung. „Verändern durch Verstehen" – dies ist der Ansatz des personzentrierten Handlungskonzeptes.[36]

Der spezifische Ansatzpunkt des Intervisionskonzeptes mit seiner Betonung der kollegialen Strukturen hilft dabei, die klassischen Probleme des „Monadendaseins" als Lehrkraft zu überwinden: auch wenn Modelle des Team-Teaching, des Mentoring oder der wechselseitigen Hospitation wünschenswerte Entwicklungen im Regelbetrieb von Schule wären, sind diese Lernformen zur Unterrichtsentwicklung noch längst keine Selbstverständlichkeiten. Hier kann die Intervisionsgruppe helfen, in einem ersten Schritt „die Tür zu öffnen" und Einblicke in das Leben und Erleben von Kolleginnen und Kollegen im Klassenzimmer geben, die im Alltag weitgehend versagt bleiben.

• Einen Beitrag können Intervisionsgruppen an Schulen auch im Bereich der Personalentwicklung leisten. Personalentwicklung ist dabei nicht einfach – wie dies in vielen Beiträgen im pädagogischen Bereich geschieht – mit Qualifizierung oder Weiterbildung gleichzusetzen: diente die Qualifizierung als Konzept noch wesentlich der Anpassung von Mitarbeitenden an neue Entwicklungen oder Notwendigkeiten, so ist moderne Personalentwicklung Teil des strategischen Managements und soll **„der Erhöhung der Wettbewerbsfähigkeit eines Systems dienen, der Erhöhung seiner Flexibilität, der Erhöhung der Motivation und Integration der Mitarbeiter, der Sicherung eines qualifizierten Mitarbeiterstammes unter Berücksichtigung der individuellen und bildungspolitischen Ansprüche aller Beteiligten."**[37]

Wesentliches Moment einer modernen Personalentwicklung ist dabei die Auseinandersetzung der Mitarbeitenden mit einer zunehmend unüberschaubarer gewordenen Welt: keine Anpassungsqualifizierung ist heute mehr eine dauerhaft beständige Basis für berufliche Professionalität. Und auch die relative Beständigkeit des Systems Schule offenbart weniger eine Stärke als ein Problem. Alle Beteiligten im Prozess des Unterrichtens und Erziehens benötigen vor allem anderen die Auseinandersetzung mit dem Wandel: **„Der einzige Mensch, den man gebildet nennen kann, ist jener, der gelernt hat, wie man lernt; der gelernt hat, wie man sich anpasst und ändert; der erkannt hat, dass kein Wissen sicher ist, dass nur der Prozess der Suche nach Wissen eine Basis für Sicherheit bietet."**[38]

Hier besonders können Intervisionsgruppen ihre Stärke ausspielen: sie bieten keine festen Lerncurricula und sind nicht auf das Angebot eines Seminarkatalogs beschränkt. Lernen geschieht als konkretes, als bedeutungsvolles Lernen anhand konkreter Fragen und klarer Problemanzeigen.

[36] Vgl. dazu eines der wichtigsten Grundlagenwerke zum personzentrierten Ansatz: Biermann-Ratjen 2003.

[37] Schreyögg 2003, S. 21.

[38] Rogers 1974, S. 105.

1.6

In den Zusammenhang der Personalentwicklung ist auch die Hilfe zu stellen, die Intervisions- und Supervisionsgruppen für die Gesundheitsprophylaxe von Lehrenden bieten können. Entsprechende Untersuchungen bestätigen diesen Unterstützungseffekt: **„Lehrersupervision kann Entlastung von aktuellem Druck bewirken und, in dem skizzierten systemischen Modell, zentrale Handlungskompetenzen zur Bewältigung der Anforderungen, vor allem auf der Beziehungs- und Entscheidungsebene, bis zu einem gewissen Grade auch auf der emotionalen Ebene, vermitteln."[39]**

• Erhebliche Bedeutung besitzen Intervisionsgruppen gerade auch im Bereich der <u>Organisationsentwicklung</u>. Als wesentlicher Faktor der Organisationsentwicklung wird der Weg der Schule zu einer „lernenden Organisation" beschrieben. Eine „lernende Organisation" zeichnet sich nach dem Begründer der Theorie, P. Senge[40], im Wesentlichen durch 5 Merkmale, Senge nennt sie „Disziplinen", aus:

„Personal Mastery" meint dabei die persönliche Verantwortung jedes einzelnen für seine professionelle Weiterentwicklung und das Bewusstsein für die Wichtigkeit von Lernprozessen in der Gruppe. In Intervisionsgruppen übernehmen die Teilnehmenden eben diese Verantwortung für das eigene Lernen, bringen Fragen und Schwierigkeiten ein und sorgen so für die Lösung beruflicher Probleme im Rahmen der „Expertenkultur Kollegium".

„Team Learning" betont die Wichtigkeit von Teamarbeit und Teamentwicklung, ein Prozess, der zentrales Medium des Lernens in Intervisionsgruppen ist.

Bewusstwerden der **„Mental Models"** von Mitarbeitenden, d.h. der inneren Bilder und Modelle vom eigenen Handeln aber auch von der Organisation und dem System, in dem man arbeitet. Hier haben v.a. die Forschungen von J. Schlee gezeigt, welche Bedeutung kollegiale Beratung für die Bewusstwerdung und Modifikation der „Subjektiven Theorien" von Lehrenden haben kann. Ziel der kollegialen Beratung ist es dabei, für Lehrerinnen und Lehrer **„(Rahmen)bedingungen zu schaffen, die (…) die Veränderungen ihrer Subjektiven Theorien erleichtern."[41]**

Als „vierte Disziplin" bezeichnet Senge die Entwicklung einer **„Shared Vision"**, d.h. einer Vision, die gemeinsam von allen Beteiligten geteilt wird. Obwohl dies kein ausdrückliches Ziel von Intervisionsgruppen ist, kann sich durchaus in einer Gruppe – über die gemeinsame Betrachtung, Analyse und Klärung von beruflichen Problemsituationen – so etwas wie ein gemeinsames Verständnis, eine verbindende Vision entwickeln.

[39] Schneider 1996, S. 193f.

[40] Senge 1998.

[41] Schlee 2004, S.56f.

Im Zusammenspiel der 5 Dimensionen entsteht schließlich das „**System Thinking**", das heißt dass alle Mitarbeitenden lernen, im System und für das System zu denken und die Entwicklungs- und Veränderungsprozesse der Organisation aktiv zu fördern.

Natürlich sind die Einführung von Intervisions- oder Supervisionsgruppen kein Allheilmittel zur Realisierung der „neuen" oder mindestens „veränderten" Schule. Was wir bislang aber durch Untersuchungen und Forschungsergebnisse wissen, „**bestätigt den Einsatz von Supervision als Veränderungsbegleitung positiv**"[42].

[42] Klement 2000, S. 266.

7. Fazit

„Die bisher zögerliche Realisierung von Teamsupervision darf nicht allein der Bequemlichkeit, Phantasielosigkeit, Ängstlichkeit oder Innovationsborniertheit der Lehrkräfte oder der Schulleitungen zugerechnet werden. Neben der unzureichenden finanziellen Ausstattung der Schulen ist mangelnde Information über die Möglichkeiten der Teamsupervision sicherlich ein Haupthindernis für eine vermehrte Inanspruchnahme dieser Möglichkeiten."[43]

[43] Osen-Appel 2003, S. 170.

Diese Einschätzung kann man auf dem Hintergrund der vorliegenden und teilweise berichteten Untersuchungsergebnisse sicherlich teilen. Der hier vorgestellte Ansatz der Intervision wäre sicherlich in der Lage, mindestens den finanziellen Druck auf die Schulen zu mildern. Es bleibt aber die Aufgabe, die Möglichkeiten, die sich durch einen solchen Ansatz bieten, weiter bekannt zu machen und dafür zu werben. Ein erster Schritt in diese Richtung wurde durch die Ausbildung von potentiellen Anleiterinnen und Anleitern im Kontaktstudium „Beratung-Supervision-Mediation" gemacht, das seit 2005 durch das Institut für berufsorientierte Religionspädagogik durchgeführt wird. Eine intensive Evaluation des Kurses wird sicherlich weitere Ergebnisse zutage fördern. Die ersten Erfahrungen jedenfalls sind ermutigend und spannend und machen sehr viel Mut, den eingeschlagenen Weg weiter zu verfolgen.

Interessierte am Kontaktstudium „Beratung-Supervision-Mediation" wenden sich für weitere Informationen bitte an:
Institut für berufsorientierte Religionspädagogik
Liebermeisterstraße 12, 72076 Tübingen
Telefon: (07071) 297 4049
E-Mail: info@ibor-tuebingen.de
Internet: www.ibor-tuebingen.de (dort auch weitere Informationen)

Joachim Schmidt

1.6

„Ach, ich bin nicht die einzige…" – Intervision an berufsbildenden Schulen

Literatur

BELARDI, N.: Supervision in sozialer Arbeit und Beratung, in: DETER, D. / SANDER, K. / TERJUNG, B. (Hrsg.): Die Kraft des Personzentrierten Ansatzes. Praxis und Anwendungsgebiete. Köln 1997. S. 145-156. (Zitiert als: Belardi 1997)

BELARDI, N.: Supervision. Von der Praxisberatung zur Organisationsentwicklung. Paderborn 1992. (Zitiert als: Belardi 1992)

BIERMANN-RATJEN, / ECKERT, J. / SCHWARTZ, H.-J.: Gesprächspsychotherapie. Verändern durch Verstehen. Stuttgart 92003. (Zitiert als: Biermann-Ratjen 2003)

Encarta (1998): Enzyklopädie. Digitalversion 3.0, Microsoft. (Zitiert als: Encarta 1998)

GUDJONS, H.: Spielbuch Interaktionserziehung. Bad Heilbrunn 1987. (Zitiert als: Gudjons 1987)

HENDRIKSEN, J.: Intervision. Kollegiale Beratung in Sozialer Arbeit und Schule. Weinheim/Basel 2000. (Zitiert als: Hendriksen 2000)

KIRSCHBAUM, H: / HENDERSON, L.: The Carl Rogers Reader. London 2002. (Zitiert als: Kirschbaum 2002)

KIßLING, K.: Verschiedene Interviews aus der Sammlung des Instituts für berufsorientierte Religionspädagogik – erstellt von Klaus Kießling. Bearbeitet von J. Schmidt:
Interview mit Alexander (Zitiert als: Interview mit Alexander)
Interview mit Ingo (Zitiert als: Interview mit Ingo)
Interview mit Ingeborg (Zitiert als: Interview mit Ingeborg)
Interview mit H. Georg (Zitiert als: Interview mit H. Georg)
Interview mit Zoe (Zitiert als: Interview mit Zoe)

KIEßLING, K.: Zur eigenen Stimme finden. Religiöses Lernen an berufsbildenden Schulen. Ostfildern 2004. (Zitiert als: Kießling 2004)

KLEMENT, A.: Gymnasien auf dem Weg zur Lernenden Organisation. Eine empirische Untersuchung, in: SCHREYÖGG, A. (Hrsg.): Supervision und Coaching für die Schulentwicklung. Bonn 2000. (Zitiert als: Klement 2000)

KRIZ, J.: Chaos, Angst und Ordnung. Göttingen 1997. (Zitiert als: Kriz 1997, Chaos, Angst und Ordnung)

KRIZ, J : Personzentrierte Systemtheorie. Grundfragen und Kernaspekte, in: VON SCHLIPPE, A. / KRIZ, W. C. (Hrsg): Personzentrierung und Systemtheorie. Perspektiven für psychotherapeutisches Handeln. Göttingen 2004. S. 13-67. (Zitiert als: Kriz 2004)

KRIZ, J.: Systemtheorie. Eine Einführung für Psychotherapeuten. Wien 1997. (Zitiert als: Kriz 1997, Systemtheorie)

MILLER, R.: Pädagogische Fallbesprechungsgruppen, in: Schulintern 6 (1992). (Zitiert als: Miller 1992)

MUTZECK, W.: Kooperative Beratung. Grundlagen und Methoden der Beratung und Supervision im Berufsalltag. Weinheim und Basel 2002. (Zitiert als: Mutzeck 2002)

NEUWEG, G.H.: Könnerschaft und implizites Wissen. Zur lehr-lerntheoretischen Bedeutung der Erkenntnis- und Wissenstheorie Michael Polanyis. Münster 1999. (Zitiert als: Neuweg 1999)

OSEN-APPEL, B.: Ein Teilteam entschließt sich zur Supervision, in: SCHREYÖGG, A. / LEHMEIER, H. (Hrsg.), Personalentwicklung in der Schule, Bonn 2003. (Zitiert als: Osen-Appel 2003)

ROGERS, C.R.: Lernen in Freiheit. Zur Bildungsreform in Schule und Universität. München 1974. (Zitiert als: Rogers 1974)

ROGERS, C.R.: Wie ich Gruppen leite, in: SCHMID, P.F.: Personzentrierte Gruppenpsychotherapie in der Praxis. Ein Handbuch (1996) S. 541-552. (Zitiert als: Rogers 1996)

SANDER, K.: Personzentrierte Beratung. Ein Arbeitsbuch für Ausbildung und Praxis. Köln 1999. (Zitiert als: Sander 1999)

SCHLEE, J.: Kollegiale Beratung und Supervision für pädagogische Berufe. Hilfe zur Selbsthilfe. Ein Arbeitsbuch. Stuttgart 2004. (Zitiert als: Schlee 2004)

SCHMID, P.F.: Personzentrierte Gruppenpsychotherapie in der Praxis. Ein Handbuch. Paderborn 1996. (Zitiert als: Schmid 1996)

SCHMID, P.F.: Personzentrierte Psychotherapie. Eine Einführung, In: SONNECK, G. / SLUNECKO, T.: Einführung in die Psychotherapie, Stuttgart 1999. Als Online-Veröffentlichung unter: http://www.pfs-online.at/papers/paper-slun.htm. (Zitiert als: Schmid 1999)

SCHNEIDER, G.: Lehrerkrisen und Supervision. Eine Studie zu Berufsanforderungen und zu einer Theorie der Lehrersupervision. Bad Heilbrunn 1996. (Zitiert als Schneider 1996)

SCHREYÖGG, A. / LEHMEIER, H. (Hrsg.): Personalentwicklung in der Schule, Bonn 2003. (Zitiert als: Schreyögg 2003)

SCHWENDENWEIN, J. / KALISKE, D.: Zur Geschichte der Supervision. Internet-Veröffentlichung: http://www.uni-kassel.de/fb4/verwaltung/homeBE6/supervision/geschichte.html (20.03.2006). (Zitert als: Schwendenwein)

SENGE, P.: Die fünfte Disziplin. Kunst und Praxis der lernenden Organisation. Stuttgart 1998. (Zitiert als: Senge 1998)

VON SCHLIPPE, A.: Der systemische Ansatz – Versuch einer Präzisierung, in: Zeitschrift für systemische Therapie 6 (1988) S. 81 - 89. (Zitiert als: Schlippe 1988)

Martin Butter
Schulpastoral – im Kontext kontemplativer Achtsamkeit

Schulpastoral von meinem Ansatz her ist der sichtbare Ausdruck einer acht-samen, einer **kontemplativen Lebenshaltung**. Eine **kontemplative Lebenshaltung** umfasst, weil es eine Lebenshaltung ist, im Rahmen der Schule den gesamten Schulalltag und sie zeigt sich, wenn sie gelebt werden kann, als jeweils neues, einmaliges, wert-volles und sinn-volles Beziehungsgeschehen. Schulpastorales Tun zeigt sich nicht nur in den geplanten und zielgerichteten Angeboten für die am Schulleben beteiligten Personen, sondern schulpastorales Tun kann sich darüber hinaus immer und überall in vielfältiger, nicht planbarer Form ereignen. Nach außen hin kann die **kontemplative Lebenshaltung** als Methode erscheinen, die einen Menschen dazu befähigen kann, mit anderen Menschen in einen fruchtbaren Kontakt und Dialog zu kommen; sie ist jedoch weit mehr als nur Me-thode, sie ist ein Ausdruck des Lebens - in jedem bewusst gelebten Augenblick. Aus der **kontemplativen Lebenshaltung** ereignet sich das schulpastorale Ge-schehen in und aus den alltäglichen Begegnungen. Das schulpastorale Gesche-hen wird jeweils neu in die Zeit geboren und kann auch für einen stimmigen Zeitraum eine feste Form annehmen. Das Eigentliche des kontemplativen Ge-schehens, das „Geboren werden in die Zeit", will ich im Folgenden versuchen anhand des „Kairos" und des „Momo-Geheimnisses" zu verdeutlichen.

Der „Kairos"

Ein wichtiges, vielleicht das wichtigste Element innerhalb der Schulpastoral ist in meinen Augen der **Kairos**, der rechte Zeitpunkt. Der **Kairos** lässt sich nicht machen. Wir können ihn nur vernehmen und entdecken, dann, wenn wir in der Lage sind, uns einzulassen auf das Leben in seiner vielfältigen Fülle. Um den Kairos nicht zu verpassen, zu übersehen, zu übergehen, müssen wir wach sein und dürfen nicht vom Chronos, vom Takt der Uhr, getrieben sein. Wir dürfen den gegenwärtigen Augenblick nicht aus unserem Bewusstsein verlieren, denn der gegenwärtige Augenblick eröffnet den **Kairos**, die Tür zur Begegnung, die Mög-lichkeit des Erkennens und des Erkannt-Werdens und im Erkennen das Ge-schenk der Liebe. Im gegenseitigen Erkennen wird uns die Liebe zuteil, die wir uns selbst und einander nicht geben können. Es ist die lebenseröffnende Liebe, die uns aus der Quelle des Lebens zufließt, die, indem sie unser Leben erfüllt, unser Dasein zu gestalten beginnt. In der Erfahrung dieser tief gründenden Liebe wird das Leben neu geboren in die Zeit, was unheil war, kann heil werden; aus einem Wirrwarr kann sich eine Ordnung einstellen; wo Dunkelheit war, keimt ein Licht auf – Dankbarkeit zieht ein in unser Leben.

Wie aber können wir uns im Zeittakt der Schule im Kairos finden, damit das Leben eine Chance hat?

Vielleicht kann das folgende Gedicht eine Perspektive eröffnen:

Jede Zeit hat ihren Kairos

Ohne Zeit -
die Zeit
zerläuft
ins Nirgendwo
no-where
Leben verendet

Die Zeit
ohne Zeit -
eröffnet
im Augenblick den Raum
now-here
Auferstehung ins Leben

Jede Zeit hat ihren Kairos.

In der Praxis des kontemplativen Übungsweges, im Sitzen in der Stille, versucht der Mensch sich zu bereiten, den Kairos zu vernehmen. Ein Lehrer und Begleiter auf diesem Übungsweg ist der Atem. Er führt uns ins **now-here**, in den gegenwärtigen Augenblick, dann wenn wir uns von ihm führen lassen, wenn wir unsere Achtsamkeit in seinen Rhythmus legen, denn in seinem Rhythmus, in seinen Gezeiten (Einatem, Atemfülle, Ausatem, Atemleere) ist der Atem immer gegenwärtig. Der Atem kennt keine Vergangenheit und keine Zukunft, er ist - will nichts behalten und nichts sein. In seinen Gezeiten kann uns der Atem, wenn wir uns lassen, in den „Raum" führen, aus dem jeder neue Einatem ist und in den jeder Ausatem geht. An uns ist es nur mit unserer achtsamen Bewusstheit den Weg

des Ausatems mitzugehen, hinspüren, wie der Ausatem sich verströmt in den tiefen „Raum" der Stille, um dann in diesem „Raum" der Stille den neuen Einatem zu erwarten, ihn zu vernehmen, wie er sich anbahnt als zarter Hauch, der wie ein Rinnsal zu einem mächtigen Strom anschwillt, um als Einatem unseren Körperraum mit neuem Leben zu erfüllen. Je mehr wir geübt und erfahren werden, diesem „Raum" der Stille gewahr zu sein, desto mehr erleben wir, wie sich nicht nur unser Atemgeschehen aus und in diesem „Raum" der Stille ereignet, sondern wie alles Geschehen unseres Lebens in diesem „Raum" der Stille gründet - auch der Chronos in seinem ihm eigenen Takt hat in ihm seinen Lauf. Im Gewahrsein des „Raumes" der Stille werden wir fähig den Takt des Chronos, den Chronos in seinen Rhythmen zu vernehmen, ohne uns von ihm wegreißen zu lassen aus der Verbundenheit der Stille und des Lebens. Wir werden erkennen, dass im Takt des Chronos zu jeder Zeit, nach jedem Schlag der „Raum" der Stille zum Vorschein kommt und hörbar wird durch jeden Schlag hindurch. Wir sind dann bemächtigt den tragenden Grund von Raum und Zeit zu vernehmen - wir müssen uns keine Zeit mehr erkämpfen und keiner Zeit können wir mehr beraubt werden. Dann stehen wir mitten im Leben, im gegenwärtigen Augenblick, der das Vergangene eint und das Zukünftige ist - in ihm ist und wird unser Leben.
An diesem Punkt sind wir an das Geheimnis geführt, welches in dem Roman „Momo" von Michael Ende die gleichnamige Hauptfigur personifiziert.

Das „Momo-Geheimnis"

Im zweiten Kapitel von Michael Endes Buch „Momo" finden wir unter der Überschrift „Eine ungewöhnliche Eigenschaft und ein ganz gewöhnlicher Streit" das Geheimnis der kleinen Momo beschrieben:
„So kam es, dass Momo sehr viel Besuch hatte. Man sah fast immer jemand bei ihr sitzen, der angelegentlich mit ihr redete. Und wer sie brauchte und nicht kommen konnte, schickte nach ihr, um sie zu holen. Und wer noch nicht gemerkt hatte, dass er sie brauchte, zu dem sagten die andern: »Geh doch zu Momo!«
Dieser Satz wurde nach und nach zu einer feststehenden Redensart bei den Leuten der näheren Umgebung. ...
Aber warum? War Momo vielleicht so unglaublich klug, dass sie jedem Menschen einen guten Rat geben konnte? Fand sie immer die richtigen Worte, wenn jemand Trost brauchte? Konnte sie weise und gerechte Urteile fällen?
Nein, das alles konnte Momo ebenso wenig wie jedes andere Kind. ...
Konnte sie vielleicht zaubern? Wusste sie irgendeinen geheimnisvollen Spruch, mit dem man alle Sorgen und Nöte vertreiben konnte? Konnte sie aus der Hand lesen oder sonst wie die Zukunft voraussagen?

Nichts von alledem. Was die kleine Momo konnte wie kein anderer, das war: Zuhören. Das ist doch nichts Besonderes, wird nun vielleicht mancher Leser sagen, zuhören kann doch jeder.
Aber das ist ein Irrtum. Wirklich zuhören können nur ganz wenige Menschen. Und
so wie Momo sich aufs Zuhören verstand, war es ganz und gar einmalig.
Momo konnte so zuhören, dass dummen Leuten plötzlich sehr gescheite Gedanken kamen. Nicht etwa, weil sie etwas sagte oder fragte, was den anderen auf
solche Gedanken brachte, nein, sie saß nur da und hörte einfach zu, mit aller
Aufmerksamkeit und aller Anteilnahme. Dabei schaute sie den anderen mit ihren
großen, dunklen Augen an, und der Betreffende fühlte, wie in ihm auf einmal Gedanken auftauchten, von denen er nie geahnt hatte, dass sie in ihm steckten.
Sie konnte so zuhören, dass ratlose oder unentschlossene Leute auf einmal
ganz genau wussten, was sie wollten. Oder dass Schüchterne sich plötzlich frei
und mutig fühlten. Oder dass Unglückliche und Bedrückte zuversichtlich und froh
wurden. Und wenn jemand meinte, sein Leben sei ganz verfehlt und bedeutungslos und er selbst nur irgendeiner unter Millionen, einer, auf den es überhaupt
nicht ankommt und der ebenso schnell ersetzt werden kann wie ein kaputter Topf
und er ging hin und erzählte alles das der kleinen Momo, dann wurde ihm, noch
während er redete, auf geheimnisvolle Weise klar, dass er sich gründlich irrte,
dass es ihn, genauso wie er war, unter allen Menschen nur ein einziges Mal gab
und dass er deshalb auf seine besondere Weise für die Welt wichtig war.
So konnte Momo zuhören!"

Das Geheimnis Momos kommt mit der kontemplativen Achtsamkeit überein, es
ist die „Kunst" ganz präsent zu sein, im gegenwärtigen Augenblick zu sein, ohne
selbst etwas zu wollen, alles erwartend. In dieser Lebenshaltung wird Momo
nicht nur zum klaren „Spiegel" für den anderen. Der Suchende kann nicht nur
sein Leben, so wie es gerade ist, erkennen und Zusammenhänge und neue Ord-
nungen entdecken - das **„Momo-Geheimnis"** birgt mehr.
Wer so zuhören kann wie Momo, der ist so sehr da, so sehr gegenwärtig, dass er
leer von Vorstellungen, Meinungen und Zielsetzungen ist - nicht gebunden an
Gedanken. Er ist in seinem bloßen, nackten Da-Sein mit sich selbst identisch. Er
ist einfach. Im Leer- und Identisch-Sein - in seinem Sein - wird er transparent für
den Urgrund, aus dem alles geworden ist und alles wird - der Urgrund, der alles
(er-)trägt. In der unmittelbaren Begegnung von Ich und Du kann der Urgrund des
Lebens durchscheinen - ist „Gott" gegenwärtig. Und in seinem Aufschein ereignet sich die Eingebung dessen, was wirklich ist, was trägt und Leben erwirkt. Wer
den Grund seines Daseins berührt, erfährt das Einssein mit allen und allem. In
dieser Erfahrung liegen die Weisungen des Lebens, das was uns in anderer Form
in den Geboten der Liebe gegeben ist. Zugleich wird dem Menschen in der Erfah-

1.7

rung des Einseins die Erfahrung seiner Verwurzelung im Urgrund des Lebens zuteil. Sie macht ihm die Einzigartigkeit, Würde und Schönheit seines Lebens offenbar, denn die Vorstellungen, Meinungen, Zielsetzungen, die das Wesen eines Menschen verstellen und entstellen, sind in diesem Augenblick nicht mehr. Sie haben im Hier und Jetzt des gegenwärtigen Augenblicks keinen Raum. Der Raum, in dem sie eine Gestalt finden, sind die Gedanken, die an dem Vergangenen hängen und sich ausrichten auf das Zukünftige - im gegenwärtigen Augenblick sind sie nicht. Im unmittelbaren Gegenwärtigsein, welches das „**Momo-Geheimnis**" ist, geschieht Erkennen und Lieben, Auferstehung zum Leben - Leben wird neu geboren in die Zeit.

Das Bedeutsame nicht nur für das schulpastorale Tun ist, dass das „**Momo-Geheimnis**" in jeder Begegnung gelebt werden kann - buchstäblich in jedem Augenblick.

Wohl wissend, dass der Takt des Chronos immer wieder versucht, uns zurückzurufen in die Zeit des Vergessens, in der die Wahrheit unseres Wesens unserem Bewusstsein entzogen ist und in der das Wissen um unsere Verwurzelung im Urgrund des Lebens - in „Gott" - verschüttet ist, bleibt die Erfahrungsgewissheit um die Gegenwärtigkeit des Kairos bestehen. Sie kann dann in uns wieder lebendig werden, wenn wir die Taktschläge des Chronos als einen Klangschlag der Glocke der Achtsamkeit verstehen lernen, der uns wach ruft, über den Atem den „Raum" der Stille zu hören und aus diesem „Raum" der Stille heraus zu leben – in jedem Augenblick neu.

Manfred Müller
Wie die Weisungen des Weltethos als Schulethos an einer Berufsschule fruchtbar werden können

Ausgangslage

Berufsschulen befinden sich gegenwärtig je nach Struktur ihrer Ausbildungsberufe mehr oder weniger stark im Umbruch: Entweder aus eigenem Antrieb, weil sie ihre Schule von innen heraus weiterentwickeln wollen oder weil sie durch externe Vorgaben, z.B. durch Einführung lernfeldorientierter Lehrpläne, dazu verpflichtet sind. Im Zentrum innerer oder äußerer Entwicklung steht meist die Unterrichtsentwicklung. Zum Einsatz kommen verstärkt schüleraktive, projekt- und handlungsorientierte Lehr-Lernarrangements, die das selbstgesteuerte und eigenverantwortliche Lernen in Einzel- und Teamarbeit fördern sollen.

Mit den neuen Anforderungen im methodisch-didaktischen Bereich sind auch höhere Anforderungen im zwischenmenschlichen Bereich verbunden. Dadurch verursachte Unsicherheiten, Ängste und soziale Konflikte im Klassenzimmer werden von Lehrkräften, die ihren Weg zu einer neuen Lehr-Lernkultur gerade begonnen haben, schnell als methodenbedingte Störfaktoren betrachtet. Nicht selten kehren sie zu bisherigen Unterrichtsformen zurück, für die sie „bewährte" Routinen zu besitzen glauben. Diese Tendenz wird verstärkt, wenn sie erleben, dass sie nun auch in der Zusammenarbeit mit Kollegen höheren Anforderungen ausgesetzt sind.

[1] Achtenhagen 2005, S. 25ff.

[2] Alle Personenbezeichnungen beziehen sich – ganz im Sinne der vierten ethischen Weisung - immer auf beide Geschlechter.

Soll jedoch der Bildungsauftrag der Berufsschule nicht aus dem Blick geraten, der zu Recht nicht nur die Förderung fachlicher, sondern umfassender beruflicher und gesellschaftlicher Handlungskompetenzen[1] fordert, kann auf eine Weiterentwicklung hin zu mehr Eigeninitiative, Eigenverantwortung und Teamarbeit auf Schülerseite und zu mehr Kommunikation und Kooperation bei der Planung, Durchführung und Auswertung neuer Unterrichtskonzepte auf Lehrerseite nicht verzichtet werden. So erleben insbesondere Berufsschullehrer[2], die sich auf dem Weg „Innerer Schulentwicklung" befinden, häufig eine besondere Herausforderung, zusätzlich zu den Sachaufgaben auch noch ein höheres Maß an Beziehungsarbeit bewältigen zu müssen.

Wenn in solchen Situationen das soziale Klima nicht leiden soll, braucht es im Schulalltag eine tragfähige Werteorientierung für den menschlichen Umgang miteinander. Welche Wertorientierung könnte das aber an einer öffentlichen Schule sein? Um praktikable Antworten für den Schulalltag zu finden, ist vor allem zu fragen: In welchen schulischen Situationen sind welche Werte von besonderer Relevanz? Welche Werte sind bei Schülern und Lehrern gleichermaßen mehrheitsfähig? Wie können diese mehrheitsfähigen Werte für das praktische Zusammenleben und -lernen fruchtbar werden?

Die folgenden Ausführungen antworten auf diese Fragen aus der Perspektive der Unterrichtspraxis einer Berufsschule[3], die sich seit 1998 auf dem Weg der systematischen Inneren Schulentwicklung befindet und um den Segen von Kolleginnen und Kollegen weiß, die nicht nur über Werte reden, sondern diese in der menschlichen Begegnung mit Schülern und Kollegen im Schulalltag vorleben.

In welchen schulischen Situationen sind welche Werte von besonderer Relevanz?

Dass an einer Berufsschule **Tugenden** wie Pünktlichkeit, Fleiß, Eigeninitiative, Leistung, Zuverlässigkeit, Disziplin etc. wichtig sind, bedarf wegen ihrer Bedeutung als Schlüsselqualifikationen[4] und ihrer Relevanz für ein erfolgreiches Berufs- und Arbeitsleben keiner näheren Erläuterung. In welcher Ausprägung sie in der Schule auf den Ebenen Unterricht und Erziehung tatsächlich eine Rolle spielen, hängt von Werten ab, die dahinter stehen und eine Grundlage für das Urteilen und Handeln der Menschen sind[5]. So kann es durchaus erforderlich sein, eine fehlgeleitete Tugend wieder in die richtige Balance zu bringen, etwa wenn ein pervertiertes Verständnis von **Leistung** vorliegt, das menschenverachtende Züge angenommen hat und mit dem Menschenrecht „Achtung vor der Würde des Menschen" nicht mehr im Einklang steht. Hier käme dann im Gewand einer Tugend kein Wert, sondern ein **Unwert** zum Vorschein. Auch bei der Förderung von Tugenden in der Schule ist somit ein Bewusstsein zu entwickeln, welches Menschenbild und welche Werte hinter den Unterrichts- und Erziehungskonzepten der Lehrer[6] stehen, die sich letztlich zum Ethos der Schule verdichten.

Unter **Schulethos** soll hier ein Wertekonsens verstanden werden, der für das menschliche Miteinander im Schulalltag eine handlungsleitende Orientierung bietet und - als Folge - den **Geist**[7] der Schule prägt. **Moral** soll erst in zweiter Linie in den Blick kommen, die im Zusammenhang mit dem Erziehungsauftrag auf Schülerebene natürlich bedeutsam wird, sobald es um Norm- und Disziplinver-

[3] An der Berufsschule 3 der Stadt Nürnberg unterrichteten im Schuljahr 2004/05 75 Lehrkräfte 3110 Schüler/-innen in 113 Fachklassen für 14 unterschiedliche Ausbildungsberufe sowie in neun Klassen des Berufsvorbereitungsjahres, sechs BvB-Klassen (Berufsvorbereitende Bildungsmaßnahme) und drei klassische Jungarbeiterklassen.

[4] Müller 2004a.

[5] Bei den Begriffen Wert und Tugend folge ich dem Verständnis von H. v. Hentig. Danach sind Werte Ideen, die wir bestimmten Dingen oder Verhältnissen zuschreiben und die uns als Orientierung dienen (Hentig 1999, S. 69). Tugenden sind auf Werte bezogene Verhaltensformen (Mittel), mit deren Hilfe wir uns einzelner Werte gemäß verhalten (Hentig 1999, S. 70).

[6] Alle Personenbezeichnungen beziehen sich - ganz im Sinne der vierten ethischen Weisung - immer auf beide Geschlechter.

[7] Damit ist gewiss noch nicht der „Gesamtgeist" einer Schule beschrieben, wie er von Gaudig als „.... Inbegriff der Dispositionen aller Einzelnen, die bei den inneren und äußeren Gemeinschaftshandlungen wirksam werden", definiert wurde (Gaudig 1917, S. 243). Angesprochen ist hier lediglich die Ebene der Werte, die das Urteilen und Handeln bestimmen (sollen).

2.0

stöße geht. Im Verständnis von Schulethos soll also nicht das Moralisieren und Disziplinieren dominieren, sondern die ethische **Selbstverpflichtung** für das eigene Handeln eines jeden Mitglieds der Schulgemeinschaft. Letzteres gilt auch für das Miteinander im Lehrerzimmer, indem eine Begegnung erwachsener Menschen gepflegt werden soll, die sowohl auf Achtung des Anderen als auch auf Achtung der eigenen Person beruht.

Im Rahmen des Erziehungsauftrages sind die im Grundgesetz in den Grundrechten (Art. 1-6) niedergelegten obersten Werte einer demokratischen Gesellschaft für alle Lehrkräfte verbindlich. Häufig sind sie aber nur auf einer abstrakten, eher unbewussten Ebene idealer Werte angesiedelt, sodass ihre Bedeutung im konkreten Schulalltag nicht ohne weiteres erkennbar ist. Dies soll an zwei Beispielen (aus den Niederungen) des Schulalltags verdeutlicht werden.

Beispiel 1: Unpünktlicher Schüler als Beispiel für Disziplinprobleme in der Schule
Wie ist z.B. mit einem Schüler umzugehen, der wiederholt unpünktlich zum Unterricht erscheint? Handelt es sich hier um ein Kavaliersdelikt, über das in der Schule (im Vergleich zum Betrieb) nicht groß geredet werden sollte, oder ist mit gleicher Konsequenz wie in der Wirtschaft vorzugehen, um die Wichtigkeit dieser Tugend zu verdeutlichen und das Fehlverhalten in der Klasse nicht einreißen zu lassen? Je nach Reaktion des Lehrers tut sich hier ein Konfliktpotential für die Schüler-Lehrer-Beziehung auf, das die Stimmung in der gesamten Klasse zum Kippen bringen kann. Ob daraus tatsächlich ein Konflikt erwächst, hängt z.B. von der Begründung des Schülers und von der Situationsauffassung des Lehrers ab. Wenn die Begründung, die erfahrungsgemäß meist als „Ausrede" (?) erscheint, Niveau hat, ist der eine Lehrer vielleicht geneigt (wieder einmal?) ein Auge zuzudrücken, während es ein anderer vorzieht, dem Schüler vor der Klasse mal richtig die Leviten zu lesen. Wieder ein anderer ignoriert möglicherweise das Schülerverhalten - weil er im Unterrichtsverlauf nicht gestört werden will, weil er Ignorieren für eine geeignete pädagogische Maßnahme hält oder weil ihm sein Schüler (oder sein Erziehungsauftrag?) egal ist. Eine sinnvolle Reaktion wäre ein persönliches Gespräch mit dem Schüler – nicht vor der Klasse, sondern unter vier Augen. Was aber, wenn es ein solches Gespräch schon gegeben hat? Lehrkräften, die solche Erfahrungen aus erster Hand kennen, fallen sicherlich noch weitere Beschreibungsvarianten für diese Situation ein, in der – je nach Schüler – unterschiedliche Reaktionen angemessen sein können ...

Abb. 1:
Einstiegsfolie zum Thema „Fair und respektvoll miteinander kommunizieren"

Der Fall, der aus dem bunten Spektrum von Disziplinproblemen mit Schülern typisch ist, soll zunächst verdeutlichen, dass bei jedem Erziehungshandeln Werte zum Tragen kommen, die die Schüler-Lehrer-Beziehung auf den Prüfstand stellen. Wie gut die Erziehungssituation im vorliegenden Fall gemeistert wird,

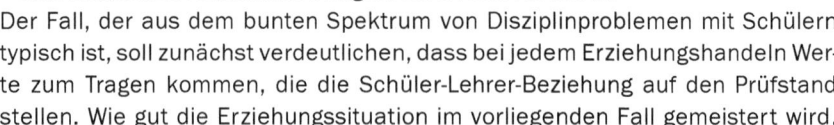

dürfte vor allem aus Schülerperspektive davon abhängen, wie ernst sich dieser als **Person** genommen fühlt, d.h. wie viel **Achtung** ihm der Lehrer entgegenzubringen bereit ist.

Der Fall kann außerdem darauf hinweisen, dass auch die Lehrer-Lehrer-Beziehungen rasch einer Bewährungsprobe ausgesetzt sind, wenn etwa im Lehrerteam beschlossen wurde, bei Unpünktlichkeit nach festgelegten Regeln vorzugehen und sich ein Lehrer nicht daran hält. Wie ausgeprägt das Konfliktpotential auf dieser Ebene ist, wird auch davon abhängen, welche Relevanz **Solidarität** unter den einzelnen Lehrkräften besitzt. Wenn bestimmte Erziehungsmaßnahmen vereinbart wurden, um von den Schülern nicht gegenseitig ausgespielt zu werden - was in Erziehungssituationen wichtig ist -, dann kann die Vernachlässigung einer solchen Vereinbarung zu emotionsgeladenen Auseinandersetzungen führen, hinter denen nicht selten unterschiedliche Werthaltungen im Widerstreit liegen.

Welches Urteilen oder Handeln im vorliegenden Fall auf Schüler- bzw. Lehrerebene auch immer zum Tragen kommt, es wird dazu beitragen, den **Geist** einer Schule zu prägen.

Beispiel 2: Höhere Anforderungen an die sozialen Kompetenzen durch neue Unterrichtskonzepte

Werte erhalten über die alltägliche Erziehungsarbeit hinaus in Schulentwicklungsprozessen eine besondere Tragweite und Brisanz. So erfordert z.B. die verbindliche Einführung lernfeldorientierter Lehrpläne von den Lehrkräften einen höheren Abstimmungsbedarf und Kooperationswillen. Auch die Schüler sind nun den Einstellungen und Verhaltensweisen ihrer Mitschüler stärker ausgesetzt als in traditionellem, eher lehrerzentriertem Unterricht. Ob im Verlauf einer Gruppenarbeit, bei der Präsentation der erzielten Arbeitsergebnisse oder bei einem Einzelreferat: stets handelt es sich um Situationen, in denen Schüler Leistung vor der gesamten Klasse bringen sollen und nun zusätzlich von Mitschülern Feedback erhalten.

Wenn den Schülerinnen und Schülern die Freude darüber, sich aktiv und gerne in Vorhaben und Projekte einzubringen, Anstrengungs- und Leistungsbereitschaft zu zeigen und ihre Ergebnisse vor anderen zu präsentieren, durch unangemessenes Feedback nicht genommen werden soll, ist dafür zu sorgen, dass **ethische** „Spielregeln" eingehalten werden.

Folgende drei Regeln haben sich als **Verhaltensgrundsätze** für das Lernen und Leben in der Schule als unverzichtbar erwiesen:

2.0

1. Den Anderen und sich selbst als Person achten – unabhängig von der Leistung (Achtung).
2. Begründete Meinungen/Wahrnehmungen anderer akzeptieren und die eigenen nicht verabsolutieren (Toleranz).
3. Sich in die Gruppe/Klasse integrieren und andere unterstützen (Hilfsbereitschaft / Solidarität).

[8] ... wahrscheinlich sogar in genau dieser Reihenfolge. Wobei die erste Forderung bereits die Schwierig-keiten deutlich zeigen kann, die mit dem Versuch der Werteer-ziehung in einer Leistungsgesellschaft verbunden ist.

Diese Grundsätze kamen bei der Erarbeitung von Regelplakaten ans Licht, die in den allgemein bildenden Fächern mit dem Ziel erstellt wurden, das Miteinander in der Klasse, insbesondere bei Kleingruppenarbeit, zu regeln. Die in Klammern genannten Werthaltungen stellen den gemeinsamen Nenner von unterschied-lichen Plakatformulierungen dar und sind für das praktische Zusammenleben und -lernen in der Schule als Orientierungsmaßstab von besonderer Relevanz[8].

Eine Konzentration auf diese Verhaltensgrundsätze kann eine große Erfolgs-chance im Bemühen um nachhaltige Werterziehung eröffnen, weil die hinter ihnen liegenden Werte das gemeinsame schulische Lernen und Zusammen-leben ganz konkret und direkt betreffen. Wenn sie an der Schule nicht nur gelernt, sondern auch gelebt werden, etwa im Fall der Beispiele 1 und 2, dann kann ein **Geist** (Schulethos) erlebbar werden, der die Vision von einer humanen und leistungsstarken Schule in den Klassenzimmern wahr werden lässt.

Die Frage ist freilich, wie diese Erfolgschance unterstützt und praktisch nutzbar gemacht werden kann, im Sinne eines Schulethos möglichst in **allen** Klassen-zimmern und auch im Lehrerzimmer.

Welche Werte sind bei Schülern und Lehrern gleichermaßen mehrheitsfähig?

[9] Weltethos 1993.

Die Frage nach der Mehrheitsfähigkeit von Werten spielt dann eine Rolle, wenn beabsichtigt ist, eine gemeinsame Wertorientierung für das Urteilen und Han-deln aller Mitglieder der Schulgemeinschaft anzubieten. Diese Frage wird vor allem dann virulent, wenn an der Schule heterogene Strukturen herrschen in Be-zug auf Vorbildung, Alter, Geschlecht sowie religiöse und kulturelle Prägung, wie das an unserer Schule der Fall ist. Dieses Problem schien sich jedoch völlig in Luft aufzulösen, als wir auf die folgenden vier ethischen Weisungen und die Goldene Regel des Weltethos trafen[9]:

Vier ethische Weisungen
1. Verpflichtung auf eine Kultur der Gewaltlosigkeit und der Ehrfurcht vor allem Leben
2. Verpflichtung auf eine Kultur der Solidarität und eine gerechte Wirtschaftsordnung
3. Verpflichtung auf eine Kultur der Toleranz und ein Leben in Wahrhaftigkeit
4. Verpflichtung auf eine Kultur der Gleichberechtigung und die Partnerschaft von Mann und Frau

Goldene Regel der Menschlichkeit
Behandle andere Menschen so, wie Du selbst behandelt werden willst!

Abb. 2: Wertefundament des Weltethos

Dieses Wertefundament lernten wir beim Nürnberger Forum „Spiritualität und ethische Erziehung"[10] im Schuljahr 2000/01 kennen. Es erschien trotz seiner globalen Zielperspektive auch als Fundament für ein Ethos in unserem Mikrokosmos Schule gut geeignet[11].

Obwohl uns im Fall der vierten Weisung anfangs kein direkter Bezug zu unserem Schulalltag bewusst war, führte uns der Blick auf weibliche Minderheiten in Klassen mit typischen Männerberufen (z.B. Köche oder Bäcker) vor Augen, dass auch hier ein Bewusstsein für Achtung und Respekt vor dem Nächsten - diesmal unabhängig vom Geschlecht - zu fördern ist, wenn die Vision einer humanen Schule Wirklichkeit werden soll.

Mit den Weisungen des Weltethos fiel uns ein traditionsreicher, knapp gehaltener Kanon von unverrückbaren Werten zu, die Jahrtausende hinweg Bestand haben und sich aus mehreren Gründen an unserer Schule als mehrheitsfähig erwiesen:

1. Sie decken sich gut mit unseren Erfahrungen darüber, welche Werthaltungen im Klassenzimmer grundlegend sind und deshalb eingefordert werden müssen – vor allem bei schüleraktiven Unterrichtskonzepten.
2. Sie stimmen mit unserem Schulleitbild überein, in dem nicht nur die Vermittlung fachlicher Kompetenz, sondern ein ganzheitlicher Bildungsanspruch verankert ist, der z.B. auch die Förderung des selbst- und sozialverantwortlichen Handelns beinhaltet.
3. Sie scheinen auch das Zusammenleben und –lernen auf der Ebene der Lehrkräfte befruchten zu können.
4. Auch bieten sie Anschlussmöglichkeiten für die Einbindung unserer außerschulischen Partner (Kirchen, Vereine, Schulpartnerschaften, ...).

Vor diesem Hintergrund führten wir gegen Ende des Schuljahres 2000/01 die vier Weisungen und die Goldene Regel zunächst für den Religions- und Ethikunterricht als gemeinsames Wertefundament ein, um uns erst einmal hier auf eine

[10] VII. Nürnberger Forum Spiritualität und ethische Erziehung - Erbe und Herausforderung der Religionen, vom 25.-29.09.2000. Nestor des Nürnberger Forums ist Prof. Dr. J. Lähnemann, Lehrstuhl für Religionspädagogik an der Erziehungswissenschaftlichen Fakultät Nürnberg.

[11] Die Weisungen, die allen großen religiösen und ethischen Traditionen gemeinsam sind, sind natürlich auch mit den Grundrechten des Grundgesetzes bzw. mit Art. 131 der Bayerischen Verfassung kompatibel, der in unserem Schulhaus neben den Weisungen des Weltethos auf einer großen Tafel visualisiert ist und unseren Bildungsauftrag ins Bewusstsein rufen soll.

2.0

gemeinsame Grundlage im Bemühen um Werteerziehung zu verständigen. Auf dieser Basis können die Religionslehrkräfte auch weitere Werte thematisieren, die für das christliche Abendland zentral sind, nicht zuletzt auch die Ehrfurcht vor Gott.[12] Mithilfe einer Unterrichtseinheit zum Thema „Verantwortungsvoll handeln" wollten wir erste Erfahrungen mit dem Weltethos als Schulethos sammeln. Es stellte sich bald heraus, dass die Weisungen von den Schülern gut angenommen werden und nach deren Einführung sinnvolle Anknüpfungspunkte bei aktuellen Diskussionsthemen bieten. Auch erwies sich die Goldene Regel als Strukturierungshilfe für Unterrichtsstunden hilfreich, in denen aktuelle Diskussionen im Vordergrund stehen, die leicht Gefahr laufen, in eine „Plauderstunde" zu verfallen.

Nachdem mit dem Weltethos mehrheitlich positive Erfahrungen verbucht werden konnten, fassten wir den Entschluss, das Wertekonzept dem Gesamtkollegium vorzustellen, um auch hier die Eignung als Fundament für ein gemeinsames Schulethos zu erproben. So entstand zunächst für das Fach Deutsch eine Unterrichtseinheit „Kommunikationstraining" mit dem Titel „Fair und respektvoll miteinander kommunizieren". Während vorher beim Thema mündliche Kommunikation/Argumentation „nur" der funktionale Aufbau einer Argumentation sowie Argumentationsstrategien unter formal-logischen Aspekten im Mittelpunkt standen, verfügt diese Einheit nun auch über ein ethisches Fundament und kann so der fächerübergreifenden Werteerziehung und der Pflege eines Schulethos dienen. Nachdem die meisten Lehrkräfte an der Berufsschule das Fach Deutsch erteilen, kamen mit dieser Unterrichtseinheit die Weisungen mehr und mehr ins Bewusstsein des Gesamtkollegiums. Ein wichtiger Durchbruch war geschafft, als 2003 die Hausordnung überarbeitet werden musste und sich alle Gremien (Leitungskreis der Schule, Personalvertretung, Berufsschulbeirat, Tagessprecherausschüsse, Vertretung des Aufwandsträgers) mit dem Entwurf befassen sollten. So fanden die vier Weisungen sowie die Goldene Regel als konsensfähige ethische Norm unserer Schule in der Neufassung schließlich ihren Niederschlag, die von nun an allen Schülern von ihren Klassenleitern ins Bewusstsein zu führen ist (siehe Abb. 3).

Da es zum Bildungsauftrag der Berufsschule gehört, auch die Bereitschaft zum ethischen Handeln zu fördern, wurde die systematische Verankerung der Vier Weisungen und der Goldenen Regel von Anfang an als nützliche Hilfestellung erlebt und deshalb im Gesamtkollegium als gemeinsames Wertefundament akzeptiert. Von entscheidender Bedeutung für die Akzeptanz auf so breiter Basis sehen wir die Grundintention, die hinter dem Projekt Weltethos steht: Der Blick auf die **Gemeinsamkeiten** der großen religiösen und ethischen Traditionen der

Welt. Dieser auf Konsens basierende Ansatz kann für unsere Berufsschule, die über einen wesentlichen Ausländeranteil verfügt[13], als ein entscheidendes Kriterium für Mehrheitsfähigkeit bei Schülern **und** Lehrkräften betrachtet werden.

[13] Statistisch gesehen beträgt der Ausländeranteil an unserer Schule zwar nur 12% (Stand 2004/05). In der Realität haben wir es jedoch mit einer Reihe von Schülern zu tun, die zwar die deutsche Staatsangehörigkeit besitzen, der deutschen Sprache aber nur unzureichend mächtig sind, z.B. weil sie in ihren Familien die Herkunftsmuttersprache sprechen sowie kulturell und religiös entsprechend geprägt sind.

Gemeinsame ethische Weisungen
aller großen Weltreligionen

Hausordnung für die B3 Nürnberg

Festlegungen des Schulleiters unter Mitwirkung des B3-Leitungskreises, der Personalvertretung, des Berufsschulbeirates, der Tagessprecherausschüsse und der Vertretung des Aufwandsträgers

und Ethos
unserer

Allgemeine Festlegungen

1.
Das Hausrecht wird durch die Schulleitung ausgeübt. Im Auftrag der Schulleitung handeln die Lehrkräfte, der Hausmeister und andere weisungsberechtigte Personen. Im Klassenzimmer hat die jeweilige Lehrkraft das Hausrecht. Sie bestimmt in diesem Zusammenhang die Organisation des Unterrichtsbetriebs.

2.
Unbefugten Personen ist das Betreten des Schulgrundstückes und des Schulgebäudes nicht gestattet.

3.
Die Feuerwehrzonen und Fluchtwege müssen aus Sicherheitsgründen ohne Einschränkung freigehalten werden.

Besondere Festlegungen, um deren Einhaltung sich jede/r bemühen muss

Gewaltlosigkeit:
Ich bemühe mich ernsthaft, alle Personen an unserer Schule zu achten und werde Gewalt – auch Gewaltandrohungen mit Worten – vermeiden. Deshalb bringe ich z.B. keine Waffen (Messer, Pistolen, ...) mit in die Schule.

Solidarität:
Ich bemühe mich ernsthaft, alle Personen an unserer Schule gerecht und fair zu behandeln und werde mich für eine gute Klassengemeinschaft einsetzen.

Toleranz:
Ich bemühe mich ernsthaft, allen Personen an unserer Schule aufrichtig und ehrlich zu begegnen und andere Ansichten zu tolerieren.

Gleichberechtigung:
Ich bemühe mich ernsthaft, allen Personen in unserer Schule – unabhängig von ihrem Geschlecht – partnerschaftlich zu begegnen.

Hinweise zum Besuch unserer Schule:
Ich bemühe mich ernsthaft - über die bisher genannten Weisungen hinaus - auch die „Hinweise zum Besuch unserer Schule" zu beachten, wie sie beim Schuleintritt mit der Klassenleitung besprochen wurden.
Dort wurde auf folgende Aufgaben und Pflichten aufmerksam gemacht: pünktliches Erscheinen zum Unterricht, Sauberkeit im Schulhaus, getrennte Müllsammlung, Besuch der Aufenthaltsräume während der Pausen, Raucherlaubnis nur im Pausenhof, Handybenutzung nur außerhalb des Unterrichts, Ordnung und Sauberkeit im Klassenzimmer, Eigenverantwortung für mitgebrachte Wertgegenstände sowie für das Abstellen von Fahrrädern und Mopeds am vorgesehenen Platz.

Verstöße:
Wenn ich gegen die genannten Festlegungen willentlich verstoße, schade ich mir nicht nur selbst in meiner Persönlichkeitsentwicklung, sondern riskiere in schweren Fällen auch Schadensersatzforderungen sowie Ordnungsmaßnahmen. Dies kann nach Art. 86 BayEUG bis zum Schulausschluss führen.

Goldene Regel:
Was du nicht willst, dass man dir tu,
das füg' auch keinem andren zu!

Am 3.12.2003
gez. Dr. M. Müller, Schulleiter

gez. G. Horn, stellvertretender Schulleiter

Abb. 3

2.0

Wie können mehrheitsfähige Werte für das praktische Zusammenleben und -lernen fruchtbar werden?

[14] Weitere Informationen zu den Unterrichtseinheiten können auch unserer Schulhomepage entnommen werden: www.b3-nbg.de. Siehe auch: Müller 2004, S. 20-23.

Trotz der Klarheit und Überschaubarkeit der vier Weisungen ergeben sich schnell eine ganze Reihe von Einzelfragen und Detailprobleme, wenn versucht wird, die Bedeutung der einzelnen Weisungen in konkreten Situationen des Alltags durchzubuchstabieren. In der Auseinandersetzung mit den Weisungen liegt aber gerade die Chance, sie als Orientierung für das eigene Alltagshandeln nutzbar zu machen, was im Folgenden anhand von einigen Beispielen verdeutlicht werden soll[14].

Zusammenleben und –lernen im Klassenzimmer

a) Implementierung einer Unterrichtseinheit zur Einführung des Weltethos in den Fächern Religion und Ethik aller Klassen mit dem Thema „Verantwortungsvoll handeln".

b) Unterrichtseinheit „KOMM: Fair und respektvoll miteinander kommunizieren" für das Fach Deutsch aller Klassen.

c) Einführung der Unterrichtseinheit „TEAM: Von der Gruppe zum Team" vor allem für Klassenteams zur Durchführung von Projekttagen in allen Berufsbereichen.

d) Entwicklung einer Unterrichtseinheit in den Fächern Religion und Ethik mit berufsbezogenen Fallbeispielen zu den einzelnen Weisungen.

[15] Vor der endgültigen Verabschiedung der Hausordnung durch den Schulleiter befassten sich im Vorfeld zunächst der Leitungskreis der Schule, der Personalrat, dann die Tagessprecherausschüsse und schließlich der Berufsschulbeirat sowie die Vertreter des Aufwandsträgers mit dem Entwurf. Auf diese Weise konnte unser Wertefundament vielen Personen unserer Schulgemeinschaft ins Bewusstsein geführt werden.

e) Einarbeitung der vier Weisungen und der Goldenen Regel in die Hausordnung[15], für deren Einführung und Pflege die Leiter der einzelnen Klassen verantwortlich sind.

f) Visualisierung unseres Schulethos auf Großplakaten, die im Schulhaus an unterschiedlichen Stellen unsere Selbstverpflichtung zur Orientierung an unserem Wertefundament immer wieder neu ins Bewusstsein führen sollen …

Nach dem Motto „Der Teufel sitzt im Detail", ging es uns bei den Unterrichtseinheiten besonders darum, die Schüler mit Fallbeispielen zu konfrontieren, die eine Anknüpfung an Erfahrungen in ihrer schulischen, beruflichen, gesellschaftlichen oder privaten Lebenswirklichkeit ermöglichen. Außerdem soll in diesen Situationen eine Entscheidung für konkretes Urteilen und Handeln gefordert werden, die anschließend zu analysieren und zu diskutieren ist. Schließlich wird die Möglichkeit geboten, Fragen und Ängste zu thematisieren, die sich aus Entscheidungssituationen in der Rolle als Schüler bzw. Auszubildender ergeben. In diesem Sinne bietet z.B. die Unterrichtseinheit a) neben einer Einführung der ethischen Weisungen auch Anknüpfungspunkte zu aktuellen Themen, wie folgender Artikel zeigen soll, der mit drei Fragen bearbeitet werden kann:

Kameras gegen Gewalt an Schulen

Zahl der Gewaltdelikte in einem Jahr um 66 Prozent gestiegen -
Videoüberwachung der Eingangsbereiche von Schulen gefordert.

Nach den brutalen Gewaltexzessen an zwei Schulen in Niedersachsen wird auch
in Berlin die Diskussion über eine konsequentere Bekämpfung der Gewalt an
Schulen fortgeführt.
Hintergrund der Forderung waren zwei Fälle an Schulen in Niedersachsen, die
in den vergangenen Wochen bekannt wurden. An einer Berufsschule in
Hildesheim hatten vier Jugendliche einen Mitschüler über Monate hinweg
misshandelt. Andere Schüler schwiegen, Lehrer wollen von den Vorfällen nichts
mitbekommen haben. An einer Schule in Hannover wurden in der vergangenen
Woche ähnliche Vorfälle aufgedeckt.

Aus Berliner Morgenpost, 16.02.2004

Abb. 4: Text zum Thema
Gewalt in der Schule

1. Was halten Sie von Kameras gegen Gewalt an Schulen?
2. Was würden Sie als Lehrer tun, um Gewalt in der Klasse vorzubeugen?
3. Welche Chancen sehen Sie, Vorfälle wie in Hildesheim durch Werterziehung
   in der Schule zu verhindern?

Die Unterrichtseinheit b) enthält u.a. den oben in Beispiel 1 geschilderten Fall
„Unpünktliches Erscheinen zum Unterricht", in den mithilfe der Abbildung 1 mit
dem Ziel eingeführt werden kann, verantwortliches Urteilen und Handeln auf Basis der Weisungen bzw. der Goldenen Regel zu reflektieren. Da es für die Schüler
erfahrungsgemäß danach noch genügend Gelegenheiten geben wird, das Fall-
beispiel auch am eigenen Leib zu erleben, bestehen für Lehrer und Schüler
Chancen, wertorientiertes Urteilen und Handeln in **konkreten Alltagssituationen**
einzuüben.

Mit der Einheit d), die Religions-/Ethiklehrkräfte in Zusammenarbeit mit Fach-
lehrkräften für die jeweiligen Ausbildungsberufe erarbeitet haben, ist die Möglichkeit gegeben, anhand von betriebspraktischen Fallbeispielen zu überlegen,
wie Entscheidungen auf der Basis von Grundwerten getroffen werden sollten.
Hier ein Beispiel aus unserem Berufsbereich Gastronomie:

Situation[16]: Spät nachts ist ein Stammgast in unserer Hotelbar stark alkoholi-
siert und gibt eine weitere Bestellung auf. Danach möchte er mit seinem Auto
noch in die nächste Diskothek fahren. Meine höflich formulierten Bedenken nüt-
zen nichts. Ich fürchte, ihn zu verärgern, wenn ich weiter versuche, sein gefährli-
ches Vorhaben zu verhindern.

[16] Weitere Beispiele:
siehe www.b3-nbg.de

Leitfragen: 1. Wie würden Sie handeln? 2. Welche ethische Weisung kann Ihnen
eine Orientierung für Ihr Handeln geben? 3. Inwieweit kann Ihnen die Goldene
Regel eine Hilfestellung bieten?

2.0

Bei allen Unterrichtseinheiten soll den Schülern genügend Zeit bleiben, ihre Standpunkte auszutauschen und um die richtige Lösung zu streiten - auf Basis der Weisungen natürlich, d.h. respektvoll und tolerant.

Über Aktivitäten hinaus, die direkt auf Unterricht bezogen sind, stellt der Bereich **Schülerberatung und –begleitung** in Form von Einzelgesprächen mit Schülern, Eltern und Betrieben eine weitere Gelegenheit dar, das Ethos unserer Schule erlebbar werden zu lassen. Hier sind vor allem Lehrkräfte am Werk, die als Schullaufbahnberater, Sozialpädagogen, Religions- und Ethiklehrkräfte oder als Beauftragte für Schulpastoral viel Engagement zeigen. Nicht vergessen werden dürfen an dieser Stelle auch die Klassenleiter, die in ihrer alltäglichen Arbeit oft gefordert sind, Vieraugengespräche mit einzelnen Schülern zu führen und eine tragfähige, vertrauensvolle Beziehung zur gesamten Klasse aufzubauen und zu pflegen.

Die unterschiedlichen Studienrichtungen, pädagogische Konzepte, Weltanschauungen, Glaubens- und Werthaltungen, die hinter den genannten Personen stehen, lassen schon vermuten, dass es auch hier leicht zu einem Widerstreit der Konzepte und Wertvorstellungen kommen kann. Unser gemeinsames Wertefundament soll auch hier eine gemeinsame Basis bieten für einen fairen Widerstreit um die sinnvollsten Konzepte und Wege zu den hier erforderlichen zwischenmenschlichen Begegnungen mit den Rat suchenden Schülern.

Zusammenleben und –lernen im Lehrerzimmer

Wie erläutert, ist in der Unterrichtsentwicklung, insbesondere wenn lernfeldorientierte Lehrpläne praktisch umzusetzen sind, die Beziehungsebene im Lehrerkollegium einer Bewährungsprobe ausgesetzt. Hier ist es nötig, sich z.B. bei unterschiedlichen Vorstellungen von gutem Unterricht auf einen gemeinsamen pädagogischen Nenner zu einigen. Wenn man erlebt, wie emotional die Gespräche diesbezüglich ablaufen können, wird deutlich, dass letztlich wieder Werthaltungen hinter den Auseinandersetzungen stehen, da Unterrichtsqualität ein **subjektives** Konstrukt ist. Wenn es gelingt, sich dabei am dargestellten Wertefundament zu orientieren, kann eine konstruktive „Streitkultur" entstehen, die als erlebbares Ethos unserer Schule gewünscht und deshalb zu fördern ist. Dies versuchen wir z.B. mit Hilfe von Tischschildern, die an grundlegende Verhaltensregeln im Lehrerzimmer auf Basis unseres Wertefundaments erinnern sollen (Abb. 5).

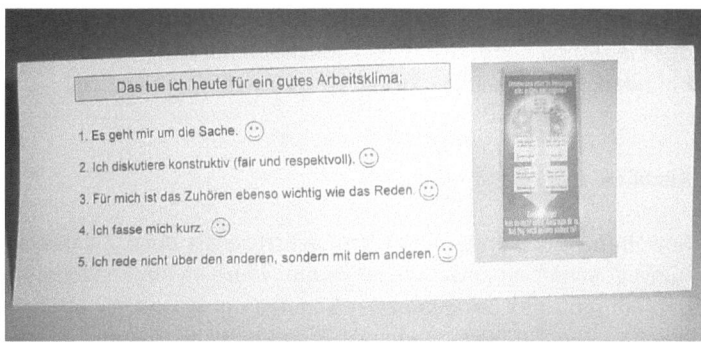

Abb. 5: Tischkärtchen in
den Lehrerzimmern

Auch unsere neuen Lehrkräfte, die von der Schulleitung ein Faltblatt zur Einarbeitung neuer Mitarbeiterinnen und Mitarbeiter erhalten, erfahren bei Amtsantritt
nicht nur etwas über unsere pädagogischen Konzepte und praktische Tipps für
Verwaltungsaufgaben. Unter dem Stichwort „Schulethos" erhalten sie folgende
Informationen:

„ ... Wir versuchen an unserer Schule auf der Basis der vier Weisungen und der
Goldenen Regel des Weltethos ein **Schul**ethos zu pflegen, das für die gesamte
Schulgemeinschaft als Selbstverpflichtung und Orientierung für das eigene
Handeln im Schulalltag dienen soll. Dieses Wertefundament finden Sie z.B. in
unserer Hausordnung, die alle Schüler/-innen zur Unterschrift vorgelegt bekommen, mit der sie sich zur Einhaltung verpflichten müssen. Bitte helfen Sie mit,
den Geist, der hinter diesem Wertefundament steht, für das Zusammenleben
und –lernen an unserer gesamten Schule - auch und gerade im Kollegium - spürbar werden zu lassen":

Wir verpflichten uns an unserer Schule auf eine Kultur der
Gewaltlosigkeit
und der Ehrfurcht vor allem Leben

Wir verpflichten uns an unserer Schule auf eine Kultur der
Solidarität
und eine gerechte Schulordnung

Wir verpflichten uns an unserer Schule auf eine Kultur der
Toleranz
und ein Leben in Wahrhaftigkeit

Wir verpflichten uns an unserer Schule auf eine Kultur der
Gleichberechtigung
und die Partnerschaft von Mann und Frau

Abb. 6

2.0

Dass wir uns mit den in Abb. 6 dargestellten Formulierungen nicht auf der Ebene des Weltethos, sondern auf dem bescheideneren Terrain des Ethos einer Schule befinden, verdeutlicht die zweite Weisung (vgl. auch Abb. 2).

Ausblick

Sowohl für Schulentwicklung grundsätzlich als auch für das alltägliche Erziehungsgeschäft einer Schule ist es gut, wenn es ein konsensfähiges Wertefundament gibt, das der gesamten Schulgemeinschaft als ethische Orientierung dienen kann. Die Weisungen des Projekts Weltethos können nach unseren Erfahrungen als Fundament für ein so verstandenes Schulethos eine wertvolle Unterstützung bieten. Freilich müssen auch sie für die konkreten Situationen des Schulalltags immer wieder neu ins Bewusstsein gebracht und in konkretes Alltagshandeln überführt werden, wenn sie als guter Geist der Schule spürbar sein sollen. Werte wollen ja nicht nur auf Papier und Plakaten, sondern in der Begegnung mit Menschen direkt erfahren werden.

Da die Auseinandersetzung mit Tugenden, Normen und Werten in den Familien nicht mehr im gewünschten Umfang gepflegt wird, kommt Werterziehung an einer Berufsschule einer Herkulesaufgabe gleich. Es stellt sie nicht selten vor unüberwindbare Schwierigkeiten, weil sie nur einen sehr eng begrenzten Zeitrahmen für ihre Bildungsbemühungen zur Verfügung hat[17].

[17] Im Dualen System stehen für die schulische Ausbildung im Durchschnitt nur ein Fünftel der Ausbildungszeit zur Verfügung. Die restliche Zeit verbringen die Auszubildenden in den Betrieben.

Werteerziehung kostet viel Zeit, Geduld und Kraft, weil das Ergebnis nicht unmittelbar verfügbar ist. Auch gibt es keine Garantie für das Gelingen: Missverstehen und Scheitern sind trotz engagierten Bemühens nicht auszuschließen. Deshalb lebt das Bemühen um eine humane und leistungsstarke Schule vom persönlichen Engagement der einzelnen Lehrkräfte, die ständig daran arbeiten, das Bewusstsein für wertorientiertes Urteilen und Handeln zu schärfen. Hier sind vor allem diejenigen Mitglieder der Schulgemeinschaft besonders wichtig, die - um es mit den Worten unseres Bundespräsidenten zu sagen - selbst Orientierte sind und deshalb auch Orientierung geben können.[18]

[18] Worte von Horst Köhler in seiner Begrüßungsrede beim Papstbesuch in Deutschland im August 2005.

Anerkennend sind aber auch engagierte außerschulische Partner zu nennen, die uns – meist unbewusst – in unseren Bemühungen unterstützen: Die Erzdiözese Bamberg, die z.B. eine Lehrkraft als Beauftragten für Schulpastoral an unserer Schule bereitstellt, der mit sehr viel Engagement und Charisma ans Werk geht; die Evang. - Luth. Kirche in Bayern, die uns z.B. mit ihrem kirchlichen Dienst im Gastgewerbe zur Seite steht, der unsere Schüler aus der Gastronomieabteilung mit seiner Azubi-AG bei der Prüfungsvorbereitung auch seelsorgerisch unterstützt; der CVJM Nürnberg, der uns in Form von Ausbildungscamps und Kongressen für unsere Bäcker- und Konditorenlehrlinge eine hilfreiche Stütze ist sowie viele Freunde und Förderer unserer Schule, die hier gar nicht alle genannt werden können, jedoch in ihrer wohlwollenden, menschlichen Art der Begegnung mit uns das spüren lassen, was wir mit unseren Bemühungen bewirken wollen.

Erfurt und Hildesheim haben uns vor Augen geführt, dass die Welt nicht heil ist und wir den Fluten von Schicksalsschlägen, die über uns hereinbrechen können, oft machtlos gegenüberstehen. Erich Kästner soll einmal gesagt haben: „Es ist ungleich besser, beizeiten Dämme zu bauen, als darauf zu hoffen, dass die Flut Vernunft annimmt".[19] Wenn man die Aggressionen erlebt, die bei manchen Schülern zum Vorschein kommen, muss man froh und dankbar sein, wenn an der eigenen Schule Derartiges nicht auch passiert. Um solches – so weit überhaupt möglich – zu verhindern, bedarf es (wie bei einem Dammbau) der Anstrengung möglichst aller Mitglieder der Schulgemeinschaft.

[19] zitiert nach Hahne 2005, S. 142.

Gott sie Dank zeigt sich, dass die dargestellten Bemühungen hin und wieder auf fruchtbaren Boden fallen, z.B. wenn eingeforderte Feedbackregeln in schüleraktiven Lehr-Lernarrangements eingehalten werden, weil den Schülerinnen und Schülern ein respektvoller Umgang miteinander im Klassenzimmer doch wichtig geworden ist. Oder wenn undiszipliniertes Verhalten nach einem Vieraugengespräch aus innerer Einsicht des Schülers abgestellt wird. Ergebnisse auf der Makroebene (Welt) sind damit freilich noch nicht sicher erreicht. Dies sollte m.E. von einer Berufsschule auch nicht erwartet werden, um den pädagogischen Anspruch nicht zu überladen und Schüler und Lehrkräfte nicht zu überfordern.

Literatur

ACHTENHAGEN, F. / BAETHGE, M.: Kompetenzentwicklung unter einer internationalen Perspektive – makro- und mikrostrukturelle Aspekte, in:
GONON, P. / KLAUSER, F. / NICKOLAUS, R. / HUISINGA, R. (Hrsg.): Kompetenz, Kognition und neue Konzepte der beruflichen Bildung. VS Verlag für Sozialwissenschaften 2005. (Zitiert als: Achtenhagen 2005)

GAUDIG, H.: Die Schule im Dienst der werdenden Persönlichkeit. Band 1, Leipzig 1917.
(Zitiert als: Gaudig 1917)

V. HENTIG, H.: Ach, die Werte! München - Wien 1999. (Zitiert als: Hentig 1999)

HAHNE, P.: Schluss mit lustig, Johannis-Verlag 2004. (Zitiert als: Hahne 2004)

MÜLLER, M.: Analyse und Modifikation des Unterrichtsklimas von Berufsschulklassen, in:
Empirische Pädagogik, Heft 1/1997. (Zitiert als: Müller 1997)

2.0

Manfred Müller

Wie die Weisungen des Weltethos als Schulethos an einer Berufsschule fruchtbar werden können

MÜLLER, M.: Das Unterrichtsklima von Berufsschulklassen, In:
Zeitschrift für Berufs- und Wirtschaftspädagogik, Heft 1/98, Stuttgart 1998. (Zitiert als: Müller 1998)

MÜLLER, M.: Vermittlung von Schlüsselqualifikationen in der Schule – ein nicht erreichbares Ideal?, In:
Unterrichten/Erziehen, Heft 3, Mai/Juni 2001, Kronach – München – Bonn – Potsdam 2001.
(Zitiert als: Müller 2001)

MÜLLER, M.: Schulentwicklung an der Nürnberger Berufsschule 3: Die Verankerung des Weltethos-Projekts
als Wertefundament einer beruflichen Schule, In: VLB Akzente 01/04. Zeitschrift des Verbandes der Lehrer
an beruflichen Schulen e.V..(Zitiert als: Müller 2004)

MÜLLER, M.: Nimm dein Leben in die Hand! Eine Unterrichtseinheit zur Förderung von Unternehmertugenden
in den Fächern Religionslehre, Ethik und Philosophie, in: AFF, JOSEF: Medienpaket Entrepreneurship
Education, Einheit 13, Wien 2004. (Zitiert als: Müller 2004a)

STIFTUNG WELTETHOS: Erklärung zum Weltethos, Parlament der Weltreligionen, Chicago, USA - Tübingen
1993. (Zitiert als: Weltethos 1993)

STIFTUNG WELTETHOS: Das Projekt Weltethos in der Schule, Tübingen 2002. (Zitiert als: Weltethos 2002)

Jürgen Kalb
Schulpastoral als Handlungsfeld innerer Schulentwicklung und Chance kirchlicher Verkündigung

Zunächst ist eines vorauszuschicken: Dieser Beitrag ist keine wissenschaftliche Erörterung, sondern beleuchtet aus ganz praktischer Sicht die Arbeit der Schulpastoral an der Städtischen Berufsschule 3 in Nürnberg. Insofern verzichtet der Beitrag auf Zitate von Kirchenmännern und Pädagogen, sondern wendet sich der ganz alltäglichen und dennoch ungeheuer spannenden Alltagsarbeit zu.

Als wir 1999 begonnen haben, die Schulpastoral als neues Angebot für unsere Schüler zu installieren, waren die Zweifel groß, inwiefern Kirche überhaupt noch etwas zu melden hat. Wir haben uns auch gefragt, wie und mit welchen Möglichkeiten man die Schüler ansprechen könnte. Im Nachfolgenden wird die Ist-Situation an unserer Schule beschrieben.

Bemerkenswert ist die vertrauensvolle und positive Zusammenarbeit mit Schulleitung, Sekretariat und Kollegium. Der Religionslehrer ist nicht das Wesen vom anderen Stern, sondern **voll integriert** in den Schulalltag. Selbstverständlich trägt er alle Initiativen und Projekte mit, nicht zuletzt auch deshalb, weil dadurch der Kontakt zu den Kollegen intensiviert wird. Die Vorteile liegen auf der Hand: Bei Studien- und Besinnungsfahrten ist es keine Frage, dass die Vertretungen außerordentlich kollegial gehandhabt werden. Die Schulleitung genehmigt nicht nur, sondern unterstützt auch in starkem Maß die Aktivitäten der Schulpastoral.

Aus dem bisher Gesagten wird man entnehmen können, dass die Schulpastoral nicht nur eine Randerscheinung für einige wenige ist, sondern vielmehr Teil des Schulleitbildes, das die vier ethischen Weisungen als Fundament im Zentrum schulischer Gemeinschaft sieht.

So versuchen wir, die ethischen Weisungen umzusetzen. Dies geschieht unter anderem durch unsere Studienfahrten, die von der Schulpastoral organisiert und durchgeführt werden. Drei Fahrten gehen für 4 Tage nach Prag, jeweils für die entsprechenden Jahrgangsstufen 10-12. Das Interesse ist so groß, dass sie regelmäßig überfüllt sind. Auf diesen Fahrten kommen dann meistens die Probleme der Schüler auf den Tisch. Sehr viele Einzelgespräche zeigen, dass ein großes Vertrauen zum Religionslehrer vorhanden ist. Ein ganz praktisches Ergebnis dieser Fahrten ist die Tatsache, dass augenblicklich sich 14 Berufsschüler wöchentlich zu einem Glaubenskreis in meiner Pfarrei treffen. Weitere 12 Schüler nehmen am Erwachsenenfirmkurs teil. Sieben Schüler wollen sich taufen lassen und besuchen den Katechumenenunterricht.

Im Advent findet auf freiwilliger Basis ein Gottesdienst am Abend unter der Woche für alle Mitglieder der Schulgemeinschaft statt. Ob es nun an der Tatsache liegt, dass anschließend bei Glühwein und Lebkuchen eine Begegnung im Pfarrsaal stattfindet oder einen anderen Grund hat - Tatsache ist, dass die Kirche mit über 150 Schülern und Lehrern voll ist, wobei die konfessionelle Zusammensetzung und Ausrichtung der Gottesdienstbesucher alle Religionen und Konfessionen umfasst. Ein hoher Prozentsatz der Schüler ist konfessionslos.

Unsere soziale Arbeit soll auch nicht vergessen werden: So unterstützen wir die Hilfsorganisation „Papageno" mit Geld- Kleider- und Sachspenden, die wir im Rahmen einer Schulfahrt in den großen Ferien nach Rumänien schaffen. Alljährlich fahren etwa 40 Lehrer und Schüler mit. „Papageno" unterhält in Rumänien ein Waisenhaus sowie weitere karitative Projekte. Dank des großzügigen Entgegenkommens der Schulleitung haben wir einen Sammelraum einrichten können, der von einer BVJ (Berufsvorbereitungsjahr)-Klasse betreut wird. Dort werden die eingehenden Kleiderspenden sortiert und für den Transport nach Rumänien verpackt. Um das Ganze besser koordinieren zu können, haben wir verschiedene Kollegen auf die Gründung eines Unterstützungsvereins für Rumänien angesprochen. Die Gründung wurde vorgenommen und 8 Kollegen waren sofort bereit dabei mitzumachen.

Eine Schulwoche ist aber auch von den vielen Gesprächen geprägt, die in den Pausen genauso wie nach Schulschluss stattfinden. Ein Pulk von Schülern lässt in den meisten Fällen erahnen, dass der Religionslehrer irgendwo im Knäuel steckt.

Dieser kurze Überblick zeigt, dass an unserer Schule schulpastorale Arbeit ernst genommen wird. Kirche wird erfahrbar-konkret durch Personen, die Kirche repräsentieren. Es ist keine ferne Kirche, sondern Kirche zum Anfassen, zum Erleben.

Wir sind der Meinung, dass in einer Zeit großer Säkularisierung in der Gesellschaft vor allem über die Schulen ein Zugang zu vielen Jugendlichen gewonnen werden kann. Freilich müssen die handelnden Personen glaubwürdig sein -

2.1

glaubwürdig im Auftreten, Sprechen und Handeln. Schulpastoral hat auch immer mit dem **Geist** der Schule zu tun. Konkret heißt das: Schulpastoral muss immer an einer Atmosphäre des Vertrauens, der Toleranz, der Solidarität und der gegenseitigen Achtung mitarbeiten, sonst wird sie nicht ernst genommen.

Ich bin der festen Überzeugung, dass wir an unserer Schule auf dem richtigen Weg sind - ganz nach der Devise: Klassengemeinschaft – Schulgemeinschaft – Wertegemeinschaft.

3.0

Helmut Demmelhuber
Schulpastoral an Beruflichen Schulen in der Diözese Rottenburg-Stuttgart

Schulpastoral hat eine lange Tradition in der Diözese Rottenburg-Stuttgart. Früher sprach man allerdings noch nicht von Schulpastoral, sondern von Schülerarbeit und später dann auch von Schulseelsorge.[1] Schulpastoral hat in den letzten Jahren aus unterschiedlichen Gründen zunehmend an Aufmerksamkeit gewonnen, vor allem auch mit der Veröffentlichung eines Grundlagenpapiers zur Schulpastoral durch das Sekretariat der Deutschen Bischofskonferenz 1996.[2]

[1] Referat Schulpastoral 2004.

[2] Die deutschen Bischöfe 1996.

Das Grundlagenpapier zur Schulpastoral des Sekretariates der Deutschen Bischofskonferenz und die Konzeption Schulpastoral der Diözese Rottenburg Stuttgart[3] definieren Schulpastoral als einen besonderen Dienst der Kirche an und mit den Menschen im Handlungsfeld Schule. Von ihrem Glauben motiviert setzen sich Christinnen und Christen dafür ein, dass das christliche Menschenbild in der Schule zum Tragen kommt. Christinnen und Christen bringen sich innovativ mit Ideen und Anregungen bei der Gestaltung des Schullebens mit ein. Schulpastoral findet im Kontext von Schule, Kirchengemeinde und kirchlicher Jugendarbeit statt, sie kann für Schülerinnen und Schüler verschiedene Möglichkeiten der Verbindung zu kirchlichen Einrichtungen herstellen.

[3] Kirchliches Amtsblatt Diözese Rottenburg Stuttgart 1996, S. 94-99 und Notizblock 1996 S. 49-54.

Entsprechend den ganz unterschiedlichen Situationen und personellen Möglichkeiten an den verschiedenen Schulformen bzw. –stufen kann sich ein vielfältiges Bild von Schulpastoral entwickeln. Schwerpunkte bei den Angeboten sind: die seelsorgerliche Begleitung und Beratung (ein offenes Ohr in Freud und Leid, Trauersituationen usw.), religiöse, meditative und liturgische Angebote im Jahreskreis (Gottesdienste zu Schuljahresbeginn, Weihnachten, Ostern, Schulabschluss, Frühschichten, Entspannungsangebote vor Prüfungen usw.), Tage der Besinnung und Orientierung (nachmittags, ein- oder mehrtägig) und Angebote des sozialen Lernens (Sozialpraktika, Schülermentorenprogramm usw.).

Schulpastoral an Beruflichen Schulen wurde in der Diözese Rottenburg-Stuttgart schon früh gefördert. 1992 bekamen erste kirchliche und staatliche Religionslehrer/innen Freistellungen im Umfang von ein oder zwei Deputatstunden für Schulpastoral.

2000 wurde mit neun Religionslehrer/-innen ein dreijähriges Projekt „Schulpastoral an Beruflichen Schulen 2000/2003" durchgeführt.[4] Ziel des Projektes war die Qualifizierung und Fortbildung der Teilnehmer/-innen im Bereich Schulpastoral und die Entwicklung, Erprobung und Dokumentation neuer Ansätze und Formen von Schulpastoral.

[4] Referat Schulpastoral 2000/2003.

An den meisten der Projektschulen gab es bis dahin keine feste Tradition von Schulpastoral. Unklar war oft, was an der Schule geht und zu was man selber fähig ist. Zu Beginn gab es vielfach Tendenzen, sich am Profil der Schulsozialarbeiterin/des Schulsozialarbeiters oder der Beratungslehre-rin/des Beratungslehrers zu orientieren. „Ich mache so was ähnliches wie…" schien in der Schule leichter die eigene Rolle erklären zu helfen. Erst mit den Projektjahren gelang es zunehmend, ein eigenes Schulpastoralprofil abgestimmt auf die Situation vor Ort zu entwickeln.

Jede/r der Projektteilnehmer/-innen musste sich erst seine Freiräume im Schulalltag schaffen. Der reguläre Schulbetrieb hatte meist Vorrang und es war oft mühsam, nötige Zeitfenster zu finden. Viel hing von der wohlwollenden Unterstützung der Schulleitung und der Kollegen/-innen ab. Räume für schulpastorale Angebote waren schwer zu bekommen und wenn, dann waren sie atmosphärisch nicht immer besonders ansprechend. Zum Teil konnte das Beratungszimmer der Schule oder konnten einzelne Räume im nahen Gemeindezentrum mitbenutzt werden.

Schwierigkeiten und Probleme, die wahrgenommen wurden, waren:

• Verständlichkeit des Begriffes „Schulpastoral". Schulpastoral definiert oft erst über das konkrete Tun der Person der Schulseelsorgerin/des Schulseelsorgers.
• Schwierige Rahmenbedingungen (zur Verfügung stehende Zeitnischen, hoher bürokratischer Aufwand für Zuschüsse, ungünstige Stundenpläne, Fehlen geeigneter Räume).
• Erwartungsdruck von Schulleitung oder Kolleg/-innen aufgrund der ausgewiesenen Deputate für Schulpastoral (Übernahme von Problemschüler/-innen, Durchführung öffentlichkeitswirksamer Veranstaltungen).
• Skepsis von Kolleg/-innen der Schulpastoral gegenüber (Situationsanalyse der Schule, Missionierungsverdacht, Mitarbeit von Kolleg/-innen bei hoher beruflicher Belastung).
• Rechtliche und pädagogische Konflikte in Beratungssituationen (Schweigepflicht, Kompetenzüberschreitung, eigene Überforderung).

3.0

- Schulseelsorger/-innen immer wieder als Einzelkämpfer (fehlende Kooperationspartner, hohe Fluktuation).
- Rollenkonflikt Religionslehrer/-in – Schulseelsorger/-in.
- Freistellung für Fortbildungen und Projekte (Unterrichtsausfall, Ausbildungs-Betriebe).

Aus Sicht der Schulleitungen hatten Angebote der Schulpastoral oft eine integrative Wirkung an der Schule bei Schüler/-innen, aber auch im Kollegenkreis. Lehrkräfte bekamen nicht selten durch die Angebote der Schulpastoral neue Ideen. Schüler/-innen wurden über die Schulpastoral für den Religionsunterricht vielfältig motiviert. Durch das Zusammenwirken von Religionsunterricht und Schulpastoral zog manchmal auch ein neuer Geist in die Schule ein.

Diejenigen, die am Projekt teilnahmen, stellten fest, dass Schulpastoral und der Religionsunterricht durch das Projekt mehr ins Bewusstsein der Schulgemeinde rückte und einen höheren Stellenwert bekam. Der Projektrahmen ermöglichte den Austausch und die Begegnung mit den anderen am Projekt Beteiligten. Sie profitierten von den Anregungen, den Impulsen und der Selbstreflexion.

Das Projekt hat gezeigt, dass Schulpastoral an staatlichen Schulen erfolgreich ist, wenn die notwendigen Bedingungen dafür geschaffen werden können.

Zurzeit gibt es in der Diözese Rottenburg-Stuttgart 14 Schulseelorger/-innen an Beruflichen Schulen mit ein oder zwei Deputatstunden Freistellung für Schulpastoral.

Weitere Information zur Schulpastoral in der Diözese Rottenburg-Stuttgart sind im Internet zu finden unter http://schulpastoral.drs.de

Literatur

BISCHÖFLICHES ORDINARIAT ROTTENBURG STUTTGART (Hrsg.): Schulpastoral in der Diözese Rottenburg Stuttgart (Konzept), in:
Kirchliches Amtsblatt für die Diözese Rottenburg Stuttgart 8 / 44 (1996), S. 94 - 99.
(Zitiert als: Kirchliches Amtsblatt Diözese Rottenburg Stuttgart 1996) und Notizblock Nr. 20 / Juli 1996 S. 49 - 54. (Zitiert als: Notizblock 1996)

REFERAT SCHULPASTORAL DIÖZESE ROTTENBURG-STUTTGART (Hrsg.): kirche + schule = zukunft.
15 Jahre Schulpastoral in der Diözese Rottenburg-Stuttgart.
Tagungsdokumentation, Rottenburg-Stuttgart 2004. (Zitiert als: Referat Schulpastoral 2004)

REFERAT SCHULPASTORAL DIÖZESE ROTTENBURG-STUTTGART (Hrsg.): Huch, was machen die denn da!
Projekt Schulpastoral an Hauptschulen und Beruflichen Schulen 2000/2003 –
Dokumentation und Ergebnisse, Rottenburg-Stuttgart 2004. (Zitiert als: Referat Schulpastoral 2000/2003)

DIE DEUTSCHEN BISCHÖFE, SEKRETARIAT DER DEUTSCHEN BISCHOFSKONFERENZ (Hrsg.):
Schulpastoral – der Dienst der Kirche an den Menschen im Handlungsfeld Schule
(Die deutschen Bischöfe, Bd. 16), Bonn 1996. (Zitiert als: Die deutschen Bischöfe 1996)

Annette Hummelsheim
Eine Bibelnacht zum Thema „Psalmen" in der Berufsschule

„Ich bin bei dir, wenn du weggehst und wenn du wiederkommst"
Der Psalmist auf den Aldikisten

Am 04.11.2003 fand am Standort „Krieler Dom" des Erzbischöflichen Berufs-kollegs Köln eine Nacht der Psalmen statt.

In unserer Abteilung werden ErzieherInnen und Erzieher ausgebildet, es gibt zwei Vorpraktikantenklassen, drei Unterstufenklassen, drei Oberstufenklassen, davon je eine mit dem Schwerpunkt „Heimerziehung", und eine FOS Klasse, ins-gesamt sind es in der Vollzeitform ca. 200 Schülerinnen und Schüler und ca. 30 KollegInnen.

Wir sind drei Religionslehrerinnen, die alle auch mit Aufgaben der Schulseel-sorge beauftragt sind, und ein Schulseelsorger, der mit 10% seiner Stelle unse-rer Abteilung angehört.

Zum Jahr der Bibel wollten wir etwas besonderes anbieten. Der außergewöhn-liche Zeitpunkt kommt einem Bedürfnis entgegen, Schule einmal ganz anders zu erleben, etwas „Ver-rücktes" im wahrsten Sinne des Wortes zu machen, ge-wohnte Räume und Personen im Schatten der Nacht fremd, und damit neu zu erfahren.

20.00 Uhr
Nach einem normalen Schultag, der bei uns bis 15.30 Uhr geht, treffen die ers--ten Schüler und Lehrer gegen 20 Uhr ein, draußen ist es dunkel und kühl, wir be-reiten unsere Halle, einen hohen Raum, der über zwei Etagen reicht und von dem alle Klassenräume abgehen, das Zentrum unserer Schule, vor. Wir gestalten eine Art Bibelaltar auf einem niedrigen Tisch mit einer schönen aufgeschlagenen Bibel, einem Kreuz und dicken Kerzen, wir richten die Sitzgelegenheiten auf die-sen Bereich aus. Schülerinnen und der Lehrer für Medien bereiten den Beamer und eine Leinwand vor, es gibt eine Musikanlage, auch in den angrenzenden Räumen beginnen die Vorbereitungen, angeschlossen an unsere Schule befin-

det sich ein Wohnheim, die Küche können wir benutzen, und die Wohnheimleitung unterstützt die Aktivitäten.

Eine Stimmung aus Neugier, Vorfreude , und, bei uns Hauptverantwortlichen, sicher auch ein wenig Sorge, wie alles werden wird, wie viele letztlich wirklich kommen werden, mit welcher Resonanz die verschiedenen Angebote aufgegriffen werden.

22.00 Uhr
Um 22 Uhr sind die Reihen gut gefüllt, erfreulich auch, wie viele Kollegen anwesend sind, einige von ihnen haben sogar ein Angebot vorbereitet, und auch der Schulleiter und die Abteilungsleiterin sind da! Ein besonderer Moment!

Auf der Leinwand ist ein Zitat aus dem Psalm 91 zu lesen:

„Du brauchst den Schrecken der Nacht nicht zu fürchten"

Die Mediengruppe beginnt mit ihrer Präsentation der „Rheinromantik", sie haben am Rhein fotografiert und in diese Bilder hinein fliegen, purzeln, und schleichen sich Psalmverse, die den Bildern eine neue Dimension verleihen, sie vermitteln in sich steigernder Weise den Lobpreis: „Herr, wie wunderbar sind deine Werke!"

Berührt von diesen Bildern, die wir in Köln eigentlich kennen und die uns doch ganz neu aufscheinen im Licht der Psalmworte, Staunen und Dankbarkeit sind zum Greifen nah.

Ein wunderbarer Auftakt zu dieser Nacht, der Schulleiter heißt jetzt alle herzlich willkommen, wir geben einen Überblick zum Programm, und die LeiterInnen stellen ihre Workshops vor.

22.30 Uhr
In der ersten Phase sind die KollegInnen vertreten, die nicht die ganze Nacht bleiben wollen, und die Kochgruppe setzt ihre schon begonnenen Vorbereitungen fort.

In der Halle ist ein Ort der Stille, beim Bibelaltar brennen die Kerzen die ganze Nacht, und einer von uns hält „Wache", ist auch ansprechbar für einen leisen Austausch. Das Motto der Nacht aus Psalm 91 leuchtet in roten Lettern auf einer blauen Leinwand, es wir die ganze Nacht zu sehen sein.

3.1

Psalm 19

Da ich erst in der zweiten Workshopphase leite, kann ich am Angebot einer Kollegin teilnehmen, sie hat einen außergewöhnlichen Raum kreiert mit schwarzen und weißen Tüchern, Seile ziehen Linien durch den Raum und schaffen neue Räume, auf dem Boden liegen verteilt Verse aus Psalm 19, und wir sind eingeladen, den Raum zu erkunden und die Verse auf uns wirken zu lassen. Es macht Spaß, den Klassenraum in so neuer Weise zu erleben, über ein Seil zu steigen, unterhalb durchzukriechen, selbst sich groß und klein, im Mittelpunkt und am Rand zu fühlen.

Dann bekommen wir alle den gesamten Psalm und lesen laut in den Raum einen Vers, an dem wir im Moment in besonderer Weise hängen bleiben, es entsteht ein Klangteppich, jeder liest in seinem Tempo in unterschiedlicher Betonung und Lautstärke. In einem dritten Schritt kommt der Impuls, aufeinander einzugehen mit den Worten der ausgewählten Stelle, hierbei ist aber frei, welche Worte und in welcher Betonung...zunächst noch zaghaft beginnt sich jeder selbst zu setzen, ungewohnt, die eigene Stimme mit den fremden Worten zu hören und dann erste Kombinationen zu wagen, Fragen zu intonieren, Aussagen zu behaupten, anklagend , triumphierend, bemüht und enttäuscht... eine ganze Palette von Stimmungen entsteht, erstaunlich für mich, wie in diesem Raum, in dem sich ca. 4 LehrerInnen und 6 SchülerInnen befinden, ein Zwiegespräch entsteht, und das ausschließlich mit den Worten des Psalms durch überraschend neue Kombinationen, und dieses „Neu-komponieren" eine fast anarchische Angelegenheit wird, die Schülerin kann mit den von ihr gewählten Worten und Betonungen die Lehrerin herausfordern, die ihrerseits um Erbarmen fleht und Asche über ihr Haupt streut...

Faszinierend auch die Sprache, „Die Sonne tritt wie ein Bräutigam aus der Kammer" die Kraft dieser Bilder wirkt archaisch, nach einem Gefecht, einem Kräftemessen löst sich eine Spannung, es wird auch komisch und es darf gelacht werden.

Wo gibt es im Schulalltag so eine Intensität, wo setzen wir uns fremden Wirklichkeiten aus, wo machen wir neue Erfahrungen? Die Dunkelheit, nur durch einige Kerzen erhellt, deren Schein die weißen Tücher reflektieren, erlaubt ein Ausprobieren, die Worte des Psalms bieten Sicherheit, es sind nicht meine Worte, und doch erlebe ich mich in diesen Worten, neue Aspekte meines Lebens, meines Glaubens, unseres Zusammenseins...

Und der Psalm? Wird er nicht nur benutzt als Folie für eine „Selbst- und Gruppen-
erfahrung"?
Ich behaupte, dass wir den Psalm durch diese Art von Bibelteilen, durch diese
„Aufführung" so intensiv erlebt haben, dass wir ihn „er-innern" werden! Wir haben die Worte nicht einfach übersetzt in unsere Erfahrung heute, womit der Text
zurechtgestutzt würde, wir haben uns seinen Worten ausgesetzt, sie durchge-
kaut und aufeinander bezogen, so konnten sie zu einer neuen Erfahrung werden.

In den anderen Gruppen wurde unter der Leitung verschiedener Kolleginnen eine
Installation mit hebräischen Schriftzeichen, eine Choreographie, eine Verklanglichung eines Psalms zu einem Rap, jeux dramatique, u.a. angeboten.

24. 00 Uhr
Wir sammeln uns, um gemeinsam in die gegenüberliegende Kirche zu gehen,
jeder bekommt eine Kerze, der Gang durch die Dunkelheit zur kleinen romanischen Kirche, das „Krieler Dömchen", das Aufschließen der alten Eichentür mit
dem riesigen Eisenschlüssel und schließlich der höhlenartige Raum, in den wir
eintauchen, lassen uns etwas erahnen von der Stimmung der Mönche, die sich
um Mitternacht zum Gebet versammeln. Unser Schulpfarrer stimmt die Melodie
an, und wir antworten mit den alten Worten der Psalmverse, wir lassen uns tragen von diesen Klängen, kommen in einen gemeinsamen Atemrhythmus, und
erleben unsere Gemeinschaft in diesem heiligen Raum.

0.30 Uhr
Zurück in der Schule gibt es ein leckeres Linsengericht und eine Tomatensuppe,
Käse, Brot, Rohkost und zum Nachtisch kleine Leckereien. Die Kochgruppe hat
die Tische schön vorbereitet, wir sitzen in der Bibliothek und der kleinen Halle
des Wohnheims, genießen das mitternächtliche Mahl, manche erzählen miteinander, andere ziehen es vor, leise zu sein, und die meditative Stimmung der
Kirche fortzusetzen.

1.30 Uhr
Jetzt kommt eine echte Herausforderung im Programmablauf, denn jetzt sollen
erneut workshops stattfinden, eine Zeit, in der die meisten längst im Bett liegen,
das leckere warme Essen hat uns zusätzlich schläfrig gemacht, und jetzt gilt es,
zu neuem Tun zu motivieren.

Es durften auch Schlafsäcke mitgebracht werden, und einige wenige suchen
sich ein Plätzchen in der Halle, wir haben nicht eigens einen Schlafraum hergerichtet, denn unser Ziel ist ja die gemeinsam durchwachte Nacht, und Schüler-

3.1

Innen, die eine Schlafpause brauchen, dann auch wieder mitzunehmen in die folgenden Angebote.

In dieser Phase verabschieden sich einige KollegInnen, die nicht die ganze Nacht bleiben wollen, es gibt das Angebot einer Psalmenperformance, einer Schreib- und Malwerkstatt und die Rapgruppe setzt ihre im ersten Teil begonnene Verklanglichung fort. Der Schulpfarrer hält die Wache in der Halle beim Altar und ist zu Gesprächen bereit. In meiner Gruppe nähern wir uns mit bibliodramatischen Elementen den Psalmen.

Psalm 121

Es haben sich zwölf Schülerinnen zum Angebot im Mattenraum, der sich im Keller unserer Schule befindet, zusammengefunden, die Müdigkeit ist greifbar, ich beginne mit einem Strecken, Recken, Gehen im Raum, jede kommt bei sich an und nimmt dann wahr, wer noch im Raum ist. Die TN suchen sich einen Platz, sie sitzen und liegen , nehmen Kontakt mit dem Boden und der eigenen Atmung auf und werden ganz Ohr für den Psalm, den ich nun langsam und mit leicht schwebender Stimme vortrage, offen, dass er wie Samen auf den Boden der Aufmerksamkeit fällt, dass er dort Frucht bringt...ich lese ein zweites Mal und bin jetzt gespannt, welche Worte des Psalmisten bei den TN aufgehen, ich lade ein, diese Worte in den Raum zu sprechen...

Die TN setzen sich in einen offenen Halbkreis, tauschen sich kurz über ihre Eindrücke aus, und ich lade ein, ihr Wort zu verlebendigen. Eine TN ist intensiv in eine Erinnerung gekommen, sie hat mit dem Schritt in die Ausbildung ihren Heimatort verlassen und lebt jetzt 150 km entfernt von ihrer Familie und ihrem Freund. Sie hat den Satz gehört „ich bin bei dir, wenn du weggehst und wenn du wiederkommst" und ich ermutige sie, diesen Satz in eine konkrete Situation zu platzieren. Die ganze Gruppe beobachtet interessiert, als sie mit einigen Stöcken und ein paar Kisten den Aldiparkplatz ihres Heimatortes skizziert, sie sucht sich aus der Gruppe jemanden aus, der ihren Freund darstellt und auch eine Person für sich selbst, zunächst sitzen beide einträchtig auf den Kisten, und jetzt beschreibt sie, wie der Zeitpunkt des Abschieds kommt, sie wird traurig und ihr Freund sagt ihr wortwörtlich: „Ich warte auf dich, wenn du gehst und bis du wiederkommst". Die ausgewählten Spieler zeigen diese Szene, und die Schülerin sieht das noch einmal wie in einem Spiegel, sie ist gerührt, sie spürt das Vertrauen, das ihr Freund ihr durch seine Worte vermittelt. Der uralte Text hat diese ganz aktuelle Lebenssituation hervorgerufen, so kann in der Zusage des Freundes auch etwas von der Treue Gottes aufleuchten.

Im Schutz der Nacht ist es möglich, diese Erfahrungen mitzuteilen, es bildet sich wie bei einem Lagerfeuer eine Erzählgemeinschaft, es ist Zeit, Ruhe, die bei Tageslicht übersehenen Kostbarkeiten des Lebens, die tiefer liegenden Erfahrungen dürfen auftauchen und im Kreis der Gruppe beachtet und aufgehoben/geborgen werden.

Noch eine andere zeigt auf eine ähnliche Art ihren Vers, wir gestalten ein kleines Abschiedsritual in der Gruppe und tauchen dann wieder oben in der Halle auf, wo jetzt der Schulpfarrer auf das folgende Filmangebot aufmerksam macht.

3.00 Uhr
Ich bin so voller Eindrücke, dass ich mich in das Wohnheim zurückziehe, hier sitzen einige SchülerInnen und auch wenige KollegInnen, es wird gedämpft gesprochen, ich bin nicht wirklich müde, genieße das Gefühl der Gemeinschaft, die ungewöhnliche Situation, schaue zwischendurch mal im Musikraum vorbei, dort wird zu Psalm 23 der Film „Hurricane" (USA 2000) gezeigt, die meisten dort liegen in ihren Schlafsäcken auf dem Boden, einige tauchen ab, andere schauen aufmerksam, es ist der Teil der Nacht mit der geringsten Aktivität, abwarten, was passiert, ausruhen....

5.30 Uhr
Wir brechen auf zu einem Nacht-/Morgenspaziergang Richtung Stadtwald, es gibt ein paar Taschenlampen, draußen ist es richtig kalt, aber die kühle Luft erfrischt, sie macht unsere Köpfe klar, wir rücken beim Gehen zusammen, vorne gehen Leute, die den Weg kennen, ich gehe mit zwei KollegInnen am Schluss, damit wir keinen verlieren.

Die Augen gewöhnen sich langsam an die Dunkelheit, Sterne funkeln, der Mond taucht hinter der Kastanienallee auf, der Weiher liegt wie ein riesiges schwarzes Auge in der Lichtung. Hier angekommen vermitteln wir eine Wegstrecke als Zeit der Meditation, ohne Worte gehen wir miteinander, andere Geräusche nehmen wir wahr, unsere Schritte, die ferne Autobahn, einen Vogelruf...
Wir schaffen es, schweigend diese 30 Minuten zu gehen, eine andere Qualität von Gemeinschaft wird spürbar, der Himmel über uns, die Ede unter uns, und wir dazwischen, nicht allein, sondern mit Menschen, die mir im Verlauf der Nacht näher geworden sind, deren Sehnsüchte, Freuden und Ängste ich auch als die eigenen erkennen konnte...und wir haben uns gemeinsam auf den Weg gemacht..."Dem Gehenden schiebt sich der Weg unter die Füße" (Robert Walser). Auch wenn wir vielleicht nicht ein gemeinsames Glaubensbekenntnis formulieren könnten, so wird doch eine gemeinsame Erfahrung uns prägen; gerade dass

3.1

jeder so kommen konnte, ohne definierte „Eintrittskarte", war es möglich, etwas von dem zu erkennen, was uns alle trägt. Wir waren bereit, im Licht der alten Psalmentexte unser Leben anzuschauen.

Auf dem Rückweg, der Morgenverkehr setzt langsam ein, die Stadt erwacht, auf dem Parkplatz ein Lieferwagen, ein Liebespaar im Auto, ein abgestellter Anhänger, unsere Gespräche setzen wieder ein, wir freuen uns auf die warme Schule und ein leckeres Frühstück.

6.30 Uhr
An der Schultür erwartet uns tatsächlich unsere Abteilungsleiterin, sie freut sich mit uns, dass wir so gut gestimmt sind, die Kaffeemaschinen werden angeworfen, das Frühstück vorbereitet.

Wir versammeln uns noch einmal in der Halle, um mit Psalm 150 und dem Sonnentanz den Morgen zu begrüßen. Der Schulpfarrer segnet alle mit „Der Herr lasse sein Angesicht über euch leuchten", diese Worte erzeugen nach dem Gang durch die Dunkelheit eine besondere Resonanz. Die Abteilungsleiterin bedankt sich bei allen für den guten Verlauf, und wir lassen die Nacht bei einem gemeinsamen Frühstück ausklingen.

8.00 Uhr
Jetzt kommen auch schon die ersten SchülerInnen, die aus unterschiedlichsten Gründen die Nacht nicht miterlebt haben, zum Unterricht, sie kommen uns ein bisschen wie von einem anderen Stern vor, auch KollegInnen treffen ein, auch die, die noch den ersten Teil am Abend dabei waren, sie bedauern es, nach Hause gefahren zu sein, würden beim nächsten Mal lieber bleiben; wir räumen auf und stellen uns noch auf vier Stunden Unterricht mit kleinen Augen aber neu gewonnen Perspektiven ein.

Dietmar Steinbrede
Schulpastoral an Berufsschulen – Von der Religionsstunde zum Tagesseminar

Seit 1985 bin ich als hauptamtlicher Religionslehrer im Dienst des Bistums Mainz an der Offenbacher Käthe-Kollwitz-Schule tätig. Aus organisatorischen Gründen wurde und wird der Religionsunterricht im Klassenverband unterrichtet. Bei zurzeit 1350 Schülerinnen und Schülern, die aus über 50 Nationen stammen und im Raum Offenbach wohnen, muss der Religionsunterricht ganz viele Erwartungen, Abwehrhaltungen und Fremdheiten unter „einen Hut" bringen. Das versuchen zwei hauptamtliche Lehrkräfte – ein evangelischer Schulpfarrer und ich. Wir zeigen unseren Glauben, wir arbeiten im Unterricht nach unseren Lehrplänen – sind aber offen für junge Menschen aus anderen Konfessionen, Religionen und (zunehmend) ohne religiöse Bindungen und Erfahrungen. Jeder ist ein Teil vom Ganzen!

„Ich will wirken in dieser Zeit" - dieses Lebensmotto von Käthe Kollwitz wollen wir auf unsere Weise umsetzen – als religiöse Menschen, als Religionslehrer – aber für eine ganze Schule, für Menschen und ihre Facetten von religiöser Nähe und Fremdheit.[1]

Neben dem Unterricht im Fach Religion bieten wir uns als Schulseelsorger an – in persönlichen Gesprächen, Beratungen und Hilfen für SchülerInnen und LehrerInnen. Ein Element der Schulpastoral ist das Angebot von Tagesseminaren mit Schulklassen während der Schulwoche, aber auch außerhalb der Schule.[2] Das ist möglich durch den freundschaftlichen Kontakt zum Jugendreferenten einer Katholischen Jugendzentrale in Offenbach, der sich und seine Räume uns kostenlos zur Verfügung stellt. In mehreren Jahren entstanden Module - Tagesseminare mit Inhalten für verschiedene Schulformen/ Bildungsgänge. Ein „Hit" der letzten Jahre sind Meditationstage – Einführung in Stille – Atmen – Körperhaltung. Von der äußeren Form zum inneren Sinn wollen wir junge Menschen ohne jede religiöse Erfahrung führen, ohne konfessionalistisch zu vereinnahmen, sondern als Einladung, Religion selber auszuprobieren.

Weitere Themen sind: Auf dem Weg zu mir selber (Identität); Mein Lebensweg (Reflexion); Umgang mit Trauer (für Sozialberufe); Gemeinsam sind wir stark (soziales Training). Auch Themen des Religionsunterrichtes können so – in einer verdichteten Situation – mit einer Klasse behandelt werden und mit Methoden der außerschulischen Arbeit vertieft werden.[3]

[1] Vgl. Schulprogramm der Käthe-Kollwitz-Schule: Kapitel 8, Fachbereich Religion, Offenbach 1999.

[2] Vgl. Steinbrede, D.: Werkstatt Schulprogramm, in: Katechetischen Blättern, 3 (2000), S.

[3] Steinbrede, D.: Schulpastoral an der Berufsschule, in: Religionsunterricht – heute, 1 (2005), S. 38f.

Zum Teil in Kooperation mit Klassenleitungen werden diese Seminare vorbereitet und durchgeführt. Sehr oft ändern sich durch diese Tage Einstellungen und Verhaltensweisen, junge Menschen lernen sich und uns besser kennen, Vertrauen kann wachsen.

Ich denke oft an das Jesus – Wort, ja seinen Kernsatz: Liebe Gott, liebe Deinen Nächsten und Dich selbst. Fangen wir mal umgekehrt an: Liebe Dich selbst – was gehört zur Selbstannahme? Und fragen wir weiter. Wie gelingt es einen anderen Menschen anzunehmen? Dann spüren wir dem tiefen Geheimnis in uns selber nach, das uns tragen will – das große Wort Gott überfordert so manche Menschen, obgleich in meinem Glauben genau Gott es ist, der sich uns mitteilen will, wenn wir auf der Spur von Liebe sind, auf der Spur von Annahme. Unseren Weg und unsere Ziele der Tagesseminare will ich einmal so forsch umschreiben: Gib Gott einfach eine Chance – und Dir selber!

Im Folgenden möchte ich ein Modul näher beschreiben, dass aus der Arbeit mit Schülerinnen und Schülern der bvj/eibe entstanden ist. Diese Schülergruppe hat es nicht leicht und verursacht in der Berufsschule oft Bauchschmerzen - aber es sind Kinder Gottes, wenn auch „Kinder" mit vielfältigen Lasten. Daher rührt unser Engagement für sie, darum das Beispiel für ein Tagesseminar: ICH – DU – WIR: GEMEINSAM SIND WIR STARK.

Titel:
ICH - DU - WIR: GEMEINSAM SIND WIR STARK
Seminartag mit Berufsschülerinnen: Religionsunterricht und Schulpastoral

Zielgruppenbeschreibung:
Schülerinnen des BVJ/EIBE- Projekt (maximal 16-18 Schülerinnen pro Klasse) Die Schülerinnen haben in der Regel keinen Hauptschulabschluss, sie entsprechen in der Heterogenität den üblichen Bedingungen der Schule (diverse Nationalitäten und Religionen, ohne Religionszugehörigkeit). Sehr häufig sind die familiären Bedingungen defizitär, die Schulkarriere ist durchweg von Brüchen gekennzeichnet.

Ort:
Katholische Jugendzentrale Offenbach, großer Raum, drei kleine Räume, viele Materialien vor Ort vorhanden, S-Bahn-Station in der Nähe.

Leiter:
Religionslehrer, Klassenlehrerin (+ gegebenenfalls Jugendreferent)

3.2

Vorlauf:

Im RU der Gruppe wird der Tag vorbereitet – inklusive der Mittagessenplanung, die Schülerinnen werden zum Tagungsort in kleinen Gruppen selbständig anreisen (Skizze des Ortes; Absprachen bezüglich des Essens). Der Seminartag wird in den Stundenplan eingebaut (Vertretung der Kollegen, Abwesenheit der Klasse).

Verlaufsdauer:

8.30 Uhr – 15.00 Uhr

Ablaufbeschreibung:

1a.) Ankommen, Aufwärmphase

8.30 Uhr Ankommen, **Steh-Kaffee**, Jugendetage anschauen.
Gesamtgruppe sitzt im großen Raum im Stuhlkreis

8.45 Uhr Begrüßung, **Einführung**, Verlaufsplan erläutern (hängt als Plakat aus)

8.50 Uhr ca. **40 Gegenstände** liegen auf dem Fußboden – jeder Teilnehmer wählt sich einen Gegenstand aus zu den Fragen: Ich stelle mich kurz vor (Wer bin ich? Wie bin ich heute hier? Heutige Erlebnisse und Gefühle? Warum habe ich diesen Gegenstand gewählt?)

1b.) Zustand der Gruppe sehen

ca. 9.10 Uhr **Soziogramm** der Gruppe: Mit Kreppband wird in der Mitte des Raumes ein Punkt markiert: Hier ist die Mitte, wer im Raum sich ansiedelt, zeigt seinen Stand in der Klasse/Gruppe

Variationsmöglichkeiten:

a) Mit wem kann ich ganz gut auskommen? (Nah zusammenstellen)

b) Alle bleiben stehen, Einzelne dürfen sich aktivieren – Stand von Teilnehmern nach seiner Meinung korrigieren. KlassenlehrerIn beobachtet jeweils den Prozess, es folgt ein auswertendes Gespräch

ca.9.30 Uhr **Autorität in der Gruppe:** Jede Person bekommt eine rote und eine grüne Moderationskarte.
Aufgabe: Die Gruppe befindet sich eingeschlossen in einem fremden Kaufhaus. Da quillt Rauch auf, es brennt offensichtlich. Wer von uns hat die größte Übersicht/Autorität in der Gruppe, um uns wohl hier her auszulotsen? Dieser Person bitte die rote Karte geben, die grüne Karte geht an eine weitere Person, die als Zweites als Gruppenautorität akzeptiert würde.

Auswertung

a) Die Person mit den meisten roten Karten wird befragt, warum sie wohl als Leitungsfigur ausgewählt wurde, ebenso die Person mit den meisten grünen Karten.

b) Der Teilnehmer äußern ihre Gründe, die Karten zu verteilen (oder auch sie bei sich behalten zu haben).

PAUSE

2.) Ich – Anteile sehen und werten

10.15 Uhr Mein Wappen: Kartons, Buntstifte, Stifte, Scheren, alle Räume sind zugänglich. Jede Schülerin erhält 25 Minuten Zeit, ein persönliches Wappen zu erstellen. Der Karton kann gestaltet werden (Farbe, Form). Das Wappen soll enthalten (anhand von Stichworten oder gemalten Symbolen)

links oben: Wichtigstes Ereignis der letzten 12 Monate?

rechts oben: Glücklichster Moment der letzten 12 Monate?

links unten: Was sind meine Stärken, was kann ich gut?

rechts unten: Was möchte ich besser können, verbessern?

ab 10.50 Uhr Vorstellen der Wappen (Nachfragen erlaubt, keine Diskussionen)

ca. 11.20 Uhr kurze Pause

3.) Veränderungen – gemeinsam agieren können

11.30 Uhr **Labyrinth-Spiel:** In der Jugendzentrale existiert ein selbstgebautes Spiel. Auf einer Grundlage in Form eines Labyrinth-Weges (DinA1) ist eine Folie übergezogen, die mit einem Stift beschriftet werden kann. Dieser Stift ist an einer Halterung befestigt, die von 6 Fäden, an den Enden des Kartons befestigt, bedient werden kann.
Aufgabe: 6 Personen sollen – ohne reden zu dürfen – gemeinsam den Weg gehen, indem der Stift den markierten Weg entlanggeführt wird. Alle SchülerInnen sind einmal daran Teil. Bei zwei weiteren Durchgängen sollen sie beobachten, ob und wie die ausführende Gruppe sich ohne sprachliche Verständigung über Wege, Ziele und Strategien austauscht.

12.00 Uhr **Puzzlespiel**[4] (3 x 5 Spieler, je 1 Beobachter)
In einem Briefumschlag befinden sich 5 Puzzleteile, aus denen 5 kleine Quadrate herzustellen sind. Schweigend und ohne in die

[4] Vgl. Quadrat-Übung in: Grom, Methoden für Religionsunterricht, Jugendarbeit und Erwachsenenbildung, Düsseldorf[6] 1979, S.66ff.

3.2

Puzzleteile der MitspielerInnen eingreifen zu dürfen, muss jeder Teilnehmer ein Quadrat erstellen. Es darf von den eigenen Puzzle-Teilchen in die Mitte abgegeben werden. Das Spiel gelingt, wenn alle 5 Mitspieler gut beobachten und bereit sind, abzugeben, zu teilen, um alle 5 Quadrate entstehen zu lassen.

4.) Mittagessen (heimlicher Mittelpunkt des Tages) ab ca. 12.30 h
Im RU war das Mittagessen zuvor geplant worden. Alle bringen etwas mit. Nun wird der Raum hergerichtet (So beispielsweise der Fußboden bei Orientalischem Essen oder es entsteht eine Italienische Pizza-Stube). Alle waren/sind beteiligt. Dekorationsmaterial, hergestellte Esswaren, gekaufte Esswaren, etc...werden bereitgestellt, bezweckt wird eine gemeinsame (!) Mahlzeit zu teilen (Für viele OrientalInnen ist dies eine vertraute Situation, für viele EuropäerInnen ist es dagegen ungewohnt, gemeinsam etwas tun oder gemeinsam eine Mahlzeit zu teilen!).

5.) Verstärkung : Gemeinsam sind wir stark

13.30 Uhr **Pyramidenspiel:** Drei Gruppen werden gebildet, jede erhält 20 Blatt Papier, Scheren und Klebstoff. Aufgabe: „Ihr habt 30 Minuten Zeit, den höchsten stabilen Turm zu bauen, der bei der **Präsentation** anschließend eine Minute stehen bleiben muss. Jeweils 2 Beobachter bestimmen für den folgenden Beobachtungsauftrag: Wer übernimmt welche Rollen (Bauplaner, Bauarbeiter, Bauhelfer; wie gehen die Teilnehmer miteinander um?)?

14.00 Uhr Auswertung: Gruppe und Beobachter berichten über Rollenverteilung, Beteiligung, etc...mit Präsentation: Der höchste stabile Turm wird ausgiebig beklatscht (Eventuell kleine Preise vorbereiten).

14.15 Uhr **Körperstatue:** Die Gesamtgruppe erhält den Auftrag, innerhalb von 10 Minuten **eine Gesamt**-Körper-Statue darzustellen, die auf einem Digitalfoto den Titel erhalten kann: Gemeinsam sind wir stark.

14.25 Uhr „Foto-shooting" (Gesamtfoto, in der Regel noch weitere Fotos von Kleingruppen)

6.) Abschluss , Verabschieden

14.30 Uhr Großes Aufräumen

14.45 Uhr Feedback-Runde: **Rucksack:** Im Stuhlkreis geht ein kleiner Rucksack
herum. Jeder Teilnehmer (auch die Leiter) ziehen ein kurzes Fazit:
Ich nehme von heute im Rucksack für mich mit …, ich habe heute neu
erfahren…, ich lasse von heute hier…

15.00 Uhr Persönliche Verabschiedung (Digitalfotos (Ausdrucke) werden
gezeigt und in der Klasse ausgehängt, etc…)

Birgit van Elten
Begleitung von Taufbewerbern am Erzbischöflichen Berufskolleg Köln

1. Ausgangssituation

Wie aus einschlägigen Statistiken hervorgeht und allgemein spürbar ist, wird eine wachsende Anzahl Kinder in der Bundesrepublik Deutschland nicht getauft. Dem liegt entweder eine gewisse Indifferenz der Eltern zugrunde oder die bewusste Überlegung, den weltanschaulichen und religiösen Weg ihrer Kinder nicht festlegen zu wollen, ihnen die Entscheidung für oder gegen ein religiöses Bekenntnis offen zu lassen.

Gleichzeitig hat offensichtlich das eigene Bekenntnis keinen großen Stellenwert im Bewusstsein vieler junger Menschen. Es scheint immer weniger ein Kriterium zu sein, dem bei Bewerbungen eine Aussagekraft hinsichtlich der eigenen Persönlichkeit beigemessen wird. Wir bekommen jährlich mehrere Bewerbungen für einen Schul- bzw. Ausbildungsplatz, aus denen nicht ersichtlich ist, welche Religion oder welches Bekenntnis die jungen Menschen haben, obwohl aus unserer Homepage klar hervorgeht, dass eine Bewerbung die Angabe der Konfession enthalten muss.

Hintergrund dieser Anforderung sind Richtlinien des Erzbistums Köln, wonach höchstens 20% der Schülerinnen und Schüler eines Jahrgangs evangelisch und nur 5% nicht getauft sein dürfen. Für die Ausbildung zum Heilerziehungspfleger oder zum Heilpädagogen interessieren sich nun sowohl Angehörige anderer Religionen als auch solche Bewerber, die in keiner Weise religiös sozialisiert sind. Das bedeutet, wenn die Schulplätze für die genannten 5% vergeben sind, können wir keine weiteren Nichtgetauften aufnehmen. Die Bewerber erhalten jedoch nicht sofort eine Absage, sondern werden dennoch zum Bewerbungsgespräch eingeladen, lernen unsere Ausbildungsordnung kennen und unsere Vorstellungen davon, wie das Schulleben an einem katholischen Berufskolleg aussehen könnte. Mit Beginn des Schuljahres 2005/06 steht ein Passus in Schulvertrag der Schüler „Die Teilnahme an den Schulgottesdiensten ist verpflichtend." Im Qualitätshandbuch des Erzbischöflichen Berufskollegs ist zwingend vorgeschrieben, im Bewerbungsgespräch danach zu fragen, aus welchem Grund sich die Aspiranten an unserem katholischen Berufskolleg bewerben, und mit ihnen über Werte und Weltanschauungen ins Gespräch zu kommen. Bei jemandem, der nicht getauft ist, frage ich weiter, ob er sich gegebenenfalls vorstellen könnte, sich im Rahmen der Ausbildung näher mit dem christlichen Glauben auseinander zu setzen und innerhalb eines überschaubaren Zeitraumes unter Umständen Mitglied der katholischen Kirche zu werden. Unter der Voraussetzung, dass er dieses nach einer Bedenkzeit bejaht, erhält er einen Platz an unserem Berufskolleg und wird geführt unter der Rubrik „kk", künftig katholisch!

Das heißt, die meisten der Schülerinnen und Schüler, bei denen wir Taufbegleitung machen, lassen sich häufig um eines Schulplatzes willen darauf ein, sind jedoch grundsätzlich nicht abgeneigt zur Kirche dazu zu gehören und bringen Interesse dafür mit. Dann gibt es eine weitere Gruppe mit einer zunächst sekundären Motivation: diejenigen, die eine für sie sehr attraktive Stelle als Berufspraktikant im Anerkennungsjahr oder eine feste Stelle im Anschluss an das Berufspraktikum bei einer Einrichtung in der Trägerschaft der katholischen Kirche in Aussicht haben unter der Voraussetzung, dass sie Mitglied der Kirche werden. Und schließlich gibt es jene, die neugierig geworden sind, die sich in der Gemeinschaft der Schule wohlfühlen und begonnen haben in die Kirche hinein zu wachsen und ganz dazu gehören wollen.

3.3

Ausgangspunkt unserer Überlegungen ist somit, dass die meisten zunächst extrinsisch motiviert sind und es an uns liegt, ob sie im Verlaufe der Zeit spüren, dass der katholische Glaube ihnen Freude, Kraft, Halt, Gemeinschaft, Hoffnung, Zukunft gibt, oder ob die Taufe ein rein opportunistischer Akt bleibt.

2. Die Konzeption des Erzbistums Köln

2.1 Das Konzept der Fides

Im Erzbistum Köln gibt es neben der Möglichkeit, einen Ortspfarrer oder einen anderen Geistlichen anzusprechen, eine offizielle Instanz, an die sich alle Personen wenden können, die bereits einer christlichen Konfession angehören und zum katholischen Glauben konvertieren möchten, die aus der Kirche ausgetreten waren und nun ihre Wiederaufnahme in die katholische Kirche anstreben sowie solche Menschen, die in ihrem bisherigen Leben entweder andersgläubig oder überhaupt nicht gläubig waren. Ein schriftlich fixiertes starres Konzept der Arbeit der Fides existiert allerdings nicht. Und zwar aus gutem Grund. Es liegt in der Natur der Sache, dass die unterschiedlichen Gruppen ebenso wie die Personen an sich mit ihren unterschiedlichen Biografien völlig verschiedene Motivationen, Bedürfnisse und Voraussetzungen mitbringen, wenn sie sich bei der Fides anmelden. Zunächst einmal werden sie grundsätzlich in einem Kurs zusammengefasst, damit die Vorbereitung auf die Eingliederung gemeinschaftlich erfahren werden kann. Auf dieser Basis wird möglichst für jeden einzelnen Bewerber eine maßgeschneiderte Vorbereitungszeit gestaltet. Der Einstieg in die Gruppe ist jederzeit möglich, die Verweildauer im Kurs durchaus unterschiedlich. So benötigen Wiedereintrittswillige eine kürzere Zeit der Auseinandersetzung als Konvertiten, diese wiederum ein geringeres Maß an Beschäftigung mit dem katholischen Glauben als solche, die bisher wenig oder gar nicht mit diesem Glauben in Berührung gekommen sind.

Die Katechese ist im Wesentlichen in abgeschlossenen Themenabenden organisiert, auf denen beispielsweise die christlichen Feste im Jahreskreis, die Sakramente, der Ablauf einer katholischen Messfeier besprochen werden, wichtige Gebete wie das Vaterunser und das Glaubensbekenntnis erklärt und gelernt werden und auf denen Bibelarbeit stattfindet. In kleineren Gruppen lesen die Teilnehmer in der Bibel und tauschen sich über das Gelesene aus. Die Abende werden vom Leiter der Fides, einem Pfarrer, in Zusammenarbeit mit Katecheten durchgeführt. Die ganze Gruppe fährt im Verlaufe der Vorbereitungsmonate gemeinsam in ein Haus des Erzbistums zu einem „Wochenende für den persönlichen Neubeginn", auf dem gebetet, gesungen, meditiert, diskutiert und Gottesdienst gefeiert wird. Dieses Wochenende fand eine Zeit lang während der sogenannten „heißen Phase" der Vorbereitung statt, d.h. in der Zeit von Januar bis Ostern, zur Zeit zum Beginn des Advents oder kurz vorher. In der Fastenzeit finden für die Taufbewerber wöchentliche Treffen und ein (Sams)Tag der Besinnung statt. Die Osternacht ist der gemeinsame Tauftermin aller. Die Fides legt darauf Wert, dass jeder Bewerber den christlichen Jahreskreis einmal miterlebt und mit gefeiert hat, bevor er getauft wird. Wenn jemand also beispielsweise kurz vor Weihnachten zu dem Kreis dazu stößt, erfolgt seine Aufnahme in die Kirche erst am übernächsten Osterfest, sodass die Vorbereitung sich über eineinhalb Jahre erstrecken kann.

Die Teilnahme an der Sonntagsmesse ist erwünscht, jedoch haben viele Bewerber noch keine Gemeinde, in der sie für sich einen Anknüpfungspunkt sähen oder in der sie Gemeindemitglieder kennten. Daher sind sie in besonderer Weise zu den Sonntagsmessen in die Pfarrkirche des Leiters eingeladen.

Für den nördlichen Bereich des Erzbistums Köln ist die Fides in Düsseldorf zuständig, für den südlichen Teil die Fides in Köln. Ziel der Vorbereitung ist jedoch nicht die Ausrichtung auf die jeweilige Zentrale, sondern die Anbindung an die Ortsgemeinde. Deshalb ist es in hohem Maße wünschenswert, wenn die Bewerber von „ihren" (künftigen) Pfarrern getauft werden. Oft ist dies jedoch noch nicht im Blick, sodass jene gerade deswegen ebenfalls zu der Feier eingeladen werden, damit die Bewerber künftig in einer Gemeinde beheimatet sind, ihr Glaube konkret verortet wird.

Rein rechtlich gesehen brauchen die Taufbewerber keinen Taufpaten. Für viele ist es jedoch einfacher, wenn sie nicht alleine zum Taufbecken vortreten müssen, sondern von einem erfahrenen Christen begleitet werden. Gleichzeitig steht der Pate auch für eine weitere Begleitung in die Gemeinde hinein und sagt seine Unterstützung zu beim weiteren Hineinwachsen in den Glauben.

Der taufende Pfarrer stellt beim Kölner Erzbischof den Antrag auf Spendung der Initiationssakramente Taufe, Firmung und Erstkommunion, dieser erteilt die Beauftragung, und so steht nach den Monaten der Vorbereitung der Aufnahme in die Kirche nichts mehr im Wege.

2.2 Das Konzept der Fides und die Schülerinnen und Schüler des Berufskollegs

Die Schülerinnen und Schüler der Abteilung des Erzbischöflichen Berufskollegs, in der ich arbeite, sind teilweise erst 17 Jahre alt. Im Schnitt weisen sie ein Alter von Anfang 20 auf und sind somit deutlich jünger als die Klientel der Fides. Dieser entwicklungspsychologisch bedingte Unterschied birgt die Gefahr, dass sich ein Gefühl des Abstandes zu den anderen, ein Fremdheitsgefühl, entwickelt, das unsere Schüler möglicherweise daran hindert, sich in der Fidesgruppe wohl zu fühlen, und dass das gewünschte Gemeinschaftsgefühl nicht entsteht.

Birgit van Elten

Begleitung von Taufbewerbern am Erzbischöflichen Berufskolleg Köln

3.3

Die Themenabende der Fides finden in einem Haus des Erzbistums in der Kölner Innenstadt statt. Viele unserer Schüler hingegen wohnen nicht in Köln und haben, wenn sie nach der 8. Stunde das Schulgebäude verlassen, noch einen weiten Heimweg vor sich, bevor sie sich zu Hause an die Vor- und Nachbereitung des Lernstoffs der Ausbildung begeben. Die Hemmschwelle, sich abends noch einmal auf den Weg zu machen, ist groß. Deshalb erachten wir es als günstiger, unsere Begleitung auf die Taufe hin im Rahmen des Schultages oder im Anschluss daran durchzuführen.

Im Rahmen unserer zweijährigen Ausbildung zur Heilerziehungspflegerin absolvieren die Schüler Praktika im Umfang von 16 Wochen in Einrichtungen der Behindertenhilfe, die zum Teil weit außerhalb von Köln liegen und in denen sie im Schichtdienst arbeiten, sodass die Teilnahme in dieser Zeit erschwert wäre. Wir hingegen haben die Möglichkeit, uns vor und nach den Praktika häufiger zu treffen, währenddessen jedoch gar nicht.

Unsere Taufbewerber nehmen in aller Regel nicht an einer sonntäglichen Messe teil, sei es dass sie noch keine Anbindung an eine Gemeinde verspüren, sei es dass sie ausschlafen, sich mit ihren Freunden treffen möchten oder aber einem Job nachgehen. Die bei uns ca. monatlich stattfindenden Gottesdienste und Schulmessen bieten hier eine gute Gelegenheit, Gottesdienst zu erleben und sich mit dem Ablauf einer Messe vertraut zu machen.

Wenn eine Bewerberin sich bei uns bereit erklärt, sich auf die Taufe vorzubereiten, um einen Schulplatz bei uns zu erhalten, sollte ihre Zugehörigkeit zur Kirche im Verlaufe ihres ersten Ausbildungsjahres verwirklicht werden. Eine eineinhalb Jahre während Vorbereitungszeit, wie sie bei Beginn eines neuen Schuljahres im Spätsommer nach dem Konzept der Fides anstünde, wäre zu lang, die Taufe würde erst kurz vor Ende der theoretischen Ausbildung erfolgen.

Die Osternacht ist aus theologischen, kirchengeschichtlichen und pastoralen Erwägungen heraus der gegebene Zeitpunkt für die Aufnahme in die Kirche, sozialpsychologische und pragmatische Argumente sprechen bei meinen Schülern eher dagegen. Viele Klassenkameraden sind in den Osterferien unterwegs, die Feier wäre somit kaum von der Schulgemeinschaft getragen. Ebenso befinden sich Angehörige und Freunde der Schüler oft auf Reisen, könnten an diesem auch für die unmittelbare Umgebung des Aspiranten wichtigen Ereignis nicht teilnehmen. Deshalb legen wir die Feier auf einen für die Bezugspersonen und für die Schule günstigen Zeitpunkt am Ende des Schuljahres.

Wir sind der festen Überzeugung, dass wir in Inhalt und Form noch individueller und flexibler auf die Belange der Jugendlichen und jungen Erwachsenen eingehen können, wenn die Vorbereitung durch uns vor Ort durchgeführt wird. Wir beziehen die ganze Klasse und die Schulgemeinschaft mit ein. Wir führen Einzel- und Gruppengespräche, planen und gestalten Tage religiöser Orientierung, Gottesdienste und Pausenmeditationen und messen nicht zuletzt anregendem Religionsunterricht eine hohe Bedeutung bei.

3. Das Konzept für die Taufbegleitung am Erzbischöflichen Berufskolleg

3.1. Vorüberlegungen

Grundlegend sind zunächst Überlegungen zu den Zielen meiner Arbeit mit den jungen Menschen. Der Empfang des Sakramentes selber kann nur ein Meilenstein auf dem Weg sein, den der junge Mensch beginnt zu beschreiten, nicht das Ziel selber. Ich möchte Glauben anstoßen, und zwar in dem zweifachen Sinn des Begriffs als fides quae und als fides qua.

Die Entfaltung einer fides quae stößt angesichts der begrenzten Zeit und angesichts motivationspsychologischer Zusammenhänge an reale Grenzen, konkret: ich kann weder umfangreiches Katechismuswissen vermitteln, das äußerlich bleiben muss, noch kann ich Lernerfolgskontrollen veranstalten, sondern ich muss die jungen Menschen motivieren, existentielle Fragen zu stellen, die dazu herausfordern, mehr erfahren zu wollen, selbstständig weiter zu forschen. Es erhebt sich somit die Aufgabe der Elementarisierung und der didaktischen Reduktion.

Eine fides qua kann ich ebenfalls nicht herstellen, sondern muss versuchen, Situationen zu schaffen, in denen religiöse Erfahrungen möglich sind.

Nach Bernhard Häring ist Religiosität ganz allgemein die Bereitschaft, sich selbst, die Mitmenschen und die Welt in Beziehung zu einem Übermenschlich-Göttlichen zu erleben und zu denken und sich gemäß dieser persönlichen Erfahrung und entsprechend den diesbezüglichen Überzeugungen und Weisungen einer Glaubensgemeinschaft zu verhalten[1].

[1] Häring 1989, S. 16.

Didaktisch gesehen werden hier die emotionale, die kognitive und die pragmatische Zieldimension angesprochen, die gleichzeitig handlungsleitend für meine Methodik sein muss.

Desgleichen halte ich das Modell von Fritz Oser für hilfreich, demzufolge bei der Beförderung einer reifen und autonomen Religiosität drei normative Stränge meines Handelns zu berücksichtigen sind: Der junge Mensch muss religiöses Wissen erlangen und ein religiöses Konzept aufbauen, er muss die Fähigkeit ent-

3.3

[2] Oser 1990, S. 57.

[3] Erikson 1966, S. 56.

[4] Krappmann 1997.

wickeln, religiöse Erfahrungen zu machen und Erfahrungen religiös zu deuten und sie auf seine bisherige weltanschauliche Biografie zu beziehen, und er muss ein religiöses Urteilsvermögen entwickeln[2].

Nicht zu unterschätzen ist die Identitätsarbeit, die der junge Mensch in diesen Monaten zu leisten hat. Mitglied der katholischen Kirche zu sein, ist eine ganz neue soziale Rolle, mit der er sich schrittweise identifizieren muss. Damit gerät er nach Erikson zunächst einmal in eine psychosoziale Krise, aus der er jedoch mit einem gestärkten Konsistenzgefühl hervor gehen kann[3]. Wenn diese Mitgliedschaft rein äußerlich oder ein Identitätsfragment bleibt, kann der Glaube nicht zu einem integralen Bestandteil der Persönlichkeit werden. Nicht nur die neue Rolle trägt zur Fortentwicklung bei, sondern nach Krappmann ebenso die Fähigkeit, ihren Sinn mit anderen, für den jungen Menschen wichtigen Personen auszuhandeln[4]. Das heißt, auch die Umgebung des jungen Menschen ist mit zu beachten: steht sie hinter seinem Entschluss, muss er sich seinen Bezugspersonen gegenüber eventuell sogar rechtfertigen? Krappmann sagt, die sich in Identitätsarbeit ausbalancierende Identität muss die in Interaktion erlebten, neuen Erfahrungen in sich integrieren und sich gegen Stigmatisierung und Stereotypisierung zur Wehr setzen, um die Balance zu halten an persönlichen grundlegenden Orientierungen entlang. Dieser Prozess muss also als transaktionales Geschehen verstanden werden.

Grundvoraussetzung für die Möglichkeit, ein dreiviertel Jahr mit einem jungen Menschen eng zusammenzuarbeiten, Teil zu haben an seiner Identitätsarbeit, ihn sehr persönlich auf seinem Glaubensweg zu begleiten, ist eine gute Beziehung zwischen uns, die ich nicht erzwingen kann, die jedoch durch eine gelöste Atmosphäre, durch Respekt und Partnerschaftlichkeit, Offenheit und Eindeutigkeit, Transparenz, Bescheidenheit, Vertrauen, Akzeptanz und Annahme, Gleichwertigkeit, Authentizität und Begeisterung befördert werden kann.

Diese Vorüberlegungen sind die Basis für das Gesamtkonzept, fließen aber auch in jede einzelne Aktivität mit ein.

3.2.1 Auftakt, Beziehungsaufbau

Im Schulalltag erleben mich die Schüler als zwar verständnisvolle und sie unbedingt wertschätzende Person, jedoch auch als fordernde und benotende Lehrerin. Für mich ist der Rollenwechsel hin zu einer sie persönlich und im Glauben begleitenden Vertrauensperson kein Problem, selbst erwachsene Schüler können sich jedoch oft nicht vorstellen, dass ich ihre Fragen und Zweifel auf dem Weg zur Taufe trennen kann von ihrem Verhalten und ihren Äußerungen im Unterricht. Das bedeutet, sie müssen mich zunächst näher kennen lernen. Damit sie mich in dieser anderen Rolle annehmen können, ist es hilfreich, zunächst in anderer Umgebung als der Schule zusammenzukommen. Wir treffen uns in einem Café und erzählen einander prägende Erlebnisse und Erfahrungen. Besonders wichtig erscheint mir, dass ich von nicht Geglücktem, Vorläufigem aus meiner Biografie berichte, damit bei den Schülern Vertrauen entstehen kann und das Gefühl, dass auch erwachsene Begleiter noch auf dem Weg sind. Zugleich vereinbaren wir, dass die persönlichen Dinge, die wir im Rahmen der Taufbegleitung besprechen, unter uns bleiben, nicht nach draußen getragen werden. Die Taufgespräche nach dem Unterricht finden auch nicht in einem Klassenzimmer statt, sondern in meinem kleinen Besprechungszimmer, das als Beratungsraum mit christlichen Motiven hergerichtet ist.

Mit meiner Person und meinem Verhalten stehe ich für eine gelöste und angstfreie Atmosphäre. Verbal und nonverbal signalisiere ich Interesse an dem jungen Menschen selber, nicht nur an seiner Eingliederung in die Kirche, Vertrauen, Akzeptanz und Annahme, Respekt und Partnerschaftlichkeit, Gleichwertigkeit, bemühe mich um Offenheit, Eindeutigkeit und Transparenz, handele nach dem Prinzip der Individualisierung und habe auch das Ziel auch vor Augen, dass diese jungen Menschen aus Überzeugung und voller Freude Mitglieder der katholischen Kirche werden.
Um mich selber und die jungen Menschen vor einer möglichen Überforderung zu schützen, ist aus psychologischer Sicht eine Haltung empfehlenswert, die man als die Bejahung des UND bezeichnen könnte:
· Ich verfolge ein Ziel und übe mich gleichzeitig in Bescheidenheit.
· Ich bin kompetent und erkenne doch meine Begrenztheit.
· Ich habe einen Wirksamkeitsanspruch und erlebe dennoch Ohnmacht.
· Ich habe Hoffnung und erlebe Enttäuschung.

Man könnte die Forderung erheben, zu Beginn und zum Abschluss eines jeden Treffens miteinander zu beten. Ich selber empfinde das Miteinander Beten als ein sehr intimes Geschehen, das für mich erst am Ende der Taufvorbereitung seinen Platz haben sollte. Das gemeinsame Gebet trägt zwar zu einer vertrauensvollen Beziehung bei, setzt diese andererseits auch voraus, sodass ich sehr achtsam schauen muss, ob und wann die Bereitschaft dafür vorhanden ist. Am Ende der Vorbereitungszeit spreche ich frei formulierte Gebete, schließe die Schüler mit ein, zwinge sie jedoch nicht ihre Gedanken an Gott ebenfalls laut auszusprechen.

3.2.2. Exkursion in eine Kirche

Die Kirche ist der Ort, an der intensivste Begegnung mit Christus im Sakrament geschieht, sie darf nicht der Ort sein, zu dem das künftige Kirchenmitglied notgedrungen geht, um die Sakramente zu empfangen und die Kirchenmitgliedschaft zu besiegeln. Kirche kann auch ein „Kraftort"[5] sein, zu dem Menschen sich hingezogen fühlen und der eine heilende Wirkung auf sie ausüben kann. Eine Kirche sollte also unter allen Umständen als ein guter Ort erfahren werden. Es ist allerdings davon auszugehen, dass beim vielleicht erstmaligen Betreten einer Kirche ein Gefühl der Fremdheit, der Abwehr, der Scheu vorherrscht. Es braucht viel Zeit, diesen Gefühlen Raum zu geben, sie zu verbalisieren und sie zu bearbeiten. In Köln haben wir das Glück, sowohl romanische Kirchen besuchen zu können, als auch den gotischen Dom als auch eine barocke Kirche (Mariä Himmelfahrt) ebenso wie moderne Kirchen (beispielsweise Christi Auferstehung von Gottfried Böhm oder St. Theodor von Paul Böhm).

Schön ist es, wenn ich die Zeit habe, mit den Aspiranten mehrere Kirchen in Ruhe zu besuchen und dort eine Begegnung mit den Räumen und mit sich selbst zu initiieren. Am liebsten beginne ich in einer romanischen Kirche, die mich im Hinblick auf meine Schüler durch ihre Unaufdringlichkeit überzeugt. Wir gehen schweigend um die Kirche herum, ebenso schweigend hinein, woraufhin sie sich selbstständig und in Stille den Raum erschließen mit Hilfe von Vorschlägen zur Annäherung an diesen Ort, die sie von mir schriftlich bekommen:

· Wie wirkt diese Kirche von außen/von innen auf mich?
· Wie empfinde ich die Atmosphäre in dieser Kirche?
· Fühle ich mich hier wohl/unwohl?
· An welche Erfahrungen/Ereignisse erinnert mich diese Kirche?
· Was finde ich an/in dieser Kirche bemerkenswert?
· Was finde ich an/in dieser Kirche beunruhigend?
· Gehen Sie langsam durch den Raum. An welcher Stelle empfinden Sie Ruhe, Stille, Frieden? Wo möchten Sie verweilen? Warum?
· Was haben diese Gedanken und Gefühle mit Ihrer Biografie zu tun?
· Welches Lebensgefühl mögen die Menschen gehabt haben, in deren Zeit diese Kirche gebaut wurde? Wie mag ihr Glaube ausgesehen haben?
· Formulieren Sie Ihr eigenes Lebensgefühl.
· Formulieren Sie in einem Satz/in wenigen Sätzen Ihren Eindruck vom Besuch dieser Kirche. Was haben Sie mitgenommen?

Nach einer halben Stunde treffe ich mich mit den Schülern draußen vor der Kirche. Wir gehen gemeinsam in ein Café und tragen ihre Empfindungen, Gedanken und Fragen zusammen und kommen ausführlich über die Punkte ins Gespräch, die sie am meisten berührt haben. Anschließend kehren wir noch einmal

[5] Sprenger 2005, S. 25.

zurück, um einige Eindrücke aufzugreifen und zu vertiefen. Zum Abschluss erkläre ich ihnen die Elemente des Kircheninnenraumes, über die sie Näheres wissen möchten.

Wenige Wochen später statten wir einer anderen Kirche einen Besuch ab, folgen denselben Leitfragen, wiederholen, was zur Ausstattung einer Kirche dazu gehört und besprechen weiteres Inventar sowie angemessenes Verhalten an einem solchen Ort. Abschließend stellen sie Überlegungen dazu an, worauf sie achten, wenn sie künftig eine Kirche betreten, was ihnen wichtig ist um ein positives Gefühl zu entwickeln, z.B. Lichtverhältnisse, Raumaufteilung usw. Damit haben wir die Erlebens-, Wissens-, Verhaltens- und Urteilsdimension umfassend berücksichtigt.

3.2.3. Sakramente

In Sakramenten geschieht Begegnung zwischen Christus und dem Menschen. In der Feier der Aufnahme in die Kirche empfangen diese jungen Menschen gleich drei Sakramente auf einmal, daher müssen zumindest Taufe, Firmung, Eucharistie in ihrem Gehalt, ihrer Symbolik, ihrer Auswirkung auf das Leben eines Christen besprochen werden.

Die Zahl der Materialien ist Legion, jede katholische Buchhandlung bietet eine Fülle von Handreichungen, Vorbereitungsmappen und Medien an. Eine umfassende Erarbeitung ist unmöglich, daher muss ich wiederum reduzieren und persönliche, emotionale Zugänge ermöglichen.

Was heißt Taufe eigentlich für mich? Gemeinsam mit den Schülern versuche ich Fragen zu stellen und Antworten zu geben, die dieser Persönlichkeit und Lebenssituation dienen. Bei meditativer Musik füllen Schüler beispielsweise einen kleinen Fragebogen aus, über den wir im Anschluss ins Gespräch kommen:
Was bedeutet die Taufe für mich?
( ) Aufnahme in die katholische Kirche
( ) Christwerden
( ) Befreiung von der Ursünde
( ) Feier der Gotteskindschaft
( ) Näher bei Gott Sein
Finden Sie das gut, jetzt getauft zu werden? Ist es besser als kleines Kind getauft zu werden?
Begründen Sie bitte!
Denken Sie, dass sich in Ihrem Leben irgendetwas ändert? Was? Warum? Wenn nein, warum nicht?

In diese Diskussion kann ich gut wesentliche sakramententheologische Zusammenhänge einfließen lassen, ohne Vorträge zu halten.

3.2.4. Vaterunser und Glaubensbekenntnis

Wie Jesus seinen Jüngern empfohlen hat (Mt 6,7) und wie nicht nur mystisch begabte Menschen in der Kirchengeschichte erfahren haben, heißt Beten nicht eine Lernleistung vorzuweisen und vorformulierte Wendungen herunter zu leiern. Es geht im Gegenteil darum still zu werden, in sich hinein zu hören und die liebende Anrede Gottes zu vernehmen, sodass mein Gebet eine ganz meinem Inneren entspringende persönliche Antwort darstellt, sei sie formuliert, sei sie wortlos. Diese Art von Dialog mit Gott versuchen wir in den Pausenbesinnungen und während der Tage religiöser Orientierung sich entwickeln zu lassen.

Dennoch führt kein Weg daran vorbei, das Gebet zu lernen, das Jesus seinen Jüngern in obigem Zusammenhang empfohlen hat. Es ist das Gebet, das Christen über die Konfessionen, Generationen, Sprachen und Kulturen hinweg eint. Mir persönlich läuft oft ein Schauder den Rücken herunter, wenn ich in einer Sonntagsmesse in einer vollen Kirche diese Worte spreche und höre und mir vorstelle, mit wie vielen Milliarden von Menschen, die gelebt haben, die jetzt leben und die nach mir leben werden, ich damit verbunden bin. Diese Verbundenheit, das Getragensein durch eine über das Vorstellungsvermögen hinausgehende Gemeinschaft, versuche ich meinen Taufbewerbern zu vermitteln, damit sie einen emotionalen Zugang zum Vater unser bekommen. Das geht zum Beispiel mit einer Phantasiereise zu verschiedenen Zeiten, Ländern, Kirchen, Gelegenheiten.

Mir ist es wichtig, dass die Bitten des Vaterunsers nicht nur gelernt werden. Ich möchte, dass die Bewerber jede einzelne innerlich bejahen können. Dafür müssen wir genauer darüber nachdenken, welche Erwartungen und Wünsche sich jeweils dahinter verbergen. Zur Erhellung mag mein eigener Widerstand als Kind gegen die Bitte „Dein Reich komme" dienen: Ich wollte nicht, dass das Reich Gottes kommt, weil in meiner Vorstellung dann das Leben hier auf der Erde zu Ende wäre, ich sterben müsste. Es sollten also adäquate Bilder und Vorstellungen bei den einzelnen Bitten entwickelt werden. Nach einer freien Assoziation können als Grundlage der inhaltlichen Auseinandersetzung Texte wie „Unterbrich mich nicht, Herr, ich bete" in dem Band „Bergpredigt" aus der Reihe „Biblische Texte verfremdet" von Sigrid und Klaus Berg[6] oder weitere ähnliche Gedankenanstöße fungieren. Sehr hilfreich finde ich auch Kinderbilderbücher zum Vaterunser wie z.B. „Das Vaterunser den Kindern erzählt" von Dietmar Rost und Joseph Machalke[7]. Die konkrete Materialauswahl kann ich nur mit Blick auf den

[6] Berg 1988, S. 64.

[7] Rost Machalke 1989.

konkreten Menschen treffen.

Wenn wir das Vaterunser besprochen haben, sollen die Taufbewerber es auswendig lernen, und wir beten es am Anfang der kommenden Vorbereitungsstunden gemeinsam - auch um der Geläufigkeit willen.

Das Glaubensbekenntnis müssen die jungen Menschen meines Erachtens nicht auswendig lernen, da es in den Gemeinden heutzutage immer als Nummer im Gotteslob angeschlagen wird und somit jeder beim Beten einen Text vorliegen hat. Nichtsdestotrotz muss ich es als inhaltlichen Kern unseres Glaubens besprechen, vor allen Dingen die Widerstände und Vorurteile gegen einzelne Glaubensartikel. Bei den einzelnen Aussagen wird kein Mensch genau die gleiche Vorstellung haben wie ein anderer, da bei jedem unterschiedliche Erfahrungen einfließen. Ich ermutige ausdrücklich, eigene Vorstellungen zu entwickeln und ständig fortzuentwickeln. Inhaltlich am allerwichtigsten ist mir die Vorstellung vom trinitarischen Gott, der in sich Beziehung ist, als jemand, der in sich Liebe und Dialog ist.

Grundlage der eigenen Überlegungen ist das Buch „Credo" von Hans Küng[8]. Eine hilfreiche Zusammenfassung ist als Publik-Forum Dossier „Hans Küng: Credo. Für Zeitgenossen des 21. Jahrhunderts" erschienen. Diskussionsstoff mit den Schülern hat man immer genug. Unterrichtsmaterialien zur Gotteslehre oder zur Christologie können an dieser Stelle ebenso eingesetzt werden.

[8] Küng 1993.

3.2.5. Christliche Feste

In den Einrichtungen der Behindertenhilfe, in denen die Schüler später arbeiten, müssen sie mit ihrer Klientel Feste planen und gestalten. Daher beschäftigt sich der Religionsunterricht zur aktuellen Zeit im Jahr den biblischen Zusammenhängen, dem theologischen Gehalt, den Symbolen, Riten und Bräuchen eines Festes. Viele Symbole und Rituale erscheinen den jungen Menschen heute sinnentleert und müssen neu entdeckt und verstanden oder aber durch andere ersetzt werden, die ihnen den Zugang zum Gehalt eines Festes neu erschließen. Von Bedeutung sind hier biografische und emotionale Zugänge: Was löst das Fest bei mir aus? Wie wurde es bei mir zu Hause gefeiert? Was habe ich nicht verstanden? Was empfand ich als hohl und leer? Wie könnte ich mir heute vorstellen, es für mich passender zu feiern? Wie könnte ich mir die Vorbereitung und den Ablauf in meiner Einrichtung vorstellen? Allgemeine Erkenntnisse über Rituale und symboldidaktische Zusammenhänge werden erarbeitet und berücksichtigt. Die Auseinandersetzung mit diesen Fragen stellt ein Stück harte Arbeit dar.

In den Vorbereitungsstunden mit den Taufbewerbern können diese Aspekte noch vertiefter und individueller behandelt werden, besonders das Unverständnis eines Festes und die Abwehr gegen bestimmte Vorgaben. Und wir können genau nachspüren, welcher Aspekt eines Festes ihnen besonders wichtig ist, die Gemeinschaft der Feiernden, die Erinnerung an ein Geschehen, das Weiterwirken hier und heute in meinem Leben, die Erwartung einer Zukunft usw., damit ein relevanter Anknüpfungspunkt gefunden wird.

Wenn ein Fest im bisherigen Umfeld kaum oder nicht gestaltet wurde, gibt es eine große Unsicherheit darüber, wie mit der Familie oder im Freundeskreis eine sinnbringende Festkultur aufgebaut werden kann. Wir beginnen, Formen und Strukturen zu entwickeln, natürlich zunächst in äußerst bescheidenem Umfang. Die Ideen können in einem selbst erstellten Festkalender festgehalten werden.

In Zusammenarbeit mit den Kunstlehrern versuchen die Religionslehrer, wenn genug Zeit und Geld vorhanden sind, die Eingangshalle unseres Gebäudes jahreszeitengemäß und den Festen Rechnung tragend zu schmücken, sodass auch über die Sinne ein Bewusstsein vom christlichen Jahreskreis vermittelt wird. In ähnlicher Weise wird der Schulseelsorgeraum gestaltet, um den Taufbewerbern einen ganzheitlichen Zugang zu gewährleisten.

3.2.6. Bibelgespräch

Ich möchte die Schüler neugierig machen auf die Bibel, sie mit dem Leben und der Botschaft Jesu etwas vertraut machen und ihnen verdeutlichen, dass die Inhalte in hohem Maße etwas mit ihrem Leben zu tun haben.

Spannend ist oft die Lektüre des Ersten Testamentes, für unsere Ziele bietet sich jedoch das Lesen von Teilen eines Evangeliums eines Synoptikers an. In dem von missio 1998 herausgegebene Heft „Bibel teilen"[9] stehen einige Vorschläge zur Gestaltung von Bibelarbeit mit Gruppen, die man auch auf kleine Gruppen oder auf lediglich zwei Personen.

Gut gefällt mir, mit einem Fragebogen an die Bibel heranzugehen. Auf Seite 36 finden wir einen Fragebogen „Die Bibel - ein fremdes Buch?", in der Aussagen wie „Die Bibel wirkt auf mich wie ein historischer Text aus der Antike" oder „Ich bin verunsichert, was an den Aussagen der Bibel wahr ist" oder „Ich glaube nicht, dass mir die Auseinandersetzung mit der Bibel im Leben hilft", bewertet werden sollen.

Die Methode „Bibel Teilen mit Jugendlichen" (S.41) eignet sich in abgewandelter Form für unsere Arbeit. Ich lese den Bibeltext vor, die Teilnehmer erzählen ihn nach, wie er ihnen im Gedächtnis haften geblieben ist. Im Raum liegen Plakate aus, die jeweils ein Bild oder einen Gedanken des Textes zur Sprache bringen,

[9] Bibel Teilen 1998.

daneben Stifte zum Malen und zum Schreiben, sodass die Teilnehmer in ruhiger Atmosphäre, während Meditationsmusik läuft, ihre Assoziationen zum Ausdruck bringen können und verschiedene Plakate entstehen, die später vorgestellt und besprochen werden.

Die Lektüre eines Textabschnittes kann auch unter folgender Fragestellung geschehen:

Was ärgert mich an dem Text? Was verstehe ich nicht? Was berührt mich? Erklärungen und Erläuterungen meinerseits fußen auf der historisch-kritischen und auf der tiefenpsychologischen Bibelauslegung, sollten allerdings sparsam eingesetzt werden.

In manchen Konzeptionen für die Taufbegleitung werden ausgewählte Sonntagslesungen in den Gruppen durchgearbeitet. Auch die fortlaufende Lektüre eines Evangeliums kann sinnvoll sein, weil so ein Verständnis der Lebenszusammenhänge Jesu wächst. Derartige Fragen sollten immer gemeinsam mit den Teilnehmern geklärt werden. Einige Abschnitte aus der Bibel zu lesen und Eindrücke zu notieren, ist ebenfalls eine sinnvolle „Hausaufgabe" von Woche zu Woche, damit sich die Vorbereitung nicht auf die Stunden in der Schule beschränkt, sondern in das alltägliche Leben hineinragt.

3.2.7. Messe, Gottesdienst, Meditation

Die Schulmessen am Erzbischöflichen Berufskolleg werden von jeweils einer Klasse im Religionsunterricht vorbereitet. Bei der Jahresplanung achte ich darauf, dass die Klasse, in der die Taufbewerber sind, auf alle Fälle zeitig mit der Gottesdienstvorbereitung an der Reihe ist. Die Schüler erhalten den Messablauf und ausführliche Erklärungen zu den einzelnen Elementen schriftlich. Wir sprechen ausführlich darüber, warum wir wann sitzen, stehen, knien, damit sie ihre Unsicherheit während des Gottesdienstes verlieren. Die Klassengemeinschaft entscheidet über Thema und freie Gestaltungselemente. Die Taufbewerber gestalten ein Element des Gottesdienstes federführend (mit) und präsentieren es in der Kirche. Im Laufe des Jahres finden sie in den Gottesdiensten immer Erwähnung und es wird für sie gebetet.

Während besonderer Vorbereitungszeiten im Jahreskreis, etwa im Advent oder in der vorösterlichen Bußzeit, bieten wir Pausenbesinnungen an, zu denen zumeist kaum mehr als einige wenige Schüler erscheinen. Die Taufbewerber werden ausdrücklich gebeten daran teilzunehmen und sich hinterher zu äußern, was ihnen an dieser Art sich zu sammeln und zu zentrieren gut getan hat, was ihnen nicht gefallen hat und wir überlegen gemeinsam, wie diese Anregungen in der kommenden Woche umgesetzt werden können. Wenn sie möchten, können sie die darauf folgende Besinnung gestalten, ich plädiere allerdings nicht dafür, da es

3.3

doch immer wieder frustrierend ist, wenn nur wenige daran teilnehmen.

Im Rahmen der Tage religiöser Orientierung, die meist im Frühjahr oder im Frühsommer stattfinden, bereite ich Mini-Gottesdienste, Meditationen oder Besinnungen in Form von Morgen-und Abendimpulsen vor, bei denen die Taufbewerber mit weiteren Gottesdienstformen und Gebetsmöglichkeiten in Berührung kommen. Bei Tagen religiöser Orientierung im vergangenen Jahr bereitete eine Gruppe von Schülern, einen Taizé-Abend vor, richtete den Tagungsraum mit Kerzen her, gestaltete eine Mitte, verteilte Liedblätter und führte durch den Abend mit Gesängen und mit Stille, eine sehr eindrucksvolle Einheit für die Taufbewerberin.

In den Vorbereitungsstunden auf die Taufe hin braucht das Thema „Messe" demnach nicht eigens hervorgehoben zu werden, es ergibt sich aus dem Schulleben des Berufskollegs.

4. Die Feier der Taufe mit Firmung und Eucharistie

Die Feier der Eingliederung in die Kirche findet zumeist an einem Freitag Nachmittag in der Schule für Schulgottesdienste zur Verfügung stehenden benachbarten Pfarrkirche statt. Verwandte und Bekannte können sich früher freinehmen, Mitschüler sind noch nicht für das Wochenende zu ihren Eltern nach Hause gefahren.

Der Schulseelsorger und ich bereiten den Gottesdienst gemeinsam mit den Schülern und ihrer Klasse vor. Meistens wählen die Schüler Lieder, die sie im Musikunterricht erarbeitet haben. Gerne singen wir aus dem „Kommt und singt", herausgegeben vom Kölner Generalvikariat[10] . Beliebt sind auch englische Titel. Klassenkameraden begleiten zumeist auf der Gitarre, sodass die Lieder fröhlich und rhythmisch mitgesungen werden. Jeder erhält ein von uns gestaltetes Heftchen mit dem Ablauf, den Liedern und den wichtigsten Texten. Es gibt den Hauptpersonen Sicherheit und ist eine schöne Erinnerung.

[10] Erzbischöfliches Generalvikariat Köln 1996.

Genauso wie bei der Kindertaufe trifft sich die anwesende Gemeinde im Narthex der Kirche, in dem zunächst die Befragung stattfindet. Der Schulseelsorger fragt den Schüler: „NN., warum möchtest du gerne getauft werden?" Hier soll er vor allen anderen noch einmal frei seine Motive vortragen und darlegen, was er persönlich sich von seiner Taufe erhofft. Auch wenn die Frage vorher abgesprochen wird und er eine kleine „Rede" auswendig lernen kann, so hat ruft dieses Bekenntnis vor den Anwesenden doch vorherige Aufregung hervor, verlangt Mut und eine intensive Selbstreflexion und hat demzufolge eine hohe Qualität.

Gemäß der Reihenfolge der Initiationssakramente spendet der Schulpfarrer zuerst die Taufe, dann die Firmung. Später empfängt der neugetaufte Christ vor allen anderen und mit allen anderen zum ersten Mal die Heilige Kommunion unter beiderlei Gestalten. Die von den Schülern formulierten Fürbitten tragen oft die Paten vor. Nach der Kommunion sprechen sie selber ein von ihnen verfasstes Dankgebet, indem sie noch einmal die hinter ihnen liegenden Monate der Vorbereitung reflektieren und einen Ausblick auf ihre Zukunft als Christen geben.

Der Schlusssegen greift die besondere Situation dieser jungen Menschen noch einmal auf. Noch einmal wird der Beistand Gottes für ihr Dasein als Christ individuell erbeten.

Bevor die Schüler mit ihren Familien ein Fest feiern, gratuliert die Schulgemeinschaft ihnen draußen vor der Kirche oder in der Schule mit einem Glas Sekt. Zu der Erleichterung, dass der zusätzliche „Unterricht" nun beendet ist, kommen die Freude über das Ereignis und die Vorfreude auf die Feier danach und auf all das, was sich den Schülern durch ihre Kirchenmitgliedschaft nun erschließt!

5. Abschließende Bemerkungen

In den folgenden Schultagen und Schulwochen spreche ich die Schüler immer wieder auf ihre Zugehörigkeit an, frage sie, wie es ihnen damit geht, ob sich etwas in ihrer alltäglichen Routine verändert hat, ob sie noch weitere Fragen haben, ob sie gerne noch ein Nachtreffen gestalten möchten ... Es werden Fotos geschaut und Geschenke bewundert. In der nächsten Schulmesse freue ich mich besonders über den bewussten Kommuniongang der Schüler. Die Klassenkameraden sind durch die Ereignisse motiviert, sich mit ihrem eigenen Glauben und ihrem Verhältnis zur katholischen Kirche noch einmal neu auseinander zu setzen.

Wir vertrauen darauf, dass wir mit unserer Art der Taufvorbereitung eine tragfähige Grundlage für eine (Weiter-)entwicklung des persönlichen Glaubens der jungen Menschen gelegt haben und dass diese ersten Schritte in die katholischen Kirche hinein einen Anfang darstellen. Nicht immer bleibt der Kontakt zu den Schülern erhalten, nachdem sie die Ausbildung bei uns beendet haben. Möge die Zeit des Katechumenats an unserer Schule ihnen in guter Erinnerung bleiben und stets einen Anknüpfungspunkt für sie darstellen!

Birgit van Elten

Begleitung von Taufbewerbern am Erzbischöflichen Berufskolleg Köln

3.3

Literatur

BERG, SIGRID UND HORST KLAUS (Hrsg.): Biblische Texte verfremdet 8, München 1988.
(Zitiert als: BERG 1988)

EMEIS, DIETER: Was Getaufte glauben, leben und feiern, Münster 2003. (Zitiert als: EMEIS 2003)

ERIKSON, ERIK H.: Identität und Lebenszyklus, Frankfurt 1966. (Zitiert als: ERIKSON 1966)

ERZBISCHÖFLICHES GENERALVIKARIAT KÖLN (Hrsg.): Kommt und singt, 3 1996.
(Zitiert als: ERZBISCHÖFLICHES GENERALVIKARIAT KÖLN 1996)

HÄRING, BERNHARD: Religionspsychologische Psychologie. Düsseldorf 3 1989. (Zitiert als: HÄRING 1989)

KRAPPMANN, LOTHAR: Soziologische Dimensionen der Identität, Stuttgart 1997.
(Zitiert als: KRAPPMANN 1997)

KÜNG, HANS: Credo. München 4 1993. (Zitiert als: KÜNG 1993)

MISSIO INTERNATIONALES KATHOLISCHES MISSIONSWERK: Bibel Teilen, Aachen 1998.
(Zitiert als: BIBEL TEILEN 1998)

OSER, FRITZ: Wie viel Religion braucht der Mensch?, Gütersloh 2 1990. (Zitiert als: OSER 1990)

ROST, DIETMAR / MACHALKE, JOSEF: Das Vaterunser den Kindern erzählt, Hamburg 4 1989.
(Zitiert als: ROST MACHALKE 1989)

SPRENGER, THEO: Burn-out? Heilende Orte können helfen, in: rabs 01/2005. (Zitiert als: SPRENGER 2005)

WERNER, ERNST: Erwachsene fragen nach der Taufe. Katechetisch-liturgische Handreichung zur Gestaltung des Katechumenats, München 2003.

Michael Boenke
Bausteine für Gottesdienste und Besinnungen mit Hilfe des Unterrichtswerkes „SinnVollSinn"

„Mit denen können Sie doch nicht meditieren"

So die Aussage eines Kollegen der Berufsschule, als ich im Rahmen eines pädagogischen Tages die Möglichkeiten spiritueller Zugänge in Berufsschulklassen vorstellte.

Gerade der Religionsunterricht, der die Gott-Mensch-Beziehung in unterschiedlichsten Ausdrucksweisen wie Texten, Erzählen, Bildern, Musik, Gestalterischem zum Gegenstand hat, muss auch spiritueller Ort sein. Jugendliche erfahren sich heute als Umworbene in einer kurzlebigen konsum- und medienorientierten Welt. Die „Halbwertszeit" von Modeprodukten, Unterhaltungs- und Kommunikationsmedien wird immer geringer. Eine spezifisch deutsche „Post-Pisa-Hysterie" führt auch zur Beschleunigung im ansonsten schon hektischen Bildungssystem, an dessen unterster „Nahrungskette" unsere Schüler stehen. Ihre existenziellen Sorgen und Nöte gehen in diesem rasant beschleunigten Schulalltag allzu oft unter. Letzticher Ausweg aus dem Sog der Beschleunigung, ein Zur-Ruhe-Kommen ist für viele Schüler das Konsumieren vielfältigster multimedialer Angebote. Internet, TV, digitale Player, der Wunsch nach unendlicher Unterhaltung in einer virtuellen Welt, die nichts von mir verlangt als Zuhören und Zuschauen, ist übermächtig.
Der Religionsunterricht hat hier die Aufgabe zu verlangsamen, Kommunikation – auch die mit Gott - zu fördern, ohne diese moderne Welt zu verteufeln, sondern die Möglichkeiten moderner Kommunikation auch für den Religionsunterricht kreativ zu nutzen.

Dem Kollegen antwortete ich: „Mit ihnen **müssen** wir meditieren!"

Die Religionslehrer an berufsbildenden Schulen mussten lange auf ein Unterrichtswerk warten, das vielfältige Möglichkeiten eines kreativen Religionsunterrichts anbietet. Nun ist ein neues Unterrichtswerk im Kösel-Verlag erschienen. Herausgegeben vom Institut für berufsorientierte Religionspädagogik, Tübingen, erscheint eine sechsteilige Unterrichtsreihe zu den Themenbereichen des

Grundlagenplans.

Der erste Band zum Thema Leid – Tod – Auferweckung ist als Klassensatz mit ergänzender DVD zu erhalten. In Bearbeitung befindet sich der zweite Band zum Themenbereich Schöpfung.

Vor allem auf der DVD befinden sich Materialien - eine Fülle von Bildern, Cartoons, Karikaturen, Skizzen, Grafiken, Bilder der Kunst mit Information zum Künstler und seinem Werk, viele zusätzliche Texte: Sachinformation, Gedichte, Märchen, Interviews, Schüler-Äußerungen, Lieder, ein Filmausschnitt u. v. m. - die im Sinne eines spirituellen Religionsunterrichts eingesetzt werden können. Im Folgenden sollen einige Anregungen gegeben werden, wie diese Materialien spirituelle Unterrichtsformen fördern.

Die Seitenangaben beziehen sich auf die Folien der DVD SinnVollSinn 1, Leid – Tod – Auferweckung, erschienen im Kösel Verlag.

1. Die Bildmeditation

Bildbeispiel S. 39, das Gesicht einer alten Frau.

Folgende Struktur der Bildmeditation ist möglich:
· Die Schüler kommen zur Ruhe
· Das Bild wird eingeblendet (aufgedeckt)
· Was sehe ich?
· Welche Gefühle löst das Bild in mir aus?
· Woran erinnert mich das Bild?
· Möchte ich an dem Bild etwas verändern? Was? Warum?
· (Wo möchte ich mich in diesem Bild wieder finden?)
· Welchen Titel gebe ich diesem Bild? (Nach Zielfelder ru 9/10, München 1980, S. 220.)

Michael Boenke

Bausteine für Gottesdienste und Besinnungen mit Hilfe des Unterrichtswerkes „SinnVollSinn"

Diese Impulse sind nur als Anregungen zu verstehen, nicht jedes Bild kann allen Impulsen gerecht werden. Der Lehrer ist aufgefordert bildeigene Impulse zu formulieren. Für dieses Bildbeispiel etwa:

· Welche Falten dieses Gesichtes sprechen von Sorgen? Welche Sorgen?
· Welche Falten sind Falten der Heiterkeit? Was hat die alte Frau Schönes erlebt?
· Wo erkenne ich Falten des Zorns?
· Was erwarten diese Augen?

Folgende Seiten enthalten weitere Bilder, die sich für eine Bildmeditation eignen:

S. 4, Robert Capa, Thema: Fotografien vom Krieg
S. 5, Martin Kippenberger, Thema: Leben und Tod
S. 6-10, Begegnungen mit dem Tod
S. 13-14, Kindliche Vorstellungen vom Tod
S. 16, Tod und Angst aus Schülersicht
S. 30, Werbung und Tod
S. 36-39, Alt sein
S. 49, Euthanasie im Nationalsozialismus
S. 57, Die Bestattung Jesu
S. 76, Harald Duwe, Thema: Abendmahl
S. 77, Abendmahldarstellungen
S. 79, Der Kreuzweg von Mödlingen
S. 106-107, 113, Auferweckung
S. 114, 119, Himmel und Hölle
S. 121, Teufelsbilder
S. 123-125, Leiden – Ijob
S. 148-151, Kinderarbeit
S. 156-157, Todesstrafe
S. 161, Steinigung der Ehebrecherin

2. Textmeditation

Textbeispiel: S. 128, Ludwig Hirsch, Papa, geliebter Papa

Bua, was is denn mit dir,
du bist so bleich,
bist krank, magst dich niederlegen?
Schau dein Bruder an, der is immer g'sund
und schaut aus wie das blühende Leben.
Also, was is los, wo tut's dir weh,
mach den Mund auf, Bub, sprich!

Papa, Papa, du schaust so streng,
Papa, ich trau mich nicht.
Bua, was is denn mit dir,
jetzt weinst auch noch,
komm her zu mir, schau mich an!
Du weißt, dein Bruder, der is viel jünger als du,
aber benimmt sich schon wie ein Mann.
Was bedrückt dich denn, mir kannst es doch sagen,
also, Bub, warum weinst?
Papa, Papa, wirst böse sein,
wirst mir nie verzeihen.
Bua, was is denn mit dir,
du zitterst ja,
du zitterst am ganzen Leib.
Dein Bruder, der hat nie a Angst,
grad du bist so schrecklich feig.
Herrgott, jetzt reiß dich z'amm, lass mich nicht böse werden,
du weißt doch, was dir dann droht!
Papa, Papa, ich hab so a Angst,
Papa, ich wär so gern tot.
Was versteckst denn da hinten,
zeig die Hände her,
Bub, die sind ja blutverschmiert!
Hast dich g'schnitten an der Sichel, draußen am Feld,
also ihm wär das nicht passiert!
Warum sind wir nur so g'straft mit dir,
kann mir das irgendwer sagen?

Papa, geliebter Papa,
ich hab meinen Bruder erschlagen.

Folgende Struktur der Textmeditation ist möglich:
· Die Schüler kommen zur Ruhe
· Ein guter Leser präsentiert den Text durch langsames Vorlesen,
  ohne Überschrift
· Welche Assoziationen, Bilder und Gefühle erweckt in mir dieser Text?
· Welche zentralen Begriffe konnte ich mir merken?
· Kenne ich Texte mit einer ähnlichen Problematik?
· Was erkenne ich davon auch bei mir?
· (Mit welcher Figur kann ich mich identifizieren?)

· Welche Überschrift gebe ich dem Text?
· Die Schüler halten ihre Gedanken schriftlich fest
· Gedankenaustausch

Auch diese Impulse sind nur als Anregungen zu verstehen.

Folgende Seiten enthalten weitere Texte, die sich für eine Textmeditation eignen:
S. 2, Max Frisch, Fragebogen zum Tod
S. 3, Basis, Wenn ich nur noch einen Tag zu leben hätte
S. 13, Florian legt ein Samenkorn ins Erdloch
S. 36, Der alte Großvater und sein Enkel
S. 37, Friedrich Hebbel, An den Tod
S. 39, Heinrich Heine, Der Tod das ist die kühle Nacht
S. 41, Andreas Gryphius, An sich selbst
S. 51, Paul Celan, Todesfuge
S. 72, Heaven can wait
S. 73, Sieben kleine Anweisungen zum Leben
S. 75, Peter Rupprecht, Lazarus-Kind
S. 80-94, Texte zu den Kreuzweg-Stationen
S. 96, Mk 15, 20-41, Die Kreuzigung
S. 101, I lieg am Rucken
S. 102, The light will stay on (mit Musik)
S. 105, Schüleraussagen zur Auferweckung
S. 107, Kurt Marti, Ein Pfarrer
S. 110, Carl Zuckmayer, Ausschnitt: Der Rattenfänger; Joh 3,1-8
S. 111, Kurt Marti, Das könnte manchen Herren so passen; 2 Kor 5,1-10
        Die Hoffnung des Apostels
S. 115, Ernesto Cardenal, Die Falschheit ...
S. 117, Leo Tolstoi, Reichtum
S. 118, Himmel und Hölle
S. 124, Ijobs Klage
S. 128, Ludwig Hirsch, Papa, geliebter Papa
S. 161, Joh 7,53-8,11, Jesus und die Ehebrecherin

3. Meditatives Schreiben

Beispiel: S. 17, Zeichnen und schreiben eines Comics zum Thema „Tod und Angst"

Folgende Struktur meditativen Schreibens ist für dieses Beispiel möglich:
· Die Schüler kommen zur Ruhe
· Die Schüler sitzen paarweise
· Jedes Paar bekommt ein Blatt mit der Zeichnung und den Sprechblasen
· Ein Schüler schreibt in die Sprechblase des Todes den ersten Satz
· Es entwickelt sich ein Zwiegespräch zwischen Tod und Mensch
· Die Schüler kommunizieren nur schriftlich, es darf nicht geredet werden
· Abschließend werden zentrale Aussagen in der Gruppe diskutiert
· (Alternativ können auch weitere einfache Bilder zu den Aussagen
  gezeichnet werden)

Folgende Seiten eignen sich ebenfalls für meditatives Schreiben:
S. 3, Schreiben eines eigenen Liedtextes „Wenn ich noch einen Tag zu
      leben hätte"
S. 17, Zeichnen und schreiben eines Comics zum Thema „Tod und Angst"
S. 18, Das Märchen „Gevatter Tod" zu Ende schreiben
S. 22, Zentrale Begriffe der Sterbephasen in einer Trennungsgeschichte
      unterbringen
S. 39, Was wünschen Sie dieser Frau?
S. 40, Verfassen eines materiellen und immateriellen Testaments
S. 41, Beschreiben von alt und jung sein
S. 57, Beschreiben Sie als „Gaffer" die Kreuzabnahme
S. 73, Erweiterung des Kataloges „Ja zum Leben"
S. 79, Schreiben eigener Zeilen zum Mödlinger Kreuzweg
S. 101, Schriftliches Brainstorming: „So stelle ich mir tot sein vor"

S. 102, Anonymes Schreiben: „Was will ich begraben?"
S. 114, Zu Reizwörtern schreiben die Schüler Texte
S. 116, Begriffe transformieren
S. 128, Einen „Antitext" zum Genesistext verfassen
S. 130, Schriftliches Brainstorming: „Glückliche Kindheit"
S. 148, Geschichte schreiben „Kinderhände"
S. 151, Tagebuch zu Vinods Schicksal erstellen

4. Kreatives Gestalten mit unterschiedlichen Materialien
Beispiel: S. 72, Heaven can wait (Meatloaf)

Folgende Struktur des Gestaltens mit unterschiedlichen Materialien ist für dieses Beispiel möglich:
· Der Liedtext „Heaven can wait" wurde im Englischunterricht von den
  Schülern übersetzt
· Die Schüler kommen zur Ruhe
· Als meditative Hintergrundmusik läuft „Heaven can wait"
  (auf S. 72 der DVD durch Mausklick verfügbar)
· Die Schüler bekommen farbige Knete und gestalten gruppenteilig die
  Strophen des Liedes
· Die Ergebnisse können ausgestellt und diskutiert werden

Folgende Seiten eignen sich ebenfalls für kreatives Gestalten mit unterschiedlichen Materialien:
S. 48, Die Schüler gestalten ein Plakat, Thema: „Guter Tod" – „Schlechter Tod"
S. 64, Alternative Bestattungsfeier
S. 72, Heaven can wait
S. 77, Gestalten einer Abendmahlszene
S. 114, Vorstellungen von Himmel und Hölle gestalten

5. Gebete formulieren

Folgende Seiten bieten vielfältige Möglichkeiten Gebete zu formulieren.
S. 12-15, Kinder begegnen dem Tod
S. 16-17, Tod und Angst
S. 36-43, Alt sein und Sterben
S. 54-77, Bestattungsrituale
S. 68-71, Sich selbst töten
S. 78, Todesangst Jesu
S. 79-94, Der Kreuzweg von Mödling

Viele weitere Anregungen, kreativ spirituelle Elemente in den Religionsunterricht oder auch in einen Schülergottesdienst einzubringen, finden sich in den zusätzlichen Materialien und in den eingearbeiteten Methodentäfelchen auf der DVD.

Diese Vorschläge sollen Mut machen spirituelle Elemente in den Religionsunterricht gerade an Berufsschulen aufzunehmen, da diese Schüler mit solchen Inhalten kaum vertraut sind und sie oft durch die Doppelbelastung Schule – Betrieb wenig Möglichkeit haben zu sich selbst zu finden und Gott in der Stille zu begegnen. Gerade die kreativ - spirituellen Zugänge werden von den Berufsschülern akzeptiert, da sie auch die haptischen und gestalterischen Fähigkeiten der Schüler mit einbeziehen.

Markus Seibt
Entwicklung und Durchführung einer interkulturellen Projektwoche unter dem Titel „Anleitung zum Fremdgehen"

Praxisbeispiel zur Schulpastoral an beruflichen Schulen

Entwicklung und Durchführung einer interkulturellen Projektwoche unter dem Titel „Anleitung zum Fremdgehen" an der Berufsschule 2 in Passau

Eine „Anleitung zum Fremdgehen" für junge Leute. Der Titel provoziert bewusst. Ein interkulturelles und interreligiöses Unterrichtsprojekt im Rahmen der Schulpastoral für 16- bis 20-Jährige – braucht es das? Ja, meinten die Kaufmännische Berufsschule 2 (BS2) und die Universität Passau – wenn damit die Aufforderung gemeint ist, die eigene Meinungsbildung unter die Lupe zu nehmen, Vorurteile auszuräumen und die Aufgeschlossenheit für fremde Kulturen und Religionen zu erhöhen. Worum handelt es sich dabei? In der Projektwoche erfahren die Schülerinnen und Schüler an verschiedenen Stationen, wie Vorurteile und Urteile entstehen. Wie bilden wir uns eine Meinung über jemanden? Was erfahren wir über einen Gesprächspartner, selbst wenn er noch gar nichts gesagt hat? Wann und wo fühle ich mich wohl, oder wann überschreite ich Grenzen? In einfachen Spielen sollen die Schülerinnen und Schüler erfahren, wie es ihnen ergeht, wenn sie ihre persönliche „Komfortzone" überschreiten: Bleibt das Unwohlsein oder verwandelt es sich in eine positive neue Erfahrung? Verblüfft werden sie vielleicht feststellen, wie viel „Fremdes" längst Teil ihres Alltags ist: die Cola, die Banane, der Hamburger…
Die Tagespolitik bietet immer wieder neue Anlässe, über vorschnelle Urteile und Ablehnung nachzudenken. Vorurteile, wie z.B. „Ausländer nehmen uns die Arbeitsplätze weg", werden thematisiert, kritisch geprüft und argumentativ widerlegt. Das Erleben eines simulierten Verkaufsgesprächs wird den Schülerinnen und Schülern die Bedeutung der paraverbalen Kommunikation vor Augen führen. Der Leitsatz: „Du kannst nicht kommunizieren." wird so für den beruflichen Alltag lebendig gemacht.
Dass die Schülerinnen und Schüler auch selber aktiv werden können ist ein großes Plus: Mit der Anleitung zum Fremdgehen vertiefen die Schülerinnen und Schüler wichtige Schlüsselqualifikationen. Das wird sich auf lange Sicht positiv auf die Betriebe in der Region auswirken. Ziel des Projekts ist es, den Schülerin-

nen und Schülern, die eigenen Empfindungen gegenüber anderen Kulturen zu verdeutlichen, fortschrittliche Handlungsweisen im Umgang mit anderen Kulturen aufzuzeigen und den Umgang mit anderen Kulturen als persönliche und wirtschaftliche Chance zu betrachten. Das Projekt wurde zielgerecht auf die unterschiedlichen Berufsgruppen unserer Berufsschule zugeschnitten und soll die berufliche Kompetenz im Umgang mit anderen Kulturen stärken.

2250 Schülerinnen und Schüler aus Ostbayern besuchen die Kaufmännische Berufsschule 2.

In ihrem Berufsleben als angehende Verkäufer/innen und Kaufleute, in Büros und Banken, Arztpraxen und Apotheken haben sie viel mit Menschen zu tun, auch mit Menschen aus anderen Ländern und Kulturkreisen. Verkaufserfolg und Nachfrage in Geschäften und Praxen werden zunehmend davon abhängen, ob sich auch diese freundlich und zuvorkommend behandelt fühlen. Vorurteile, Intoleranz oder gar Rassismus dürfen da keinen Platz haben.

Deshalb haben Lehrer der Berufsschule 2 mit dem Institut für interkulturelle Kommunikation der Universität Passau das Konzept eines Lernparcours mit sechs verschiedenen Stationen entwickelt, die die Schülerinnen und Schüler innerhalb von 90 Minuten durchlaufen. Betreut werden die Berufschülerinnen und Berufsschüler von den Auslandstutoren der Uni. Diese begleiten eigentlich Studenten im Vorfeld ihres Auslandsaufenthaltes. Praxisbezug ist aber für die Wissenschaftler das A und O. Für sie sind außerhalb der Wirtschaft die beruflichen Schulen der interessanteste Bereich, da 75 Prozent eines Jahrgangs in unserer Region eine Berufsschule besuchen. Es ist vorgesehen, den Lernparcours an weiteren Schulen zu organisieren. Konkrete Pläne für eine Fortführung dieses Pilotprojektes gibt es jedoch noch nicht.

Ablauf des Parcours

Zu Beginn des Parcours werden die Schülerinnen und Schüler begrüßt und die Auslandstutoren bzw. die Betreuer der einzelnen Parcoursstationen stellen sich kurz vor. Sie tragen Namensschilder, damit die Schülerinnen und Schüler sie ansprechen können. Auch die Schüler und Schülerinnen tragen ein Namensschild, sodass die Studenten sie gut ansprechen können. Zunächst gibt es ein Spiel zur Gruppeneinteilung: jeder Schüler erhält ein Bonbon in einer bestimmten Farbe und muss zu dem Tisch, auf dem ein Papier in dieser Farbe liegt. Den Schülern und Schülerinnen wird dies als Fitnesstest angekündigt, der den Studenten zeigen soll, ob sie überhaupt in der Lage sind, 90 min durchzuhalten. Die Zeit wird gestoppt und die Zeiten der besten Klassen werden am Ende veröffentlicht.

In den so gefundenen Gruppen, die durch Zufall entstanden sind, wodurch sich die Schüler nur oberflächlich kennen, schätzen sich die Schüler gegenseitig ein anhand von vorgegebenen Fragen. Die Fragen können lauten: „Welche Art von Musik hört er/sie?, Was macht er/sie am liebsten in seiner/ihrer Freizeit?, Wenn er/sie ein Tier wäre, dann wäre er/sie ein/eine..., weil...!, Ist er/sie ein gläubiger Mensch?

Die Einschätzungen werden ausgewertet durch Handzeichen: 100% Richtigkeit, 2 richtige Antworten, 1 richtige Antwort oder alles falsch. Es ergibt sich die Diskussion, wie es ist, eingeschätzt zu werden, ohne dass man selbst etwas dazu sagen kann. Meistens sagen die Schüler und Schülerinnen, dass es anhand von den ausgewählten Fragen kein Problem ist, dass es aber bei anderen Themen sehr wohl peinlich werden kann. Abschließend nehmen die Schüler und Schülerinnen an dieser Warm-Up-Station mit, dass wir immer etwas sagen, auch wenn wir nichts sagen.

Die Klasse wird in 2 Gruppen geteilt: eine Gruppe durchläuft die Stationen Hingucker, Schubladendenken, Komfortzone und Kleb dir deine Meinung und die andere Gruppe durchläuft die Stationen Komfortzone, So schmeckt die Welt und Kleb dir deine Meinung.

Die Stationen im Einzelnen

Beim **Hingucker** stehen 3 Stühle und jeder Schüler bekommt eine Rollerkarte. 2 Schüler und 1 Tutor setzen sich auf die 3 Stühle und der Tutor fängt ein unverfängliches Gespräch an über die Ausbildung, die Schule, den letzten Urlaub usw. Die anderen Schülerinnen und Schüler beobachten Körperhaltung, Mimik, Gestik usw., je nachdem, was auf ihrer Karte steht. Wichtig beim Hingucker ist nicht das Gespräch selbst, sondern was die Beobachter beobachtet haben. Das wird an der Flip-Chart festgehalten und dann wird den Schülerinnen und Schülern erklärt, dass nur 20% eines Gespräches durch den Inhalt bestimmt werden und die restlichen 80% steuern Körperhaltung usw. bei. Abschließend ergibt sich hier das Fazit, dass man mehr auf diese Dinge achten muss, z. B. einen aufgebrachten Kunden seine Vorwürfe vorbringen lassen und dann gelassen und mit einem Lächeln die Sachlage erklären.

Beim **Schubladendenken** sehen die Schüler und Schülerinnen zunächst ein Bild, zu dem ihnen das Thema Urlaub einfällt. Zu dem 2. Bild fällt ihnen sofort Umweltverschmutzung ein. Die Frage, ob die beiden Bilder etwas miteinander zu tun haben könnten, verneinen die Schüler und Schülerinnen. Dann sehen sie jedoch das 3. Bild und auf dem ist ein umweltfreundliches Thermalkraftwerk in Island zu sehen, wo die Menschen Urlaub machen. Wichtig ist hier sehr schön, dass es durchaus möglich sein kann, dass man seine Meinung über etwas ändert, wenn man mehr Informationen dazu erhält. Jetzt erhalten die Schülerinnen und Schüler Blätter, auf denen Vorurteile stehen und es werden heikle Themen angesprochen und gerade bei dieser Station ist es ganz wichtig, dass die Schüler nicht allein gelassen werden, sondern dass das nachher im Unterricht auf- und nachbereitet wird.

Bei der **Komfortzone** liegen Matten und steht ein Sofa, sodass es sich die Schülerinnen und Schüler bequem machen können. Sie überlegen zunächst, was zur Komfortzone gehört und was außerhalb liegt. Sie erkennen, dass es durchaus Bereiche gibt, die zunächst nicht so angenehm waren, aber jetzt mit in die Komfortzone aufgenommen wurden. Hingegen gibt es selbstverständlich auch Bereiche, die niemals in die Komfortzone gehören werden, z.B. ein Zahnarzttermin. Bei einem Experiment (alle stehen auf einem Balken und müssen sich nun nach dem Vornamen alphabetisch aufstellen, aber ohne zu sprechen und ohne den Balken zu verlassen) merken die Schüler, dass hier andere in ihre Komfortzone eindringen und erkennen somit, dass es unangenehm ist, wenn die Grenze zur Komfortzone überschritten wird. Diese Erkenntnis kann eine Hilfe sein im Alltag, weil diese Grenze natürlich nicht bei jedem Menschen gleich ist.

Bei der Station **„So schmeckt die Welt"** sehen die Schülerinnen und Schüler zunächst einmal das Plakat „Deutsche, kauft deutsche Bananen". Alle Schülerinnen und Schüler wissen natürlich, dass in Deutschland keine Bananen wachsen und dass wir somit auf ausländische, d. h. fremde Produkte angewiesen sind. Am Obststand lernen sie dann noch weitere Herkunftsländer von Obst kennen und dürfen auch Obstsorten, die sie nicht kennen, ausprobieren. Viele Produkte gehören selbstverständlich zu unserem Leben, wie z. B. die Ananas, aber es gibt auch andere, die noch nicht so bekannt sind. Hier soll die Neugierde auf Neues geweckt werden. Wenn z. B. eine Schülerin noch nie Datteln gegessen hat, kann sie es hier ausprobieren, und sie hat die Chance, dass sie ab jetzt jeden Tag Datteln essen möchte, weil sie so lecker sind. Sie geht aber auch ein gewisses Risiko ein, denn es kann ja sein, dass sie ihr überhaupt nicht schmecken und sie sie am liebsten ausspucken möchte.

Die Abschlussstation **„Kleb dir deine Meinung"** ist kein Abfragen, sondern ein Betreuer lässt noch einmal die Stationen Revue passieren und gibt somit Anlass zum Nachdenken. Die Schülerinnen und Schüler schreiben ihre ganz persönliche Erfahrung auf, wie sie sich bei der ersten Station gefühlt haben, als sie eingeschätzt wurden. Zur Komfortzone schreiben die Schülerinnen und Schüler eine konkrete Situation auf, wie und wann sie es geschafft haben, die Komfortzone zu verlassen. Falls die Schülerinnen und Schüler hier keine Idee haben, können sie auch überlegen, was sie gern einmal Neues ausprobieren würden. In der Station „So schmeckt die Welt" wurde Obst gesehen, das nicht von Deutschland kommt. Die Schülerinnen und Schüler können hier noch einmal überlegen, wo es weitere ausländische Einflüsse im alltäglichen Leben gibt, die zu beachten sind, wenn wir mit anderen Menschen (Kunden, Patienten) sprechen. Die Auszubildenden schreiben hierzu auf, worauf sie nächstens achten möchten, wenn sie sich mit jemandem unterhalten. An der Station Schubladendenken haben sie gelernt, das man andere Leute nicht in eine Schublade stecken soll. Hier können sie notieren, wenn sie schon mal jemanden falsch eingeschätzt haben und das erst nachher gemerkt haben.

Am Ende des Parcours erhalten die Schülerinnen und Schüler rote, grüne und gelbe Karten, mit denen sie ihre Meinung sagen können zu den einzelnen Stationen. Auf die grünen Karten schreiben sie jeweils, was ihnen gut gefallen hat. Auf die gelben Karten können sie notieren, was sie sonst noch zu sagen haben.

Ein interkultureller „Denkzettel" sowie „10 Gebote des erfolgreichen interkulturellen Umgangs mit dem Fremden" schließen den Parcours ab. Die Auslandstutoren geben dem jeweiligen Lehrer ein Feedback mit, sodass sich in den Fächern Religion, Deutsch und/oder Englisch eine Diskussion in der Klasse anschließen kann, denn die Nachbereitung der Thematik ist ein wichtiger Punkt. Die Schülerinnen und Schüler werden für die Thematik sensibilisiert, können darüber reflektieren und sollen dann aber auch ihre richtigen Schlüsse ziehen, sodass die Erfahrungen nachhaltig bleiben.

10 Gebote des erfolgreichen interkulturellen Umgangs mit dem Fremden

1. Mache dir bewusst, dass du mit einem Menschen sprichst, der aus einer Kultur mit anderen Sitten kommt.

2. Nimm dir Zeit und sprich langsam, wenn du merkst, dass dein Gegenüber im Deutschen unsicher ist. Sei höflich und nicht zu direkt, sondern eher zurückhaltend.

3. Wenn du ein paar Wörter oder Grußformen in der Sprache deines Gegenübers kennst, scheue dich nicht, das Gespräch damit zu beginnen, um „das Eis zu brechen".

4. Einfache Gesprächsthemen (Wetter, Familie, Sport) sind für den ersten Kontakt sehr wichtig. Erkundige dich nach Besonderheiten im Heimatland dei-

nes Gesprächspartners, um Interesse an seiner Kultur zu zeigen.

5. Denke an Vorurteile, die du gegenüber dem Heimatland deines Gegenübers hast. Manchmal können sie dir hilfreich sein als Ratgeber. Sie dürfen aber nicht deine Offenheit und Neugier dem anderen gegenüber beeinträchtigen.

6. Schau dir selbst zu beim Sprechen. Dein Blick und die Bewegungen deiner Arme, Hände und deines Oberkörpers geben wichtige Signale.

7. Beobachte auch die Gestik deines ausländischen Gesprächspartners. Achte auf seinen Wortschatz und die Pausen, die er beim Sprechen macht. Versuche, dich seinem Sprechrhythmus anzupassen.

8. Höre aufmerksam zu, was dein Gesprächspartner zu sagen hat, und warte, bis er ausgeredet hat. Manchmal ist es hilfreich zusammenzufassen, was er gesagt hat, um Missverständnissen vorzubeugen.

9. Versuche probehalber die Situation auch aus den Augen deines Gegenübers zu sehen. Versuche aus deinen Fehlern zu lernen.

10. Übe!

Johannes Gröger
Schulseelsorge im „vor-katechetischen Spannungsfeld" des Schulalltags. Erfahrungen und Gedanken eines Schulseelsorgers in der kirchlichen Umbruchsituation

Wofür ist die Schulseelsorge gut?

In den Augen eines jeden Menschen ist die Bedeutung der Schule als Lernort, d.h. als solide Unterrichtsanstalt zum Erwerb einer basalen Grundbildung, unumstritten. Insbesondere auch die Zielsetzung eines Berufskollegs ist eindeutig: Gilt es doch die Schüler auf die unmittelbar bevorstehende Ausbildungssituation vorzubereiten. Die Bedeutung der Schulseelsorge hingegen zu erfassen und zu beschreiben ist wesentlich schwieriger. Auch nach einer fast 10jährigen Tätigkeit als Schulseelsorger vermag ich darauf nur ansatzweise eine Antwort zu finden. Dazu möchte ich aus meinen Erfahrungen berichten, von den zahlreichen kleinen Mosaiksteinchen, von zahlreichen Begegnungen und Projekten, die zusammengefügt ein „Konzept" der Schulseelsorge am Berufskolleg St. Michael in Ahlen entstehen ließen.

Dabei stellt das hier aufgezeigte Konzept der Schulseelsorge am Berufskolleg St. Michael in Ahlen keinen Anspruch auf Vollständigkeit. Es zeigt vielmehr auf, in welchen Bereichen Schulseelsorge unter den gegebenen Rahmenbedingungen eines Berufskollegs konkret erfahrbar wird. Gleichzeitig muss bereits an dieser Stelle davor gewarnt werden von „dem Konzept" der Schulseelsorge zu sprechen. So wie die Schule einem ständigen pädagogischen Wandel unterworfen ist, so ist auch die Schulseelsorge in keine feste Form zu gießen. Es gibt kein immer gültiges Konzept für Schulseelsorge, keine Gebrauchsanweisung für Schulseelsorger. Das bedaure ich nicht, denn so bin ich auch nicht festgelegt. Dennoch aber gibt es aus meiner Sicht Schwerpunkte und Eckpunkte. So gilt es mit wachen Augen und großer Sensibilität im Bedingungsgefüge des normalen Schulalltags Ansatzpunkte für ein Handeln zu finden, bei dem der Mensch mit seinen Wünschen und Bedürfnissen sowie seinen konkreten Fragen und Nöten in der Mitte des Handelns steht. Es gilt also das „Auge" zu sein,[1] d.h. einen Blick

[1] Zerfaß 1987, S. 97.

zum Beispiel für die Schwachen und Hilfsbedürftigen zu entwickeln; wahrzunehmen, wo Unrecht geschieht und sich für Veränderungen einsetzten.

Das Konzept der Schulseelsorge im Bistum Münster stellt die diakonische Dimension der Schulpastoral an erste Stelle, d.h. die Diakonie wird definiert als Dienst am Menschen in der Nachfolge Jesu Christi. Seelsorge und pastorales Handeln werden dadurch sehr stark unter den Aspekten Lebensbegleitung und –hilfe gesehen. Die Sorge um den Menschen formuliert das zentrale Gebot der christlichen Nächstenliebe.

Die Schulseelsorge orientiert sich an den Grundvollzügen der Kirche:
a.) Diakonia/ Dienst am Menschen aus dem Gauben
a.) Liturgia/ Feier des Glaubens
b.) Martyria/ Verkündigung des Glaubens
c.) Koinonia/ Gemeinschaft im Glauben

Zum Selbstverständnis des Schulseelsorgers

Als „normaler" Lehrer am Berufskolleg St. Michael erhalte ich für meine Tätigkeit als Schulseelsorger keine Entlastungsstunden[2]. Dies schenkt mir eine große Freiheit und beinhaltet zugleich eine große Chance zur Gelassenheit, da ich keinem Rechtfertigungsdruck unterliege. Auch erlebe ich meine Doppelrolle als Lehrer und Schulseelsorger nicht als Widerspruch, sondern als wertvolle Ergänzung. Gerade weil ich ein Teil des Systems Schule und zudem täglich präsent bin, vermag ich auftretende Spannungsfelder mit wachen Augen genauer zu fokussieren, als es einem Außenstehenden möglich wäre. Dies heißt für mich mein gegenüber im Schulalltag mit seinen/ihren Fähigkeiten, Bedürfnissen, Problemen, Ängsten und Konflikten ganzheitlich wahrzunehmen. Es bedeutet offen zu sein für das, was hinter und zwischen den Gesten und Worten steckt und es signalisiert einen Ansatz zur individuelle Beantwortung der Frage: „Was willst du, das ich dir tun soll" (Lk 18,35 ff).

Durch einen derartigen Ansatz lerne ich auch mit Widersprüchlichkeiten zu leben, sie auszuhalten aber auch Spielräume zu erkennen und sie mit großer Kreativität zu nutzen. Die unmittelbare Nähe zu den Schülern, die ich als Lehrer besitze, verschafft mir viele Möglichkeiten um mich in den „Dienst für den Nächsten" nehmen zu lassen. Denn gerade die Schüler erleben den Schulalltag in einer oftmals typischen Dilemmasituation: auf der einen Seite werden sie einem hohen Leistungsdruck/Konkurrenzdruck ausgesetzt, gleichzeitig sollen ihnen

[2] Demgegenüber werden im Bistum Münster zunehmend Pastoralreferenten/Innen mit einer halben Stelle als Schulseelsorger/Innen und mit der anderen halben Stelle in der Gemeindepastoral eingesetzt.

Johannes Gröger

Schulseelsorge im „vor-katechetischen Spannungsfeld" des Schulalltags.
Erfahrungen und Gedanken eines Schulseelsorgers in der kirchlichen Umbruchsituation

3.6

auch Möglichkeiten der Lebens- und Glaubenserfahrungen eröffnet werden, damit sie im späteren Alltag bestehen können. Denn schließlich gibt es ihretwegen die Schule und nicht, weil es die Lehrer gibt. Deshalb spielen sie im Zusammenspiel der Schule die wichtigste Rolle und verdienen eine besondere Aufmerksamkeit.

In einer einjährigen berufsbegleitenden Zusatzausbildung zum Schulseelsorger durch das Bischöfliche Generalvikariat Münster (BGV) habe ich für ein derartiges Vorgehen im Bereich der Schulseelsorge dazu das notwendige Rüstzeug erhalten. Hierdurch hat sich nicht nur mein Blickwinkel gegenüber meiner vorherigen Sichtweise als Religionslehrers verändert, durch die supervisorische Begleitung erfuhr er eine weitere Professionalisierung, die der Sache dient. Gleichwohl ist es mir wichtig, mir stets meiner Grenzen bewusst zu sein: So sind wir durch die Qualifizierung zum Schulseelsorger[3] zum Beispiel nicht gleichzeitig zum Psychologen usw. ausgebildet, aber wir können bei Bedarf „Brückenbauer" sein zu den dementsprechenden Hilfseinrichtungen.

[3] Das „Pastoralkolleg Schulseelsorge" wird zum Beispiel vom Generalvikariat Münster, Abteilung Schulpastoral, als berufsbegleitende Fortbildung über die Grenzen den Bistums Münsters hinaus angeboten. Zur Fortbildung gehören u.a.: 4 Kurswochen, Gruppensupervisionen und Hospitationen. Das dritte Pastoralkolleg Schulseelsorge findet Ende Februar bis Mitte Juni 2006 statt.

Konkrete Ansätze der Schulseelsorge

a.) Diakonia

Das Handeln in der Sorge um den Menschen aus dem christlichen Glauben heraus entspricht an unserer Schule einem Menschenbild, in dem das zentrale Gebot unseres Glaubens, die Nächstenliebe, ihre Konkretisierung findet. In diesem Anliegen sind alle Kolleginnen und Kollegen in einem hohen Maße engagiert. Wir verstehen uns nicht nur als reine „WissensvermittlerInnen". Neben dem Unterrichtsstoff liegen allen das seelische und leibliche Wohl der Schülerinnen und Schüler am Herzen. Als Ansprechpartner haben die Kolleginnen und Kollegen für Beratungsgespräche ihren festen Platz für Schüler und Schülerinnen. Zudem steht der/die Vertrauenslehrer/in den Schülern/innen in dieser Funktion zur Verfügung. Schulseelsorge weitet an dieser Stelle den Blick: Leben ist somit mehr als Schule und Unterricht – auch im Schulalltag. Und das gilt für alle in der Schule. Durch diese Relativierung kann Entlastung geschehen, da der Schüler nicht nur auf das reduziert wird, was er im Rahmen vom schulischen Kontext kann und einbringt.

Vor diesem Hintergrund versteht sich die Aufgabe des Schulseelsorgers nicht als Konkurrent, sondern vielmehr als ergänzendes Angebot. So führe ich, wenn gefragt, beratende Gespräche mit allen am Schulleben Beteiligten durch. Hierbei wird erfahrungsgemäß oftmals eine vermittelnde Rolle wahrgenommen, die Brücken baut zu außerschulischen Beratungsstellen. Von Seiten der Schulleitung wird in besonderen Beratungssituationen gezielt auch der Schulseelsorger als Gesprächspartner angeboten, da er aus dem Glauben heraus in seelsorglichen Gesprächen nochmals andere Akzente zu setzen vermag. Gilt es doch Erfahrungen im Schulalltag als Glaubenserfahrungen zu sehen, als Gottes Wirken in seiner Welt, in seiner Zeit und an seinen Menschen.

Im Bereich der Diakonia ist eine hohe Authentizität eingefordert, um die empfangene unermessliche lebensbejahende Liebe des menschenfreundlichen Gottes im Alltag in der konkreten Begegnung mit dem Schüler/in erfahrbar werden zu lassen. Qui non ardet, non accendit („Wer nicht brennt, kann nicht entzünden!") (Ovid)

b.) Liturgia

1. SMS: Spuren meiner Sehnsucht – Schulgottesdienste als Chance und Anfrage

Neben der diakonischen Dimension der Schulpastoral nimmt am Berufskolleg St. Michael der Schulgottesdienst eine sehr zentrale Stellung ein. Dabei ist es ein wichtiges Anliegen, für die Schulgottesdienste Priester aus dem Bereich Ahlen zu gewinnen. Damit wird auch dem zentralen Anliegen der Bistums entsprochen, eine Vernetzung zwischen Schule und Ortskirche herzustellen. Zudem ist der Schulgottesdienst für viele Jugendliche der einzige Ort, wo sie heute noch Priestern begegnen und mit ihnen „ins Gespräch" kommen können. Aufgrund zahlreicher positiver Schülerrückmeldungen hat sich dieser Ansatz in meiner insgesamt 10 jährigen Tätigkeit im Bereich der Gottesdienstvorbereitung als richtig erwiesen. Da wir zudem auf eine Ausgewogenheit zwischen Wortgottesdiensten und Eucharistiefeiern Wert legen, ergibt sich die Notwendigkeit einer weiteren Unterstützung durch die Priester, die uns durch die Seelsorgekonferenz bisher auch freundlicher Weise gewährt wird. Da der Rückgang der Priesterzahlen im Bistum Münster auch Auswirkungen auf die Seelsorgekonferenz in Ahlen hat, werden wir zur gegebener Zeit über eine Weiterentwicklung dieses „Gottesdienstkonzeptes" beraten.

Der Gottesdienst ist der zentrale Ort, wo die Schüler und Kollegen ihre Lebensfragen und Lebenssorgen artikulieren, um sie in den Aussagen des Evangeliums zu spiegeln. Hier wird erfahrbar, dass Gott jeden Menschen so wie er ist vorbehaltlos annimmt, und ihn so machen möchte, wie es Gottes Berufung und Auserwählung entspricht. So bedeutet die Eucharistiefeier eine Danksagung für ein Leben, in dem wir uns nicht alleine auf dem Weg befinden, sondern Gott an un-

Johannes Gröger

Schulseelsorge im „vor-katechetischen Spannungsfeld" des Schulalltags.
Erfahrungen und Gedanken eines Schulseelsorgers in der kirchlichen Umbruchsituation

3.6

serer Seite wissen.

Die monatlichen Schulgottesdienste in der Schulkapelle bzw. in der benachbarten St. Elisabethkirche werden am Berufskolleg St. Michael von den einzelnen Klassen vorbereitet. Der Schulseelsorger steht dabei beratend und unterstützend zur Seite. Aufgrund der finanziellen Unterstützung durch das Bischöfliche Generalvikariat Münster (BGV) ist er zusätzlich in der Lage, für die Gottesdienstwerkstatt Materialien bereitzustellen (Bücher, Zeitschriften, Musik-CD).

Im schulischen Leben des Berufskollegs St. Michael sind die Schulgottesdienste zu Beginn und am Abschluss des Schuljahres sowie am Patronatsfest besondere Eckpunkte.

Was wäre unser Leben, wenn wir es relativ unbeteiligt an uns vorbei laufen ließen? Was wäre unser Leben, wenn wir nicht immer wieder bestimmte Lebensabschnitte bewusst aus dem Alltag herausheben würden, um sie in besonderer Weise zu reflektieren und zu feiern. Im Abschlussgottesdienst soll die konkrete Lebenssituation angesprochen werden, d.h. der Abschluss an unserer Schule auf der einen und der Neubeginn des neuen Lebensabschnitts mit der Ausbildung auf der anderen Seite. Dadurch soll den Abschlussschülern eine eigene Standortbestimmung möglich gemacht werden. Denn erst, wenn der Mensch sich selber versteht, begegnet er Gott. Wenn das Wesen und das Ziel von Kirche „Communio" ist, dann dürfen wir Schulseelsorge an dieser Stelle als einen kommunikativen Prozess verstehen. Dort, wo meine eigene Lebenssituation zur Sprache kommt, kann ich Glauben neu entdecken und Glaubenserfahrungen machen. Dies zu feiern, geschieht unter anderem auch in unserm Abschlussgottesdienst.

Es gehört schon eine gewisse Tradition dazu, dass wir die gesamten Abschlussfeiern, d.h. den Abschlussgottesdienst sowie die anschließende Abschlussfeier in der Aula, unter ein zentrales Thema stellen. Dieses Thema wird im Rahmen einer Lehrerkonferenz gemeinsam von allen Kollegen festgelegt. Da die diesjährigen Abschlussschüler zum Beispiel nach dem ersten Schuljahr (Unterstufe) in unserem alten Schulegebäude den Umzug in das neue Schulgebäude miterlebten, und dabei auch selber sehr stark mit Hand anlegten, bildeten sie zugleich den geschichtsträchtigen Jahrgang, der zudem das erste Schuljahr (Oberstufe) im neuen Schulgebäude genießen durfte. Vor diesem Hintergrund hatten sich die Kollegen für das Abschlussthema folgendes Zitat von Luise Rinser zu eigen gemacht: „Wir müssen das Neue neben das Alte stellen, mit der Liebe zum Ganzen".

Die eigentliche Gottesdienstvorbereitung erfolgt an unserer Schule im Religionsunterricht, d.h. der Religionslehrer stellt in der Regel den Schülern umfangreiche Materialien zur Verfügung, aus denen dann in drei bzw. vier Doppelstunden ein kompletter Gottesdienst erarbeitet wird. Dieser Gottesdienstentwurf wird dann dem jeweiligen zelebrierenden Priester zur Verfügung gestellt.

Nach der erfolgten Themenauswahl für den Gottesdienst gilt es unter Berücksichtigung der jeweiligen Gottesdienststruktur (Wortgottesdienst oder Eucharistiefeier) eine dementsprechende Text- und Liederauswahl zu treffen. Das „Herzstück" bildet dabei das ausgewählte „Evangelium". Nachdem man ein intensives Bibelgespräch zu dieser Textperikope gehalten hat, zeichnen sich danach immer sehr deutlich die thematischen Schwerpunkte ab, anhand derer dann die weiteren Texte und Lieder ausgesucht oder auch selber formuliert werden können.

In besonderer Weise ist der Abschlussgottesdienst eine spezielle „Herausforderung", gilt es doch in die Vorbereitung auch jene Abschlussklassen mit einzubeziehen, in denen der vorbereitende Lehrer nicht unterrichtet. Neben der Abschlussklasse der zweijährigen Berufsfachschule gilt es so zum Beispiel auch die beiden weiteren Abschlussklassen der zweijährigen Höheren Berufsfachschule mit einzubeziehen. Als Vorteil hat sich dabei erwiesen, dass alle Religionskurse im Stundenplan parallel verlaufen und dadurch eine klassenübergreifende Verzahnung möglich ist, was jedoch im Vorfeld eine genaue Absprache mit den jeweiligen anderen Religionskollegen erforderlich macht.

Ziel der Gottesdienstvorbereitung ist es möglichst viele Schüler mit ihren unterschiedlichsten und zahlreichen Charismen einzubinden. Für mich verbinden sich dabei zwei Perspektiven mit dem Begriff des Charismas: Es ist eine Gabe der göttlichen Gnade – nicht also die Fähigkeit, deren sich der Mensch in selbstmächtigem Stolz rühmen könnte (auch wenn dies Schüler sicherlich anders interpretieren würden); und es ist ein Dienst, der um der anderen willen wahrgenommen wird. Vor diesem Hintergrund beginnt die Gottesdienstvorbereitung für mich schon sehr lange vor der eigentlichen Vorbereitung: Indem ich mit wachen und offen Augen wahrnehme, mit welchen Fähigkeiten (Charismen) meine Schüler ausgestattet sind. Dies vereinfacht dann die – sofern später – notwendige Motivation der Schüler, sie mit ihrer eigenen Vielfalt der Gnadengaben einzubinden. Denn: „Jedem aber wird die Offenbarung des Geistes verliehen zum (allgemeinen) Nutzen" (1 Kor 12,7).

Zudem hat sich die vom Schulseelsorger eingeführte „Abschlusskerze" bewährt die, von den Abschlussschülern aus Wachs ausgestaltet, während des Segnungsgottesdienstes vor den Abschlussprüfungen erstmalig entzündet zu den

Johannes Gröger

Schulseelsorge im „vor-katechetischen Spannungsfeld" des Schulalltags.
Erfahrungen und Gedanken eines Schulseelsorgers in der kirchlichen Umbruchsituation

3.6

Prüfungen im zentralen Eingangsbereich der Schule für alle Schüler sichtbar brennt und zur bewussten „Teilnahme" an den Abschlussprüfungen aufruft. Diese „Teilnahme" wird konkret erfahrbar durch eine aufmunternde Geste, durch einen freundlichen Zuspruch oder – wenn möglich - auch durch ein kurzes Gebet. Auch im Rahmen der Abschlussfeier (im Gottesdienst und in der Aula) hat die „Abschlusskerze" ihren festen Platz gefunden.

2. „Nimm dir Zeit..." - der alternative Wochenanfang

Einem alten Ritual entsprechend beginnen wir die erste Schulwochenstunde mit dem so genannten „Einstieg in die Woche". Da in der ersten Schulwochenstunde jeweils der Klassenlehrer in seiner Klasse unterrichtet, obliegen ihm zahlreiche Möglichkeiten, die ersten 10 Minuten zusammen mit der Lerngruppe zu gestalten. Neben dem Rückblick auf die letzte Schulwoche oder dem Wochenende gelangt bei Bedarf auch die Situation der Klasse in das Blickfeld. Darüber hinaus versuchen wir, Impulse zu vermitteln, die uns eine ganze Woche begleiten können. Dies kann in Form von kurzen Sprüchen geschehen, die eine Kollegin von ihren Schülern aufschreiben und an die Wand heften lässt, wodurch sich der gesamte Klassenraum bis zum Schuljahresende zu einer wertvollen Schatzkammer von wertvollen Gedanken verwandelte. Derartige Texte ließ ein Kollege am Ende des Schuljahres von den Schülern noch einmal verschriftlichen und am letzten Schultag erhielten diese dann neben dem Zeugnis jene Textsammlung aus dem „Steinbruch des Schulalltags". Auch greifen Kollegen – dem Leitgedanken folgend „God is a DJ" – gerne auf musikalische Beiträge zurück und lassen so von den Schülern „ihre" Musik vorstellen, die sie in ihrem Alltag begleitet und somit ihr Lebensgefühl zum Ausdruck bringt.
Bewährt hat sich auch die Einstimmung auf die Woche mit einigen Minuten der Muße zu beginnen – in Stille, mit einem ruhigen Musikstück, einem Gebet.

Die Aufgabe des Schulseelsorgers besteht darin, Materialien für diese Impulssetzung bereitzustellen, Aufgrund seiner Erfahrungen jüngere Kollegen in dieser Situation zu beraten und gegebenenfalls die Kollegen liebevoll auf diesen bewährten Wocheneinstieg hinzuweisen.

Im Advent findet der „Einstieg in die Woche" in der Schulkapelle statt. In Absprache mit den Kollegen wird die Zuständigkeit für die Vorbereitung und Durchführung geklärt. Wie bei der Vorbereitung der Gottesdienste sind wir dabei bemüht, nicht nur Religionslehrer für dieses Anliegen zu gewinnen, auch wenn es manchmal sehr viel Überzeugungsarbeit kostet.

3. „Aus-Zeit" im Alltag – Wenn die Zeit entschleunigt wird

In der Adventszeit wird den Schülern eine ganz besondere „Aus-Zeit" angeboten. Frühmorgens, in der Zeit zwischen 6.45 Uhr und 8.00 Uhr besteht für sie im Pfarrheim der neben der Schule befindlichen St. Elisabeth-Gemeinde in Ahlen die Möglichkeit, in der hektischen Vorweihnachtszeit durch biblische Texte und Lieder sich eine Ruhe-Pause zu schenke. Vor der Schule eine Zeit inne zu halten, neue Anstöße zu suchen und das eigene Leben zu bedenken, sich der eigenen Kräfte bewusst zu werden. Aufgrund der positiven Rückmeldungen der Schüler wird dieses Angebot in jedem Jahr erneut unterbreitet.

4. „Wer nicht weiß, woher er kommt, weiß nicht, wohin er geht" - Schuljubiläum

Aus Anlass des 100 jährigen Schuljubiläums fand am 17. Mai 2003 in der St. Marienkirche in Ahlen ein gemeinsamer Gottesdienst mit dem Gymnasium St. Michael statt, den der Bischof von Münster, Dr. Reinhard Lettmann zelebrierte. Als Vorbereitungsteam für diesen Gottesdienst konnten Kolleginnen und Kollegen aus beiden Schulen zur Mitarbeit gewonnen werden. Im Gottesdienst erinnerte man sich der gemeinsamen Wurzeln, zumal beide Schulen vom Orden der Schwestern Unserer Lieben Frau vor 100 Jahren in der aufkeimenden Industriestadt Ahlen mit dem Ziel gegründet wurden, jungen Menschen durch eine gute Bildung neue Zukunftschance zu bieten. Ein Bildungsauftrag, der bis in die heutige Zeit nichts von seiner Aktualität eingebüßt hat![4]

[4] Weichel 2003, S. 5/6.

5. „Ich möchte mein Kind taufen lassen, aber......."

Aus der pastoralen Betreuung einer jungen Mutter, die als Schülerin unsere Schule besuchte, erwuchs der Gedanke und der Wunsch, das Kind in unserer Schule zu taufen. Da die evangelische Schülerin keine große Familie besaß, fand die Tauffeier im Rahmen der Klassengemeinschaft statt. Die Tauffeier wurde in Absprache mit dem damaligen evangelischen Kollegen, Pfr. Heidenreich, organisiert, wobei die Klasse der Schülerin durch die Vorbereitung eine besondere Freude bereitete.

6. Gefirmt für das Leben

Nach einer gemeinsamen Firmvorbereitungszeit konnten am 13. Juni 2004 erstmalig zehn Schüler des Berufskollegs in der Schulkapelle von Weihbischof Friedrich Ostermann das Sakrament der Firmung empfangen. Bistumsweit hat dies in Münster ein sehr großes Aufsehen erregt, zumal die Spendung des Firmsakraments an einem Berufskolleg ein Novum[5] war .
Bei einem Unterrichtsgespräch über die Sakramente hatten 4 Schüler angemerkt, nicht gefirmt zu sein. Diese Tatsache allein ließ mich mit meiner 15-jährigen Religionslehrererfahrung nicht sprachlos werden, sondern die von den

[5] Pressedienst Bistum Münster 2004, S. 2/3.

3.6

Schülern damit einhergehende Anfrage: Kann man nicht auch in der Schule eine Firmung ermöglichen? Nach längerer Überlegung gab ich dem Wunsch der Schüler nach, nicht zuletzt aufgrund der Ermutigung durch das Generalvikariat Münster, in der gegebenen Umbruchsituation diese Anfrage zugleich auch als pastorale Chance zu nutzen. In der viermonatigen Firmvorbereitungszeit traf sich die Gruppe fünfmal am Nachmittag in der Schule. Ferner diente ein Firmwochenende dazu das eigene Leben zu reflektieren und nach Möglichkeiten zu suchen sein Leben als Christ zu leben. Das Motto der Firmung lautete „Wir lassen uns ‚be-Geistern'!" Doch bevor es zur eigentlichen Firmung kam, galt es teilweise in den Ortsgemeinden der betreffenden Firmlingen erst noch Überzeugungsarbeit zu leisten, da das Firmangebot in der Schule nicht als komplementäres Angebot verstanden wurde, sondern als Konkurrenz. Langfristig gesehen ist hier wohl ein Umdenkungsprozess notwendig, da die Firmung in der Schule keine Konkurrenz zur Firmung in der Kirchengemeinde darstellt. Sie versteht sich vielmehr als ergänzendes Angebot für jene Schüler, die aus welchen Gründen auch immer in der Ortsgemeinde nicht zur Firmung gegangen sind und nun im Alter von 17-19 Jahren die Spendung des Sakramentes erwünschen.

c.) Martyria

Seelenwellness an der Autobahn
Aus dem Religionsunterricht erwuchs ein „Seelenwellnessprojekt", das in der Autobahnkapelle Münsterland-Ost zusammen mit den Schülern eines Religionskurs realisiert wurde. Auf Wunsch eines Schülers hatte man sich zuvor mit dem Thema der Autobahnkapellen auseinandergesetzt. Beim Recherchieren im Internet hatte eine Schülergruppe dabei eine Verkehrsstatistik ausfindig gemacht, wonach im Jahr 2002 täglich pro Tag 19 Menschen auf den Straßen Deutschlands starben. Bei den 17- bis 18-jährigen Schülern, die teilweise selber schon im Führerscheinbesitz waren, erwuchs der Wunsch, etwas gegen diese hohe Unfallzahl zu tun. Schnell kam der Vorschlag auf, für die Autofahrer in einer Autobahnkapelle ein so genanntes „Seelenwellnessangebot" anzubieten – früher hätte man ein derartiges Angebot wohl als „Kurzandacht" bezeichnet. Das 10minütige Angebot, es stand unter der Schirmherrschaft des Bürgermeisters von Ahlen, Benedikt Ruhmöller, bot den Autofahrern die Möglichkeit, sich von biblischen und anderen religiösen Texten und Liedern inspirieren zu lassen, um dann in Ruhe und Gelassenheit die Weiterfahrt antreten zu können. Dieses „Kraft tanken nach dem Tanken" nahmen viele Reisegruppen dankbar an. Über eine intensive Öffentlichkeitsarbeit waren zahlreiche Medien auf dieses Angebot hingewiesen worden. Über den regionalen und überregionalen Rundfunk war so auf diese Veranstaltung aufmerksam gemacht worden, zugleich berichtete die

regionale und kirchliche Presse über dieses Ereignis. Für alle Teilnehmer aus dem Religionskurs wird ein Autofahrer wohl in besonderer Weise in Erinnerung bleiben: Er war vor einigen Stunden Zeuge eines schweren Unfalls auf der Sauerlandlinie geworden, bei dem 2 Personen tödlich verunglückten. Jetzt war er froh, im Gespräch und im Gebet etwas von der Belastung ablegen zu können.

d.) Koinonia

Im Zentrum der Koinonia stehen alle Bemühungen, die Gemeinschaft und auch den Einzelnen am Berufskolleg St. Michael durch gezielte Veranstaltungen zu stärken und zu fördern.

1. Tage der religiösen/lebenskundlichen Orientierung (TRO/TLO)

Ein besonderer Schwerpunkt der Schulseelsorgertätigkeit besteht in der Organisation der TRO/TLO. Neben der Einberufung und Leitung der notwendigen Vorbereitungstreffen ist für den Schulseelsorger vor allem die kritische Reflexion wichtig, da sie zur ständigen Evaluation der TRO/TLO geführt hat. In diesem Prozess wurde die Schule auch durch die Abteilung „Schulseelsorge" des BGV unterstützt.

Am Berufskolleg St. Michael hat sich dabei in den letzten 10 Jahren ein eigenständiges Modell der TRO/TLO herausgebildet, das in Bistum recht einzigartig dar steht. Schon seit Jahren hat man sich von Konzeptionen verabschiedet, die ein mehrtägiges Wegfahren beinhalteten, da die „Nacht zum Tag" und der „Tag zur Nacht" wurde. Stattdessen arbeiten die Schüler der jeweilige Unterstufe, an die sich das TRO/TLO-Angebot richtet, an drei Tagen zu bestimmten Kernzeiten (9.00 bis 16.00 Uhr) in zuvor ausgewählten Projekten. Es hat sich dabei als sehr positiv erwiesen, einen Ortswechsel zu vollziehen, indem man in die Pfarrheime der umliegenden Gemeinden in Ahlen geht. Auch hat sich die Zusammenarbeit mit kirchlichen und kommunalen Institutionen und Verbänden als wesentliche Bereicherung erwiesen, auf die man heute nicht mehr verzichten möchte. Im Laufe der Zeit hat sich so ein festes Netz zu bestehenden kirchlichen und kommunalen Einrichtungen im Raum Ahlen und darüber hinaus geknüpft. Als feststehende Projekte haben sich im Laufe der Zeit folgende Angebote erwiesen: Leben im Kloster, Meditation, Leben mit Behinderungen (Leben in Behinderteneinrichtungen), Bewahrung der Schöpfung, Ökonomie und Ökologie, Zusammenleben unterschiedlicher Kulturen (spezieller Schwerpunkt: Ahlener Osten), Gewalt gegen Frauen, Sport und Religion. Die Projektgruppen werden von Kollegen und Referenten geleitet.

Erfahrungsgemäß bedürfen die TRO/TLO einer ständigen Weiterentwicklung,

Johannes Gröger

Schulseelsorge im „vor-katechetischen Spannungsfeld" des Schulalltags.
Erfahrungen und Gedanken eines Schulseelsorgers in der kirchlichen Umbruchsituation

3.6

6 Pantel 1990,
S. 648-652.

da die Lebenswelt der Schüler und damit verbunden auch deren Glaubenswelt ständigen Veränderungsprozessen unterworfen sind. Die engagierte Zusammenarbeit der Kollegen mit dem Schulseelsorger sowie die sensible Begleitung durch die Abteilung „Schulseelsorge" seitens des BGV werden auch auf Zukunft hin die TRO/TLO zu einem Erlebnis für die Schüler werden lassen, wodurch zahlreiche Lebens- und Glaubenserfahrungen ermöglicht werden.

2.„Machen'se alles Mögliche, aber bloß nicht Bibel"[6] – Beitrag zum Jahr der Bibel 2003

Aus Anlass des „Jahr der Bibel" waren die Schüler an unserem Berufskolleg in den einzelnen Religionskursen angefragt worden, ob und wenn ja was man zum Thema „Bibel" wohl machen könnte. Nach zahlreichen Überlegungen und Vorschlägen entwickelten sich in den unterschiedlichen Religionskursen der verschiedenen Bildungsgänge derartig bemerkenswerte Projekte, dass wir Religionslehrer uns schon fast „gezwungen" sahen, diese Ergebnisse im Rahmen eines Bibeltags- bzw. einer Bibelnacht zu präsentiert. Als Schulseelsorger organisierte ich in diesem Zusammenhang einen Bibelmarathon, d.h. nach einem Eröffnungsgottesdienst wurde in der Schulkapelle anschließend 24 Stunden lang aus der Bibel vorgelesen. Für jeweils 20 Minuten hatten sich zuvor Schüler, Lehrer und auch das nicht lehrende Personal in Listen eintragen, wodurch das Vorlesen koordiniert wurde. Am späten Nachmittag wurden in den anderen Schulräumen die Ergebnisse der anderen Religionskurse präsentiert: in einem Raum z.B. lud der Psalm 23 zum Mitlesen und Meditieren ein; eine Power-Point-Präsentation zeigt biblische Gestalten auf; in einem „Raum der Stille" wurden ein von Schülern handgemalter Kreuzweg sowie eigens für die speziellen Fachräume der Schule gestaltete Raumkreuze präsentiert. Während am folgenden Tag der Bibelmarathon weiterlief, nahmen die Schüler an einer Bibel-Rallye teil, wo die insgesamt 21 Gruppen an 9 Stationen ihr Wissen unter Beweis stellten. Beendet wurde der „Bibeltag mit Bibelnacht" mit einem gemeinsamen Schulgottesdienst.

Als Schulseelsorger fand ich besonders den Bibelmarathon beeindruckend. Wann erlebt man es heute noch, dass Schüler in der Nacht mit einem Motorrad oder Auto zur Schule fahren, um 20 Minuten lang aus der Bibel vorzulesen? Und dies, zumal unsere Schüler zum großen Teil aus der weiteren Umgebung Ahlens kommen. „Machen'se alles Mögliche, aber bloß nicht Bibel" – sollte dieser Titel eines religionspädagogischen Aufsatzes irren?

3. Wir gehören zur Weltkirche - Romwallfahrt 2003

Aus Anlass des 100-jährigen Bestehens der Schule veranstaltete das Berufskolleg St. Michael vom 2. bis 9. November 2003 eine Pilgerfahrt nach Rom. Zu einer bestimmten Auswahl von historischen Bauten hatten die Schüler im Religionsunterricht zuvor Referate erarbeitet. Wir Religionspädagogen hatten dazu sowohl eine Literaturauswahl als auch einen eigenen Themenapparat bereitgestellt. Die besten Referate wurden zu einem Pilgerbuch zusammengefasst, ergänzt durch einen Liederanhang, damit die Freude über dies einmalige Ereignis – es wurde auf Vorschlag des Schulseelsorgers realisiert – auch noch eine andere Form des Ausdrucks finden konnte. Höhepunkt der Pilgerfahrt war für die Schulgemeinschaft die Teilnahme an der Generalaudienz mit Papst Johannes Paul II. am 5. November auf dem Petersplatz. Auch die sonst eher coolen Schüler waren beim Anblick des von seiner Krankheit gezeichneten Papstes stark ergriffen, als er in seinem Papamobil segnend durch die Reihen fuhr. Durch das Aufrufen der einzelnen Pilgergruppen der insgesamt 50.000 Teilnehmer, die an dieser Generalaudienz auf dem Petersplatz teilnahmen – darunter natürlich auch das Berufskolleg St. Michael aus Ahlen – wurde zugleich ein Stück Weltkirche konkret greifbar. Glaube als Gemeinschaft stiftendes Element dürfte für viele Schülerinnen und Schüler in dieser Größenordnung erstmalig und einzigartig gewesen sein. Es gibt somit wohl keine beeindruckendere Möglichkeit Kirche als Welt-Kirche zu erleben! Noch Wochen nach ihrer Rückkehr aus Rom berichteten die Schüler in einer 2-stündigen Rundfunksendung im Lokalradio begeistert von ihren unvergesslichen Erlebnissen!

Zukunftsperspektiven

Zweifelsohne befindet sich die Kirche zur Zeit in einer Umbruchsituation. Rückläufige Priesterzahlen, bevorstehende Gemeindefusionierungen sowie rückläufige Zahlen der Gottesdienstbesucher sind ein Indikator dafür. Eine Antwort auf diese Situation gilt es im Interesse der Pastoral nicht nur auf der Gemeindeebene zu suchen. Auch die Schulpastoral steht vor neuen Herausforderungen.

Immer deutlicher zeigt sich, dass die Jugendlichen in ihrer Ortsgemeinde nur noch sehr gering präsent sind. Viele Jugendliche erfahren Kirche und Gemeinde zudem insgesamt als stark erwachsenengeprägt und ohne ehrliches Interesse an ihnen. Sie sehen keine Verbindung zu ihrer Lebenswelt, ihren Fragen, Ängsten, Leidenschaften und Lebensentwürfen. Auf ihrer Suche nach Antworten auf Sinnfragen und Orientierung für ihr Leben erwarten viele Jugendliche keine Antworten von der Kirche allgemein bzw. ebenso wenig von den in der Ortsgemeinde tätigen Hauptamtlichen. Viele Jugendliche setzen sich ihr eigenes Weltdeutungsmuster bzw. ihre eigene Religion zusammen („Patchwork-Religion"). Auch die hohe Mobilität der Jugendlichen führt nicht zu einer stärkeren Bindung der

Johannes Gröger

Schulseelsorge im „vor-katechetischen Spannungsfeld" des Schulalltags.
Erfahrungen und Gedanken eines Schulseelsorgers in der kirchlichen Umbruchsituation

3.6

Jugendlichen an die Ortsgemeinde. Somit steht die Frage im Raum, ob die Gemeinde heute überhaupt noch in der Lage ist oder sein kann Jugendliche in großer Anzahl zu binden.

Vielleicht ist der Zeitpunkt gekommen, da wir von der traditionellen Vorstellung Abschied nehmen müssen, wonach die Menschen zur Kirche kommen. Dieses Denken hat eine lange Tradition und vielerorts sicherlich auch seine Berechtigung. Dennoch aber scheint es geboten zu überlegen, ob es nicht an der Zeit ist anzuerkennen, dass es in unserer Gesellschaft zunehmend Bereiche gibt, zu denen Kirche hinzutreten muss. Wenn es Menschen in bestimmten Lebenssituationen nicht möglich ist den Weg in die Ortskirche zu finden, dann muss die Kirche zu den Menschen kommen! Dadurch gerät die Schule erneut in den Fokus und die Lebens- und die Sozialraumorientierung der Schüler tritt in den Vordergrund der pastoralen Überlegungen. Notwendig erscheint eine wesentlich flexiblere Pastoral.

Neben der Familie und dem unmittelbaren Wohnumfeld gibt es für die Jugendlichen zunehmend einen anderen Ort, an dem sie im steigendem Maß Zeit verbringen: die Schule; die Tendenz weist in Richtung Ganztagsschule! Die Schule wird dadurch immer mehr zu einem wichtigen Ort in der Biographie der Schüler. Sie wird zu einem Lebensraum, der durch seine Vertrautheit eine ideale Grundvoraussetzung dafür bietet, dass sich die Schüler für ihre bisherigen Lebens – Erfahrungen öffnen können, um sie im Kontext religiöser Fragen zu spiegeln. Da Kirche vor allem von den persönlichen Beziehungen lebt, eröffnet somit die gelebte Schulgemeinschaft auch hier die Basis für ein gemeinsames katechetisches Bemühen, in dem Schülerinnen und Schüler, die sich aus dem täglichen Miteinander kennen, eingebunden sind. Sich mit vertrauten Schülern zum Beispiel auf die Spendung des Firmsakramentes vorzubereiten, sich auf einen gemeinsamen Weg zu machen, stärkt die Beziehungen und dadurch die Schulgemeinschaft.

Speziell den kirchlichen Schulen scheint an dieser Stelle eine besondere Aufgabe zuzufallen, da sie durch ihre eigenen Profile eine Atmosphäre ausprägen, in der kirchliches Leben erlebbar und dadurch konkret greifbar wird. Die Schulseelsorge vermag in diesem Kontext in ihrem Bemühen um eine humane Gestaltung des Lebensraums Schule durch ihre zahlreichen Angebote im Schulalltag einen wesentlichen Beitrag zuzusteuern (Tage der religiösen Orientierung, Schulgottesdienste...)[7]. Dadurch wird den Schülern eine Einübung in die christliche Glaubenspraxis innerhalb der praktizierenden Schul-Gemeinschaft angeboten und ermöglicht. Schule wird somit für viele Jugendliche zu dem Ort, an dem sie den

[7] Die deutschen Bischöfe 1996, S. 19-21.

christlichen Glauben kennen lernen und der es ihnen über eine gewisse Zeit ermöglicht, sich mit ihren Glaubens- und Lebensfragen auseinander zu setzten. Schule wird zum Ort gelebten Glaubens, wo Diakonie, Liturgie und Verkündigung gelebt wird. Diese Erfahrungsräume gelebten Christseins eröffnen die Tür für einen organisierten katechetischen Prozess von Leben-Deuten-Feiern.

Nicht nur im zeitlichen Ablauf nimmt die weiterführende Schule einen wichtigen Stellenwert als Lern- und Lebensort ein. Im Kontext der Individualitäts- und Identitätsentwicklungen der Jugendlichen stehen Fragen im Raum, die eine jugendpastorale Anfrage an die Schule darstellen. Besondere Beachtung verdient in diesem Zusammenhang das Fach „Religion". Wie kaum ein anderes Fach im Fächerkanon der Schule eröffnet es die Chance und den Raum für Lebens- und Glaubensfragen der Jugendlichen. In dieser existentiellen Suchbewegung der Jugendlichen kommt dem Religionspädagogen eine zentrale Aufgabe zu. Durch die Beauftragung anhand der „Missio canonica" ist er in gewisser Weise eine personifizierte kirchliche Kontaktfläche für Jugendlichen. Gemeinsam mit ihnen gilt es nach gemeinsamen Antworten für die Anfragen des Lebens zu suchen. Dabei gilt es immer wieder neu den Glauben in unserer Zeit neu zu buchstabieren um die Quelle des Lebens zu erschließen. Jene Quelle, von der Papst Johannes Paul II. in seinem Buch „Römisches Triptychon"[8] aussagt: „Willst du die Quelle finden, musst du hinaufsteigen, immer weiter, gegen den Strom"[9].

[8] Johannes Paul II 2003.

[9] Johannes Paul II 2003, S. 60.

Wie das Beispiel der Firmung am Berufskolleg St. Michael aufzeigt, ist der Religionslehrer auf grund seiner besonderen Nähe zu den Schülern in besonderer Weise dazu prädestiniert, den Schülern bei dieser Spurensuche behilflich zu sein. Gleichzeitig wird dadurch deutlich, in welcher Weise der Religionsunterricht und die Katechese aufeinander bezogen sind und wie stark sie der wechselseitigen Ergänzung und Kooperation bedürfen[10]. Bereits heute weisen Theologen der Schule einen „vor-katechetischen" Raum zu[11]. Aufgrund meiner Erfahrungen kann ich diese Aussage nur unterstreichen. Es liegt somit an uns diese Entwicklung und Anfrage auch als Chance aufzugreifen!

[10] Die deutschen Bischöfe 2004, S. 31.

[11] Mann Kiefer 2004, S. 70.

Literatur

DIE DEUTSCHEN BISCHÖFE – Kommission für Erziehung und Schule Schulpastoral:
Der Dienst der Kirche an den Menschen im Handlungsfeld Schule, Arbeitshilfe Nr. 16, Bonn 1996.
(Zitiert als: Die deutschen Bischöfe 1996)

DIE DEUTSCHEN BISCHÖFE: Katechese in veränderter Zeit, Arbeitshilfe Nr. 75, Bonn 2004.
(Zitiert als: Die deutschen Bischöfe 2004)

3.6

Johannes Gröger

Schulseelsorge im „vor-katechetischen Spannungsfeld" des Schulalltags.
Erfahrungen und Gedanken eines Schulseelsorgers in der kirchlichen Umbruchsituation

JOHANNES PAUL II : Römisches Triptychon. Meditationen. Mit einer Einführung von Joseph Kardinal Ratzinger,
Freiburg 2003. (Zitiert als: Johannes Paul II 2003)

MANN, THOMAS / KIEFER, THOMAS: Sakramentenkatechese in der Ganztagsschule, in:
Katechetische Blätter, München 2004. (Zitiert als: Mann Kiefer 2004)

PANTEL, AUGUSTINUS: „Machen'se alles Mögliche, aber bloß nicht Bibel", in:
Katechetische Blätter, München 1990. (Zitiert als: Pantel 1990)

PRESSEDIENST DES BISTUMS MÜNSTER: Firmprojekt aus dem Religionsunterricht. Berufskolleg St. Michael
geht bistumsweit neuen Weg in der Schulpastoral, Ausgabe vom 15. Juli 2004, Münster 2004.
(Zitiert als: Pressedienst Bistum Münster 2004)

WEICHEL, LOTHAR: Festschrift zum 100jährigen Bestehen des Berufskollegs St. Michael in Ahlen, Münster,
2003. (Zitiert als: Weichel 2003)

ZERFAß, R.: Wenn Gott aufscheint in unseren Taten, in: P.M. Zulehner, Das Gottesgerücht.
Bausteine für eine Kirche der Zukunft, Düsseldorf 1987. (Zitiert als: Zerfaß 1987)

Markus Hoffmeister/Daniel Heinen
Reif für die Insel –
Ein Inseltag als schulpastorales
Experiment an beruflichen Schulen

1. Die Vorgeschichte des Inseltages

Der Ausgangspunkt für dieses Konzept sind zunächst Wahrnehmungen der Lebenssituation von SchülerInnen im Rahmen ihrer Berufsausbildung am Berufskolleg.

Zwischen Aufbruch und Abbruch

„Und, weißt du schon, wie es für dich nach den Sommerferien weitergeht?"
„(Schweigen) ... so richtig nicht. Ich würde gerne was mit Kindern machen, aber ob ich da eine Chance habe? Ach, mal sehen!"
Kleines Zwischengespräch auf dem Pausenflur.
Die Heranwachsenden befinden sich in einer Phase der persönlichen Orientierung. In absehbarer Zeit beginnt für sie eine neue Lebensphase. Hierzu müssen die Weichen gestellt werden. Besonders an den Berufskollegs ist bei den Heranwachsenden eine große Angst und Verunsicherung zu spüren, eine Mischung aus Aufbruch- und Abbruchstimmung. Die Perspektiven auf dem Arbeitsmarkt

sind derzeit so schlecht, dass unterschwellig das Gefühl zu spüren ist: Ich werde in dieser Gesellschaft eh nicht gebraucht. Dies beeinträchtigt das eigene Selbstwertgefühl, welches sich häufig in den Aussagen „Das schaff ich auf keinen Fall!" – „Die wollen mich nicht!" - „Weiß nicht, ob ich gut genug dafür bin!" widerspiegelt.

Dazu kommt die brenzlige Frage: Nach welchen Kriterien soll ich mich entscheiden, wie kann ich mir ein Ziel stecken, wenn die konkreten Chancen fehlen?

Ein spirituelles Bedürfnis

„Religionsunterricht am Berufskolleg? Das ist nicht der Weinberg, sondern der Steinbruch des Herrn!" So versuchte mich ein Kollege vor meinem Unglück zu bewahren.

Doch was mir entgegenkam, war etwas anderes.

Die meisten SchülerInnen haben keinen unmittelbaren Bezug mehr zu den kirchlichen Institutionen. Noch hallt ein schwaches Echo bezüglich der kritischen Einstellungen gegenüber den Kirchen nach. Doch haben diese Vorurteile und Vorwürfe wesentlich an Kraft verloren. Vielmehr ist ein religiöses – ja spirituelles – Interesse zu beobachten. Mit einer großen Offenheit und Neugier begegnen die Heranwachsenden den Grundfragen des Lebens in der Hoffnung, für sich persönliche Antworten zu finden.

Immer wieder erfahre ich, dass die Atmosphäre sich verdichtet, wo sich Glaubensfragen mit Lebensfragen verbinden: Woran glaube ich eigentlich? Was ist mir heilig im Leben? Woran glauben andere? Dann wird es spürbar, dass es hier um das ganze Leben geht.

Orientierung finden im Alltagstrubel

Das Berufskolleg möchte SchülerInnen für die verschiedenen Anforderungen in der Berufswelt vorbereiten und qualifizieren. Die Heranwachsenden befinden sich damit in einem Kreislauf von Fragen: Was muss ich lernen, um diese oder jene Qualifizierung zu schaffen, welche Qualifizierung verschafft mir eine Fahrkarte in die Berufswelt, in welchen Berufszweigen finde ich Schlupflöcher, die mir eine Chance geben unterzukommen.

Dieser Kreislauf von Fragen bedeutet eine starke Orientierung an Anforderungen und möglichen Chancen, es bedeutet eine klare Orientierung im Außen.

Für mich stellte sich die Frage nach der Innenorientierung. Wann haben SchülerInnen die Möglichkeit in ihrem Arbeitsalltag sich zu fragen, was sie wirklich möchten, was für sie wirklich wichtig ist, die Möglichkeit des In-sich-Hineinhorchens, um zu spüren, wofür das Herz eigentlich schlägt.

3.7

2. Das Konzept

2.1 Die Intentionen

Auf der Grundlage dieser Wahrnehmungen entstand die Idee eines neuen schulpastoralen Angebotes mit folgenden Intentionen:

Ressourcen wecken
Dieser Tag möchte den Raum geben, um den eigenen innewohnenden Kräften
nachzuspüren und zu entdecken, oder zumindest zu erahnen, dass es in mir und
in jedem Menschen Quellen gibt, die mich besonders in anstrengenden und ge-
fährdeten Phasen meines Lebens tragen können.

Das Selbstbild stärken
„Benennen Sie spontan negative Eigenschaften und benennen sie spontan positive Eigenschaften zu ihrer Person. – Was fällt ihnen leichter?" Die Antworten
sind bei SchülerInnen offensichtlich. In der Regel fällt es ihnen sehr schwer, an
sich selbst Positives zu entdecken und dieses auch zu benennen.
Daher möchte der „Inseltag" die Heranwachsenden in ihrem Sosein bestärken
und ihren Blick bewusst auf die persönliche Sonnenseite lenken.

Zukunftswünsche erspüren
Mitten in all den Anforderungen im Lebensalltag soll dieser Tag eine Aus-Zeit
sein, um den eigenen Zukunftsträumen- und wünschen nachgehen zu können.
Uns geht es vor allem um das Schaffen eines Bewusstseins, dass die Orientierung im Außen, d.h. an realen Berufschancen, an notwendigen Qualifikationen,
usw. nur eine Seite darstellt. Die andere Seite ist die Bewegung und Orientierung von innen nach außen: Welche Wünsche leben in mir?

Solidarität wecken
Wer SchülerInnen täglich erlebt, der weiß um die ständigen Bruchlandungen,
Auf-und-ab-Bewegungen und Stimmungsschwankungen. Dieser Tag möchte die
Erfahrung vermitteln, dass letztlich jeder die kleinen und großen Krisenmo-
mente des Lebens bewältigen muss und viele SchülerInnen in dieser Lebensphase mit denselben Problemen zu kämpfen haben. So soll das Zusammenge-
hörigkeitsgefühl gestärkt werden.

Ermutigung
Im Letzten möchte der „Inseltag" ein Tag der Ermutigung sein. Trotz der schwierigen gesellschaftlichen Rahmenbedingungen möchten wir die Heranwachsenden

darin bestärken, an ihre eigenen Fähigkeiten und Kräfte zu glauben.

Das gewisse „mehr" im Leben spüren

Damit kommt der Inseltag einem grundlegenden Bedürfnis nach Spiritualität entgegen, wo es um das gewisse „mehr" im Leben geht. Die Fragen nach den eigenen Kraftquellen und nach dem persönlichen Halt werden um so wichtiger, je mehr die äußeren Lebensumstände gefährdet sind. Insofern versteht sich der Inseltag als religiöses Angebot und vollzieht sich im christlichen Sinnhorizont.

2.2 Inhaltliche Grundlagen

Grundlage für die inhaltliche Ausrichtung dieses Angebotes ist das uralte Konzept der 4 Himmelsrichtungen.

Dieses Konzept der Grundorientierung wurzelt in den alten Traditionen der Welt- und Naturreligionen.[1]

[1] Erläuterungen dazu finden sich u.a. in: Burckhardt 1955 und Eliade 1986.

Die Himmelsrichtungen haben seit Urzeiten eine besondere Bedeutung für rituelle Handlungen gespielt (z.B. beim Bau eines indischen Tempels, bei der Ostung von christlichen Sakralbauten, Initiationsriten indianischer Völker, usw.).

Sie spiegeln den natürlichen Lebensrhythmus des Menschen wider und geben seinem Werden eine Richtung. So erhält jede Himmelsrichtung eine dem Lebensrhythmus des Menschen entsprechende Bedeutung.[2]

[2] Winkler 1992.

Der Osten:

Aufgang der Sonne über dem Horizont. Ein neuer Tag beginnt. Ort der Geburt und des Neubeginns. Sichtbar werden dessen, was bisher verborgen war.

Der Süden:

Die Sonne nimmt ihren Lauf und findet im Süden ihren Höchststand. Der Tag findet seine Mitte und wendet sich seiner zweiten Hälfte zu. Ort der Verwirklichung und Umsetzung. Aber auch der Ort des Kämpfens.

Der Westen:

Die Sonne geht am Horizont unter. Abendrot. Der Tag neigt sich dem Ende zu. Ort der Erinnerung, des Rückblicks. Was außen war, wird innere Gestalt.

Der Norden:

Es ist Nacht. Loslassen all des Gewesenen. Anderes Licht und anderes Bewusstsein. Seelenarbeit. Im Verborgenen, im Dunklen bereitet sich das Neue vor, welches ins Leben und ins Licht treten möchte.

Entsprechend dieser Bedeutungen wurden in verschiedenen Traditionen der Naturreligionen den vier Himmelsrichtungen die vier Elemente FEUER - WASSER - ERDE - LUFT zugeordnet.

3.7

Die Lehre von den vier Elementen gehört ebenfalls zu uralten Lebensweisheiten, die auf eine lange Tradition zurückblickt.

Sie besagt in ihrem Ursprung, dass alles Sein aus diesen vier Grundelementen besteht.

Diese Theorie wird in vielen Überlieferungen auf der ganzen Welt gefunden. Der griechische Naturphilosoph Empedokles im 5. Jahrhundert v. Chr. fasste verschiedene ähnliche Theorien zusammen und schuf eine erste Systematik dieser Lehre. Die Vier-Elemente-Lehre wurde von späteren griechischen Philosophen weiterentwickelt und es ist Aristoteles zu verdanken (384 bis 322 v. Chr.), dass die Kenntnis von Empedokles´ Überlegungen zunächst bis ins Mittelalter hinein und also bis unsere Tage gesichert wurde.

In verschiedenen Naturreligionen verbinden sich diese vier Grundrichtungen und vier Grundelemente des Lebens und münden in Rituale, die wir als Initiationsriten bezeichnen.

Malidoma Some, ein afrikanischer Schamane aus dem Volk der Dagara in Burkina Faso, beschreibt in seinem Buch „Die Weisheit Afrikas", dass der Sinn der Initiation in seinem Volk die Erinnerung an den eigenen Lebenssinn ist. „Besonders riskant sind die Zeiten innerer Veränderung in der Jugend. Auf jeden Fall vermindern sie das Gefühl für den Lebenssinn, was bis zum völligen Vergessen führen kann."[3] Daher sind nach Some besondere Rituale erforderlich, um Heranwachsende mit ihrem Feuer und Lebenssinn zu verbinden.

[3] Somé 2001, S. 53.

Dieser Grundgedanke des Initiationsrituals und die inhaltliche Ausrichtung des INSELTAGES berühren sich in dem gemeinsamen Anliegen, heranwachsende Menschen in einer Zeit des Umbruchs und der Veränderung zu begleiten, zu stärken und für sie einen Raum der Auseinandersetzung mit elementaren Lebensfragen bereit zu halten.

Auf der Grundlage der oben beschriebenen Traditionen ergibt sich für den INSELTAG folgende inhaltliche Konzeption:

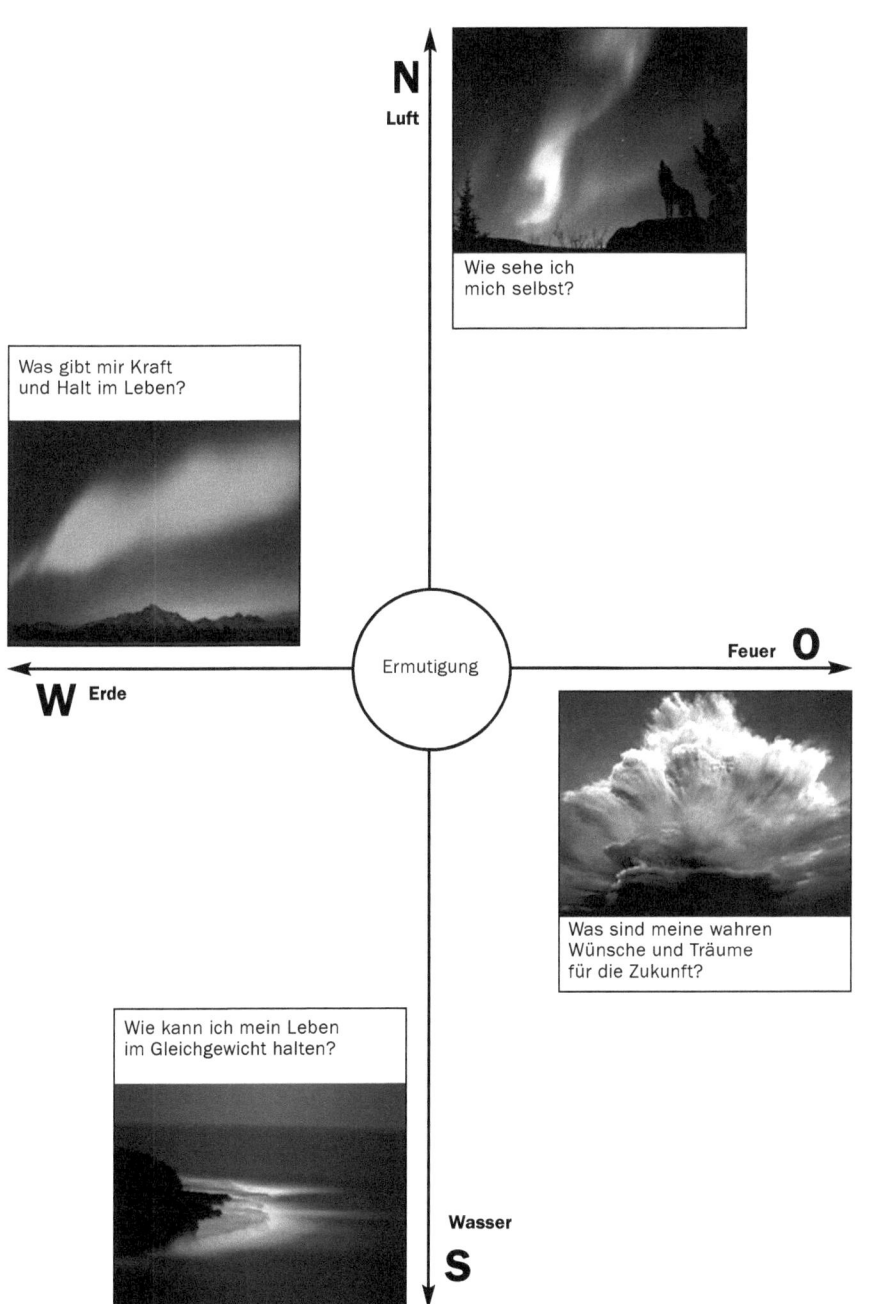

N
Luft

Wie sehe ich
mich selbst?

Was gibt mir Kraft
und Halt im Leben?

Ermutigung

W Erde

Feuer **O**

Was sind meine wahren
Wünsche und Träume
für die Zukunft?

Wie kann ich mein Leben
im Gleichgewicht halten?

Wasser
S

Hinweis:
Die Abbildungen auf
dieser Seite sind farbig
im Internet unter:
www.ibor-tuebingen.de
downloadbar.

3.7

Der Süden: Element Wasser

Der Mensch befindet sich in der Mitte des Tages und der Arbeit. Alle Mühen und Anstrengungen konzentrieren sich auf die Bewältigung der Aufgaben und um die Aufrechterhaltung der inneren und äußeren Ordnung.

In der Tradition wird dem Süden der emotionale Lebensbereich zugeschrieben. Im elementaren Bereich entspricht dies dem Element Wasser. Die Aufgabe, die sich dem Menschen in dieser Richtung stellt, ist die der Balance: Die Kunst, mitten im Alltagstrubel das innere Gleichgewicht halten zu können, den Kontakt zu den eigenen Bedürfnissen und Wünschen nicht zu verlieren und sich nicht emotional von den Wellen der Aufgaben, Erwartungen und Anforderungen überschwemmen zu lassen.

Im Süden besteht für den Menschen die Gefahr der Überforderung. Schnell empfinde ich mich angesichts eines Erwartungs- und Leistungsdruckes als Opfer und nicht mehr als Subjekt meines selbstverantwortlichen Handelns.

Die Grundfrage dieser Richtung ist: Wie kann ich mein Leben in Balance halten?

Die Zielperspektive für den Süden ist es, die Solidarität untereinander zu verstärken (siehe oben).

Der Westen: Element Erde

Der Tag neigt sich dem Ende zu und der Mensch schaut auf das Gelungene und das Unerfüllte seines Tagewerks zurück. In der Tradition ist der Westen der Ort der Reflexion, der Besinnung und der Selbstvergewisserung. Ihm wird der materielle und körperliche Lebensbereich zugeschrieben. Dies entspricht dem Urelement Erde.

Die Aufgabe des Menschen im Westen ist es, sich seiner Ressourcen zu vergewissern und den Boden so zu bereiten, dass er mit Kraft und Sicherheit sein Leben bestreiten kann.

Die Gefahr im Westen besteht darin, dass der Mensch seine persönlichen Ressourcen (wie z.B. Beziehungen, Gesundheit, Finanzen) nicht sorgfältig genug pflegt oder zu leichtsinnig mit ihnen umgeht.

Diese Richtung beinhaltet viele Fragen, die den materiellen Lebensbereich betreffen: Wie gehe ich mit meiner Gesundheit um? Wie ernähre ich mich? Wofür setze ich mein Geld ein?

Für den Inseltag richten wir den Focus auf die Grundfrage: Was gibt mir Kraft und Halt im Leben?

Zielperspektive für den Westen ist es, sich persönlicher Ressourcen bewusst zu werden (siehe oben).

Der Norden: Element Luft

Die Nacht ist in der Tradition die Zeit der Entwicklung eines neuen Bewusstseins, eines Selbstbewusstseins. Ich erforsche mich selbst (unbewusst oder bewusst) und lege für mich fest, nach welchen Kriterien, Prinzipien und Konzepten ich mein Leben ausrichte. Dementsprechend wird dem Norden der mentale Lebensbereich zugesprochen, dem das Element Luft entspricht.

Die Gefahr besteht hier für den Menschen, aufgrund eines mangelnden Selbstbewusstseins sich zu sehr in Abhängigkeit von externen Ideologien, Theorien oder anderen Fremdkonzeptionen zu begeben. Demnach besteht hier die Aufgabe für den Menschen, sich seiner selbst bewusst zu werden: Wie sehe ich mich selbst, was ist mein Selbstkonzept, bin ich meine eigene Autorität oder brauche ich andere „Meister", die mir sagen, was richtig und was falsch ist?

Für den Inseltag legen wir den Focus auf die Grundfrage: Wie sehe ich mich selbst?
Ziel dieser Richtung ist es, das Selbstbild zu stärken.

Der Osten: Element Feuer

In den verschiedenen Naturreligionen hat der Osten eine ganz besondere Bedeutung: Jeder Mensch hat in seinem Leben eine bestimmte Aufgabe zu erfüllen. Dahinter steht der Glaube an eine göttliche oder transzendente Instanz, die den Menschen zu dieser Aufgabe beruft. Vor diesem Hintergrund sind in den Naturreligionen Rituale der Visionssuche entstanden, in denen vor allem heranwachsende Menschen ihre Vision vom Leben, d.h. ihre für sie bestimmte Aufgabe suchen. Aufgrund des transzendenten Bezuges wird der Osten dem spirituellen Lebensbereich zugeordnet und entspricht dem Urelement Feuer.

Ein transzendenter Bezug kann heute in unserem Kulturkreis nicht mehr vorausgesetzt werden. Dennoch ist die Grundfrage, die hier in dieser Richtung angesprochen wird, besonders für junge Leute eine der wichtigsten Fragen:
Was ist meine Aufgabe im Leben? Was wünsche ich mir für mein Leben und für meine Zukunft? Welche Träume möchte ich in meinem Leben verwirklichen?

Im Rahmen des Inseltages ist das Ziel dieser Richtung, die eigenen Wünsche für die Zukunft zu erspüren (siehe oben).

3.7

3. Die Umsetzung

Das vorgestellte Konzept der vier Himmelsrichtungen ist die Grundlage für die Gestaltung des Inseltages.

Die SchülerInnen erleben an diesem Tag 4 Stationen entsprechend den Himmelsrichtungen und Elementen. Dort haben sie die Möglichkeit, sich auf sehr unterschiedliche Art und Weise mit den im Konzept vorgestellten Grundfragen auseinander zu setzen.

3.1 Grundlagen der Gestaltung

Freiwilligkeit statt Gruppenzwang

[4] Die Finanzierung dieses schulpastoralen Angebotes setzt sich wie folgt zusammen: Teilnehmerbeitrag, Zuschuss des Bischöflichen Generalvikariats im Bistum Münster Abteilung Jugendseelsorge und aus dem Etat der Fachkonferenz Religion der Schule.

Ein Teamer besucht im Vorfeld die Lerngruppe, um das Konzept vorzustellen und den SchülerInnen ein Bild zu vermitteln, was sie an diesem Tag erwarten dürfen. Dabei betonen wir, dass eine Grundvoraussetzung gegeben sein muss: Die einzelnen SchülerInnen müssen diesen Tag wirklich wollen. Aus diesem Grund bezahlen sie einen Teilnehmerbeitrag für diese Veranstaltung.[4] Möchten einzelne SchülerInnen der Lerngruppe an diesem Tag nicht teilnehmen, können sie normal den Unterricht im Parallelkurs besuchen oder die Arbeit im Betrieb fortsetzen.

Insel bedeutet Frei-Raum

Dieser Tag soll bewusst ein Gegenpol zur Alltagswelt bilden. So legen wir wert darauf, dass ein Rahmen geschaffen wird, der es ermöglicht, außerhalb von Leistung, Bewertung und Konkurrenz eine Auszeit einzulegen. Dies erfordert es, den Tag außerhalb der Schule in einem dafür geeigneten Haus durchzuführen. Die Erfahrung zeigt, wie unterschiedlich sich die Lerngruppen im Rahmen von Schule oder eines solchen Tages verhalten. Ich selbst bin hin und wieder mit einigen Befürchtungen zu einem solchen Tag angereist, weil ich die zu erwartende Gruppe von der Schule her kannte. Wie überrascht war ich dann am Ende des Tages, weil sich mir die Gruppe auf einmal in einem ganz neuen Licht zeigte.

Grundstruktur der Stationen

Jede Station beinhaltet folgende Grundstruktur:

• spielerischer Einstieg

Der spielerische Einstieg in die Himmelsrichtungen ist ein wichtiger Moment der Gestaltung, da hier ein atmosphärischer Gegenpol zur Ernsthaftigkeit und möglichen Schwere der grundlegenden Lebensfragen geschaffen wird. Ferner fördern spielerische Elemente eine ganzheitliche Wahrnehmung. Unser Fühlen,

Denken und Handeln wird im Spiel gleichermaßen aktiviert und somit eine Kreativität angeregt, ohne die wir uns so oft in Sackgassen und Blockaden verrennen.

• Übung
Im Sinne des ganzheitliches Ansatzes folgt eine Übung, die der Thematik der jeweiligen Himmelsrichtung entspricht. Es gilt eine Aufgabe zu lösen. Durch die Anforderungen der Aufgabenstellung (oft kooperativ angelegt) ergibt sich ganz von selbst eine persönliche Auseinandersetzung und eine Sensibilität für die Bedeutung der Lebensfragen. Die aus der Übung gewonnene Erfahrung kann dann auf die persönliche Lebenssituation hin gedeutet werden.

• Zeit der persönlichen Reflexion
Jeder Teilnehmer erhält zu Beginn des Tages eine sogenannte Inselkarte. Im Inneren der Karte befindet sich ein Koordinatenkreuz, sodass vier Felder entsprechend den vier Stationen zur Verfügung stehen. Am Ende jeder Station besteht die Möglichkeit, eine Zeit der persönlichen Reflexion zu nutzen, um wichtige Gedanken und Erfahrungen festzuhalten.

Umgang mit verschiedenen Gruppengrößen
Die Lerngruppen an beruflichen Schulen sind von ihrer Größe oftmals recht unterschiedlich. Die verschiedenen Erlebnisstationen können aber nicht mit jeder beliebig großen Gruppe durchgeführt werden. So teilen wir für die Stationen im Süden und Norden die Gruppe ab einer Größe von 18 TeilnehmerInnen in 2 Hälften. Die Stationen im Westen und Osten dagegen werden von der ganzen Gruppe gemeinsam erlebt.

3.2 Der Ablauf des Inseltages

Um eine konkrete Vorstellung von dem Ablauf des Inseltages zu vermitteln, werden hier nun die einzelnen Elemente beschrieben. Eine ausführliche Beschreibung der einzelnen Bausteine wäre zu umfangreich, daher beschränke ich mich auf eine grobe Skizzierung der einzelnen Elemente.

08.15 Uhr
Ankunft der SchülerInnen, Begrüßung und gemeinsamer Beginn des Tages mit einem Frühstück
Um eine Abgrenzung zum Schulalltag von Anfang an sichtbar werden zu lassen, beginnen wir bewusst mit einem gemütlichen und kulinarischen Auftakt.

3.7

[5] Gilsdorf 2004.

09.00 Uhr – Spielerischer Auftakt: Das Tor zum Abenteuer

Die SchülerInnen sollen gedanklich zu einer Reise mitgenommen werden, auf der ihnen eher ungewöhnliche und nichtalltägliche Dinge begegnen werden. Dazu dient diese Übung mit 2 Seilen.[5]

09.15 Uhr – Überblick über die Tagesstruktur und Gestaltung einer Mitte zur Einführung des Konzeptes der 4 Himmelsrichtungen

Aus den zwei Seilen wird in der Mitte ein Koordinatenkreuz gelegt, dazu gesellen sich die 4 Buchstaben für die Himmelsrichtungen, Symbole für die 4 Elemente und die jeweiligen Grundfragen (siehe oben). So erhalten die Heranwachsenden einen Überblick über die Grundstruktur des Tages.

09.25 Uhr – Spielerischer Auftakt zur Reise in die 4 Himmelsrichtungen Beginn der Erlebnisstationen

[6] Baer 2000.

Als Einstieg in den Norden mit dem Element Luft können verschiedene Spiele dienen: z.B. Luftballon-Fahrstuhl, Kissenwettrennen[6]

Ca. 45 Minuten – Der Norden: Mein Selbstbild
• Eine Spiegelmeditation und eine meditative Phantasiereise zu den positiven Seiten meines Lebens

Die jungen Leute machen es sich auf Wolldecken bequem und erhalten jeder einen Spiegel, wo sie zunächst durch geleitete Fragen ihr „An-Gesicht" wahrnehmen und mehr und mehr in eine Reflexion des eigenen Selbstbildes gelangen. Nach einer Weile werden sie dann durch eine eigens für diese Station entwickelte Phantasiereise meditativ an einen Ort geführt, wo sie positive Eigenschaften zu ihrer eigenen Person entdecken können. Nach einer persönlichen Zeit haben die SchülerInnen dann die Möglichkeit, sich über diese entdeckten Eigenschaften auszutauschen und sich gegenseitig positive Wahrnehmungen zuzuschreiben, um sich einander in ihrem Selbstbild zu stärken.

Ca. 45 Minuten – Der Süden: Leben in Balance Experimente mit der Wippe

Diese Station möchten wir Ihnen etwas ausführlicher beschreiben.

Ca. 60 Minuten – Der Westen: Meine Wurzeln im Leben
• Spielerischer Auftakt mit einer gemeinsamen Trommel-Aktion
• Übungen in der Natur und ein abschließendes Baumritual

[7] Über den Einsatz von Trommeln als expressive Ausdrucksform in pädagogischen Arbeitsfeldern: Müller 2003.

Eine Trommelaktion eröffnet den Westen. Alle Schüler erhalten eine Trommel. Sie übertragen ihren Herzrhythmus auf die Trommel und gelangen dann nach und nach in einen gemeinsamen Rhythmus, der dann mit begleitender Musik aufgenommen und variiert wird.[7]

Anschließend sind alle zu einer Erfahrungsstation in der Natur eingeladen. Nach verschiedenen Übungen, die sich alle mit dem Ursymbol des Baumes beschäftigen, vollziehen die Einzelnen ein abschließendes Ritual. Mit geschlossenen Augen empfangen die Heranwachsenden eine kleine Karte, mit der sie sich für eine Weile zurückziehen. Alle suchen sich in dem Gelände einen Baum, an den sie sich in Richtung Westen anlehnen. Erst dann lesen sie die empfangene Karte, auf der ein Baum mit Wurzeln abgebildet ist und die Frage steht: Was gibt deinem Leben Halt und Kraft? Wo sind deine Wurzeln? Die Heranwachsenden meditieren für sich eine Weile in Ruhe diese Fragen und notieren sich ihre Gedanken auf der Inselkarte. Währenddessen erklingen ruhige Trommelrhythmen durch den Wald, die dieses Ritual begleiten und unterstützen.

Das Ende der Trommel signalisiert das Ende des Rituals und alle kommen aus den verschiedenen Richtungen des Waldes wieder zusammen. Auf dem Weg zum Haus haben die SchülerInnen die Gelegenheit sich mit einer vertrauten Person über die Fragen auszutauschen.[8]

[8] Bei schlechtem Wetter wird zur selben Thematik mit anderen Bausteinen gearbeitet.

Ca. 45 Minuten – Der Osten: Feuer in mir
• **Spielerischer Auftakt mit einer erlebnispädagogischen Übung: der Lauf in die Zukunft**
• **Eine Reise zu den Wünschen meines Lebens**
• **Ein abschließendes Feuerritual**

Der „Lauf in die Zukunft" eröffnet den Osten.[9] Anschließend werden die SchülerInnen durch eine Erzählung in das Land der Wünsche geführt. Jede/r hat die Gelegenheit, so viele Wünsche wie möglich für das eigene Leben aufzuschreiben – aber es gibt dazu nur 3 Minuten Zeit. Die Erzählung führt die SchülerInnen zu verschiedenen Wegkreuzungen, wo sie für sich Entscheidungen treffen und immer wieder eine bestimmte Anzahl von Wünschen zurücklassen müssen bis letztlich drei wesentliche Wünsche übrig bleiben. Diese können dann in Ruhe auf der Inselkarte festgehalten werden. Eventuell schließt sich je nach Gruppe ein Austausch (3 - 4 Personen) über die persönlichen Wünsche an. Abschließend wird in der Mitte ein Feuer entzündet. Wer möchte kann einen Herzenswunsch aussprechen. Dieser Herzenswunsch kann ein Wunsch sein, dessen Erfüllung nicht allein in meiner Kraft liegt und wo es ein Vertrauen und ein Hoffen auf eine Kraft braucht, die meine und unsere Möglichkeiten übersteigt.

[9] Gilsdorf 2004.

zwischen den Stationen jeweils eine Pause von 10 – 15 Minuten

Persönlicher Rückblick auf den Tag
Gemeinsame Reflexion
Die SchülerInnen tragen auf dem Koordinatenkreuz ihrer Inselkarte für jede

3.7

Himmelsrichtung ein Kreuz ein. Jede Linie symbolisiert dabei eine Skala von 0 – 10 (0 = konnte ich nichts mit anfangen bis 10 = diese Richtung war für mich sehr wichtig und wird mich noch weiter beschäftigen). Je nach Erfahrung und Empfinden trägt jeder seine Kreuze auf den Koordinaten ein und verbindet diese dann miteinander. So erhält jeder seine persönliche Insel auf der Inselkarte. Abschließend werden diese individuellen Inseln vorgestellt und so ein differenzierter Rückblick auf den Tag gehalten.

Je nach Möglichkeit der Gruppe zwischen
13.30 Uhr – 15.00 Uhr   Ende des Tages

3.3 Die Wippe – Balance unter der Lupe Ausführliche Beschreibung einer Übung im Rahmen des Inseltages - von Daniel Heinen

Das erlebnispädagogische Element „Die Wippe"[10] fügt sich gut in das Kursdesign des Inseltages ein: Im inhaltlichen Lauf durch die „Himmelsrichtungen" bietet der Süden mit seinem lebendigen Element Wasser gute Gründe, erfahrungsorientiert zu arbeiten. Das zeigt sich an der diesem Element innewohnenden Bewegung, zudem stellt es die Frage nach dem (inneren) Gleichgewicht: Die Wippe ist eine Übung bei der Hand, Herz und Verstand gleichermaßen gefordert werden. Dabei geht es konzentriert zur Sache, denn vor den SchülerInnen breitet sich eine wuchtige Holzkonstruktion aus, die - ähnlich einer Spielplatzwippe - mittig auf einem großen Holzklotz ausbalanciert ist.[11] Sie lädt ein, sich mit ihr zu befassen.

Nach einer inhaltlichen Einstimmung[12] schreiten die SchülerInnen zur Tat. Während des Inseltages durchlaufen sie meist drei Übungen mit je unterschiedlichen inhaltlichen Schwerpunkten.

1. Übung: Die Klasse in der Balance

Nach einer Aufklärung über mögliche Gefahren der Übung[13] und dem Hinweis darauf, dass diese auf der Basis von Freiwilligkeit durchgeführt wird, stellt sich die erste Herausforderung wie folgt:

„Bitte steigt alle auf die Wippe und haltet sie eine Minute lang im Gleichgewicht."

Die gesamte Klasse betritt nun nacheinander die hin- und herschlagende Holzfläche und versucht, diese in die Balance zu bringen.

Des Öfteren habe ich SchülerInnen erlebt, die diese Herausforderung zu Beginn als unlösbar betrachteten: „.... weil ihre Klasse nicht in der Lage sei, für eine Minute Ruhe zu halten."

Noch nie haben wir es jedoch erlebt, dass die Aufgabe als solche nicht von allen als Herausforderung akzeptiert wurde: Der Ehrgeiz packt die SchülerInnen und

[10] Senninger 2000, S. 183 ff. und Gilsdorf 2004, S. 95.

[11] Die Wippe von TheoMobil e.V. ist aufgrund der nötigen Mobilität etwa 3,2m lang und 1m breit und besteht aus Kiefernholzbohlen und diese stützende Kantenhölzer. Sie kann mittels Gewindestangen in der Breite in drei Einzelteile zerlegt werden. Wir haben bei der Konstruktion ein besonderes Augenmerk auf Bruchsicherheit (deutliche Überdimensionierung) und Verwindungssteifheit gelegt.

[12] Hier kann sich auch ein Lied anbieten wie z.B. „Die perfekte Welle" (Juli).

[13] Vor einer möglichen Verletzung der Füße schützt ein Auf- und Abgehen über die Mitte der Wippe.

spätestens nach ein bis zwei Versuchen glückt das Unterfangen – und damit eine gemeinsam gemeisterte Aufgabe: „Das hätte ich unserer Klasse gar nicht zugetraut…"[14]

Es geht in diesem ersten Schritt um mehr als um ein Vertraut-Werden mit der Wippe und ihren Gesetzen, es geht bereits um das Zutrauen, dass jede und jeder Einzelne in sich und in seine Klasse hegt. Gleichgewicht wird hier erfahrbar als ein stetiger Prozess, bei dem alle mitarbeiten müssen und bei dem es auf jeden Einzelnen und jede Einzelne als Teil des Gesamtsystems ankommt. Auf die Reflexionsfrage, was beim Lösen der Aufgabe hilfreich war, kommen oft interessante und gruppentypische Ideen, die für die folgenden Übungen hilfreich sein können.

2. Übung: Zu zweit mit allen

Die SchülerInnen hören die nächste Aufgabe: **„Steigt jeweils zu zweit – beginnend von der Mitte – auf die Wippe und schafft Platz für die gesamte Gruppe. Zum Schluss soll in der Mitte eine Gasse frei bleiben, durch die die Leitung hindurchgehen kann."**

Wichtig ist im Vorfeld einen gemeinsamen Grad der Herausforderung zu bestimmen, indem die Gruppe sich die Frage beantwortet: **„Wie oft darf im Lauf der Übung die Wippe den Boden berühren?"** Dadurch überlegen sie, wie viel sie sich zutrauen können.

Betreten nun zwei SchülerInnen die Wippe, geht es vom ersten Moment an auf der inhaltlichen Ebene auch um ein Sich-Nähern und Zurückweichen, gerade so, dass für beide ein Gleichgewicht von optimaler Nähe und Distanz entsteht. Hier ergeben sich bei den meisten Klassen Anknüpfungspunkte, die in der Rückschau auf die Übung das Gespräch anschaulich machen können. Eine interessante Beobachtung liefert dabei das Trägheitsgesetz nach Newton. Übertragen auf unsere Situation besagt es: Je mehr SchülerInnen sich gleichmäßig auf den beiden Seiten der Wippe verteilt finden, desto träger (d.h. weniger sensibel) verhält sich die Wippe in ihren Ausschlägen. Zumeist finden die SchülerInnen Parallelen zu ihrem Alltag in der Klasse, Schule, Clique und anderen Beziehungen. Hierbei geht es nicht darum, dass diese auf die auf der Wippe gemachten Erlebnisse eins zu eins übertragbar sind: Es geht um den gemeinsamen Austausch zu Fragen, die die Wippe bei den SchülerInnen auslöst. Sie dient als Aufhänger und Rahmen für persönliche Gespräche.

3. Übung: Wege ins Gleichgewicht

Als dritten Schritt bietet es sich an, nun eine persönliche Frage zu stellen: „Was bringt mich aus dem Gleichgewicht?" Vielleicht können hier ein paar Beispiele helfen, bevor die SchülerInnen Zeit bekommen, um Worte und Situationen für

[14] Bei Gruppen, die sich noch nicht lange kennen, ist hier als Anschluss eine Skalierungsübung möglich, bei der die Teilnehmenden sich auf der Wippe nach bestimmten Items sortieren (z.B. nach Anfangsbuchstaben der Vornamen etc.).

3.7

das Phänomen der persönlichen Balance zu finden.

Je nach Stimmung und Gesprächsbereitschaft in der Klasse kann nun ein Austausch folgen, bei dem die Wippe wiederum miteinbezogen werden kann. Die Person, die anhand eines ausgewählten Beispiels erzählen möchte, welche Dinge sie aus dem Gleichgewicht bringen, stellt sich auf eine Seite der Wippe und berichtet. Anschließend sind die MitschülerInnen gefordert. Sie dürfen in aller Ruhe hilfreiche Ideen und Phantasien entwickeln und sie dem/der MitschülerIn zusprechen. Diese versucht kommentarlos diesen zu folgen und wählt gegen Schluss die Idee aus, von der sie sich am meisten Hilfe verspricht. Als metaphorischer Abschluss bietet es sich an, die Wippe mit der Person, die diesen hilfreichen Weg vorgeschlagen hat, dann auch tatsächlich auszugleichen.

Die SchülerInnen vollziehen mit dieser Übung einen Perspektivwechsel. Sie versetzen sich auf eine spielerische Art und Weise in eine andere Person und suchen für diese nach Lösungen. Unterbrechungen an Kontinuität, Verlust an Balance und Harmonie, und (temporäre) Destabilisierungen auf emotionaler Ebene kennt jeder und jede. Und jede und jeder hat persönlich höchst unterschiedliche Strategien mit derartigen Phänomenen umzugehen. Sich gegenseitig davon zu erzählen und einen Moment des hilfreichen Gesprächs erlebbar zu machen, kann der tiefere Sinn dieser Übung sein. Vielleicht gelingt es aber auch, dass die Beteiligten für einen Moment erspüren, wie labil vermeintliche Sicherheiten sein können. Es lohnt – das ist unsere Überzeugung und unser Anliegen bei dieser Übung – eine zweite Stimme zu hören, einen zweiten Blick zu riskieren, einen zweiten Schritt zu tun, um den Erfahrungsraum zur Entfaltung meines Selbst auszuweiten.

Der Ernst, mit dem die SchülerInnen diese Übung durchführen und das Vertrauen, das sie sich darin entgegenbringen, sind greifbar nah und können abschließend thematisiert und mit einem Wort des Dankes bedacht werden.

Sowohl die methodische als auch insbesondere die inhaltliche Bandbreite, die die Wippe als erlebnispädagogisches Instrument bereithält, ist immens: Sie reicht von einem „bloßen" körperorientierten Erleben über gruppendynamische Effekte bis hin zu (sozial-) therapeutischen Fragestellungen. Nach unseren Erfahrungen kann nicht jede Gruppe in gleichem Maße für sich selbst sorgen und die Intensität der Übung selbst steuern. Es braucht daher eine gute Planung der Schritte und durch die Leitung die Klärung der Fragen: **„Was wollen Sie im Blick auf die Gruppe mit der Wippe erreichen? Wie viel möchten Sie reflektieren?"**

Kommen Sie „in den Süden" und stellen sie sich doch einfach mal drauf ...!

4. Erfahrungen

Wir möchten Ihnen einen Einblick in die Rückmeldungen geben, die wir zu diesem Tag erhalten haben:

„Dieser Tag kam zur rechten Zeit – mitten im Trubel der Entscheidungen!"
Kathrin, 17 Jahre
„Ich habe schon lange keine Zeit mehr für mich gehabt ... – also für mich genommen!" Michael, 19 Jahre
„In meinem Kopf arbeitet es!" Jens, 20 Jahre
„Der Tag war sehr abwechslungsreich und bunt, habe ich mir viel öder vorgestellt!" Maria, 16 Jahre
„War alles gut bis auf die Aktion draußen bei diesem scheiß Wetter!"
Ella, 17 Jahre
„Die Inselkarte kommt bei mir ins Regal übers Bett." Annika, 18 Jahre
„Das war richtig Luft holen!" Petra, 33 Jahre
„Jetzt ist mir einiges klarer geworden. Morgen wieder so nen Tag!"
Alexandro, 19 Jahre
„Das Schlafen war gut, den Rest – na ja!" Benedikt, 16 Jahre
„War schon Klasse, wir alle da auf der Wippe. So beschissen kann die Luft hier doch gar nicht sein!" Florian, 17 Jahre

Der kleine Ausschnitt an Rückmeldungen gibt einen Querschnitt der Reaktionen wieder.
Grundsätzlich lässt sich sagen, dass die meisten SchülerInnen sich auf die verschiedenen Elemente einlassen mit dem Bewusstsein, dass es hier um sie persönlich und um ihr eigenes Leben geht. Somit ist dieser Tag für die meisten Heranwachsenden mehr als nur ein schulfreier Tag, sondern eine Chance, den eigenen Weg und die eigene Richtung zu reflektieren.
Natürlich gibt es auch SchülerInnen, die mit diesem Tag überfordert sind. Die Ursache liegt allerdings nicht in dem zu hohen Anspruch, den dieses Konzept an die TeilnehmerInnen stellt, sondern vielmehr an der persönlichen Einstellung mit der Einzelne diesem Tag begegnen.
Die Erfahrung zeigt, dass dieses Konzept aufgrund seines erlebnis- und erfahrungsorientierten Ansatzes durchaus in der Lage ist, SchülerInnen mit unterschiedlichen Bildungsniveaus anzusprechen. So haben wir diesen Tag mit kleinen Varianten sowohl mit VK-Klassen (Vorklassen) also auch mit FOS-Klassen (Fachoberschulreife) durchgeführt. Bei allen Lerngruppen fiel auf, dass die Arbeit mit dem Konzept der 4 Himmelsrichtungen und den 4 Elementen eine große Hilfe ist, da es Struktur schafft, eine klare Orientierung bietet, offensichtlich

leicht nachzuvollziehen ist und über die Symbolik eine Brücke schafft zu den Grundfragen des Lebens. Dabei fällt auf, dass dieses Konzept eine Elementarisierung bietet, die – vermittelt über Erfahrung, Symbolik und Ritual - den Kern von Lebensfragen trifft, die junge Menschen sich in dieser Lebensphase stellen, und zwar unabhängig von Sozial- und Bildungsniveau.

Obwohl dieses Angebot vor allem den einzelnen Schüler in den Blick nimmt und ihm einen Raum der persönlichen Orientierung und Standortbestimmung geben möchte, hat dieser Tag mit seinen erlebnispädagogischen Elementen auch Auswirkungen auf das Gruppengefüge und auf die Gruppenatmosphäre. Vor allem die Übungen auf der Wippe machen den SchülerInnen deutlich, dass zwar viele in sehr unterschiedlichen Booten sitzen, sie aber alle über dasselbe Meer segeln müssen. So endet der Tag in der Regel in einer sehr offenen und ehrlichen Gruppenatmosphäre.

Wie sagte eine Schülerin einer VK-Klasse vor kurzem völlig erstaunt: „Wir haben ja richtig miteinander geredet – ohne Zickenalarm!"

Literatur:

BAER, ULRICH: 666 Spiele, Seelze-Velber 2000. (Zitiert als: Baer 2000)

BURCKHARDT, TITUS: Vom Wesen heiliger Kunst in den Weltreligionen, Zürich 1955.
(Zitiert als: Burckhardt 1955)

GILSDORF, RÜDIGER / KISTNER, GÜNTER: Kooperative Abenteuerspiele 1, Seelze-Velber 2004.
(Zitiert als: Gilsdorf 2004)

ELIADE, MIRCEA: Die Religionen und das Heilige, Frankfurt 1986.
(Zitiert als: Mircea 1986)

MÜLLER, ELMAR: Das Trommel-Erlebnisbuch, München 2003.
(Zitiert als: Müller 2003)

SENNINGER, TOM: Abenteuer leiten – in Abenteuern lernen. Münster 2000. (Zitiert als: Senninger 2000)

SOMÉ, MALIDOMA: Die Weisheit Afrikas. Rituale, Natur und der Sinn des Lebens,
Kreuzlingen/München 2001. (Zitiert als: Some 2001)

WINKLER, REINHARD: Rituelle Maskenarbeit, Frankfurt 1992.
(Zitiert als: Winkler 1992)

Autoren-Kurzbeschreibungen

Michael Boenke,
Mitarbeiter im Institut für berufsorientierte Religionspädagogik der Universität Tübingen. Autor der Unterrichtswerke „SinnVollSinn".

Dr. Gabriele Bußmann,
Referentin in der Abteilung Schulpastoral im Bischöflichen Generalvikariat Münster.

Martin Butter,
Berufsschullehrer Gewerbliche Schule Ehingen. Kontemplationslehrer.

Helmut Demmelhuber,
Referent Schulpastoral an beruflichen Schulen in der Diözese Rottenburg-Stuttgart.

Birgit van Elten,
Mitbeauftragte in der Schulseelsorge. Erzbischöfliches Berufskolleg Köln.

Prof. Dr. Ottmar Fuchs,
Professor für Praktische Theologie an der Eberhard-Karls-Universität Tübingen. Zu seinen Forschungsschwerpunkten gehören die Themen: Religion und Solidarität, zur Theologie diakonischer Einrichtungen, Fragen und Wege christlicher Verkündigung, inhaltliche Bestimmung kirchlicher Sozialformen sowie die Theologie des Zweiten Vaticanums.

Johannes Gröger, OStR i.K.,
Schulseelsorger am Berufskolleg St. Michael/Ahlen.

Daniel Heinen,
Diplomtheologe und Diplomsozialpädagoge, Trainer für erlebnispädagogische Trainings im Hochseilgarten Dülmen. Mitglied im TheoMobil e.V., Fortbildungen im Bereich Erlebnispädagogik und Glaube.

Markus Hoffmeister,
Diplomtheologe, Spiel- und Theaterpädagoge, Pastoralreferent im Bistum Münster, Lehrer am Anne-Frank-Berufskolleg in Münster, Mitbegründer des TheoMobil e.V., Verein für religions- und kulturpädagogische Projektarbeit.

Annette Hummelsheim,
Beauftragte für Schulpastoral am Erzbischöflichen Berufskolleg Köln.

Jürgen Kalb,
Diplomtheologe, Diakon und wird 2006 zum Priester geweiht.
Lehrer an der Berufsschule 3 in Nürnberg.

Prof. DDr.Klaus Kießling,
Professor für Religionspädagogik / Frankfurt – St. Georgen.

Manfred Müller,
Direktor der Städtischen Berufsschule 3 in Nürnberg.

Viera Pirker,
Assistentin am Lehrstuhl für Religionspädagogik / Frankfurt – St. Georgen.

Albert Ridder,
Diakon mit Zivilberuf / Berufsschullehrer.

Dr. Joachim Schmidt,
Stellvertretender Leiter des Instituts für berufsorientierte Religionspädagogik an der Universität Tübingen.

Markus Seibt,
Dipl. -Theol. (Univ.), Dipl. -Relpäd. (FH), RL an der Berufsschule 2 Passau und Berufsschulreferent der Diözese Passau.

Dietmar Steinbrede,
BS-Lehrer Käthe-Kollwitz-Schule, Offenbach.

Schriften des Institutes für berufsorientierte Religionspädagogik

260 Seiten
ISBN 3-8334-3149-0
14,90 Euro

Religionsunterricht an berufsbildenden Schulen
Lernfelddidaktik als Herausforderung

ALBERT BIESINGER · JOSEF JAKOBI · KLAUS KIESSLING · JOACHIM SCHMIDT (Hrsg.)

„Wir bauen einen Motor. Wer sind wir als Religionslehrerinnen und Religionslehrer in einem solchen Lernfeld? Der Kolben, das Motorenöl, der Abrieb, oder die Sinngebung für Mobilität an sich. Kritischer Umweltethiker, größter Motivator für eine bessere Zusammenarbeit und Produktionsergebnisse, wenn es nicht so recht klappen will?"

So fragen sich Religionslehrerinnen und –lehrer angesichts des möglichen Beitrags des RU zu den Lernfeldern an beruflichen Schulen. In diesem Band stellen sich erstmals prominente Berufs- und Religionspädagogen und erfahrene Praktikerinnen und Praktiker der Diskussion über die „Lernfelddidaktik als Herausforderung". Inhaltlich fundierte Grundlegungen und praktisch erprobte Beispiele aus dem Unterricht verbinden sich dabei zu einer anregenden und informativen Lektüre.

92 Seiten
ISBN 3-8334-5023-1
9,90 Euro

Religionsunterricht an berufsbildenden Schulen

Berufliche Bildung mit religiöser Kompetenz

ALBERT BIESINGER · JOSEF JAKOBI · JOACHIM SCHMIDT (Hrsg.)

Der Religionsunterricht an beruflichen Schulen leistet einen zentralen Beitrag für die Bildung und Persönlichkeitsentwicklung junger Menschen. Dieser Beitrag ist nicht nur wesentlich für die Jugendlichen selbst, sondern auch für die Unternehmen und Betriebe. Religiöse Bildung stärkt den Selbstwert von Auszubildenden, sie hilft bei der Orientierung im Dschungel der Sinnangebote, sie trägt dazu bei, Konflikte aushalten und gestalten zu lernen und fördert den Respekt vor Menschen anderer Kultur, Rasse oder Hautfarbe.

Diese Bedeutung wurde auf dem Kongress „Berufliche Bildung mit religiöser Kompetenz" am 18.11.2004 in Frankfurt/St. Georgen von allen Beteiligten gewürdigt und unterstrichen. Vertreter aus Handwerk, Politik und Kirche kamen übereinstimmend zu der Überzeugung, dass der Religionsunterricht an berulichen Schulen einen unersetzlichen Platz einnimmt und daher auch nicht in Frage gestellt werden darf. Der Band versammelt die Reden und Workshopberichte und gibt so einen lebendigen Rückblick auf den sicher noch lange wirksamen Kongress.